Von der Scharia zum modernen Rechtsstaat

Alexandra Üner

Von der Scharia zum modernen Rechtsstaat

Unter besonderer Berücksichtigung der Haymatlozen

PL ACADEMIC RESEARCH

Bibliografische Information der Deutschen Nationalbibliothek
Die Deutsche Nationalbibliothek verzeichnet diese Publikation in der Deutschen Nationalbibliografie; detaillierte bibliografische Daten sind im Internet über http://dnb.d-nb.de abrufbar.

Diese Publikation wurde mit finanzieller Unterstützung aus den Fördermitteln des Vizerektorats für Forschung der Leopold-Franzens-Universität Innsbruck gedruckt.

Umschlagabbildung:
Eingang der Universität Istanbul, Fotograf: Mesut Ilgim.

ISBN 978-3-631-68117-6 (Print)
E-ISBN 978-3-653-07240-2 (E-Book)
E-ISBN 978-3-631-71208-5 (EPUB)
E-ISBN 978-3-631-71209-2 (MOBI)
DOI 10.3726/978-3-653-07240-2

Internationaler Verlag der Wissenschaften
Frankfurt am Main 2016

PL Academic Research ist ein Imprint der Peter Lang GmbH.

Peter Lang – Frankfurt am Main · Bern · Bruxelles · New York · Oxford · Warszawa · Wien

Diese Publikation wurde begutachtet.

www.peterlang.com

»Die Wissenschaft ist im Leben der wahrhaftigste Führer«
Mustafa Kemal Atatürk (1881–1938)

Inhalt

I. Einleitung

Mit dem Ende des Ersten Weltkrieges wurde im Zuge der Umsetzung des Vertrages von Lausanne am 24. Juli 1923[1] – als Gegenleistung für die Aufhebung der Kapitulationen – die Türkei *völkerrechtlich* dazu verpflichtet, die durchdringende Neuordnung der Rechtsordnung vorzunehmen.[2]

Als Folge dieser Entwicklung fand ein dynamischer Prozess der Transformierung vom islamischen Sultanat in eine laizistische Demokratie statt, initiiert durch den ersten Präsidenten der jungen Republik, *Mustafa Kemal Atatürk* (1881–1938)[3].

Um das Land „dem Ideal des Zeitalters"[4] entsprechend in einen modernen Nationalstaat zu verwandeln, musste unter anderem das Rechts- und Justizwesen des Osmanischen Reiches, welches jahrhundertelang durch das islamische Recht geprägt worden war, in Kürze durch eine moderne Gesetzgebung ersetzt werden. Da dieses System sowohl als *Religion* als auch als *Gesellschaftsordnung* bzw. *Staatsform* eine besondere Rolle inne hatte,[5] gestaltete sich die Orientierung an westlichen Vorbildern, als Kraftakt.

Mit der *Rezeption* fremden weltlichen Rechts wurde ein Spagat zwischen alten theologischen Werten und einer europäischen Rechtsordnung unternommen, der nur durch das Schaffen eines neuen *Rechtsbewusstseins* erfolgreich umgesetzt werden konnte. Dieser Wandel – von der Scharia zum modernen Rechtsstaat – setzte im Land neben einer *Rechtsrevolution* auch eine *Kulturrevolution*[6] voraus.

Erste intensive Reformbewegungen fanden im Osmanischen Reich bereits zu Beginn der Tanzimat Ära (1839–1876) statt. Sultan Abdulmecid I. (1823–1861)

---

1 Zum Vertrag von Lausanne: Banken, Roland: *Die Verträge von Sèvres 1920 und Lausanne 1923. Geschichte der internationalen Beziehungen im 20. Jahrhundert*, Bd. 5, Berlin 2014.

2 Neumayer, Karl H. / Dopffel, Peter: *Ein Jahrhundert Türkischer Rezeptionsgeschichte. Versuch einer Würdigung*, in: *Annales*, Bd. 5, Nr. 6, Istanbul 1956, S. 58. Vgl. dazu auch Hirsch, Ernst E.: Vom schweizerischen Gesetz zum türkischen Recht, in: *Zeitschrift für schweizerisches Recht*, N. F. 95, Halbband 1, Basel 1976, S. 225.

3 Die Jahresangabe in der Klammer bezieht sich bei Personen auf ihre Lebensdauer.

4 Günay, Cengiz: *Die Geschichte der Türkei. Von den Anfängen der Moderne bis heute*, Wien [u.a.] 2012 (Geschichte, Politikwissenschaft, 3301), S. 133.

5 Heper, Altan: Menschenwürde, Islam und bioethische Fragen, in: Joerden Jan C. / Hilgendorf, Eric / Thiele, Felix: *Menschenwürde und Medizin*, Berlin 2013, S. 369.

6 Auf beide Begriffe wird im Laufe der Arbeit noch detailliert Bezug genommen.

erließ ein Reformprogramm mit dem richtungweisenden Namen Tanzimat, d.h. *Neue Ordnung*.[7]

Fast Tausend Jahre waren die Osmanen der Auffassung, dass das Recht auf dem Willen Gottes beruhe. Da die Quellen des islamischen Rechts aber für die Staatsorganisation nicht ausreichend bestimmt waren und zudem den Bedürfnissen der wachsenden Gesellschaft bald nicht mehr gerecht werden konnten, mussten auf den Gebieten der Verwaltung, der Justiz und des Militärwesens neue Gesetze und Regelungen erlassen werden. Auf die Osmanen wartete daher das *„längste Jahrhundert des Imperiums"*.[8]

In dieser entscheidenden Periode ist auch die erste osmanische Verfassung von 1867 (türk. *Kanun- i Esasi*) entstanden, welche eine Rezeption der belgischen Verfassung von 1831 und der preußischen Verfassung von 1850 darstellte. Auf dem Gebiet des Zivilrechts wurde mit der *Mecelle*, „dem Buch der gesetzlichen Bestimmungen", in den Jahren zwischen 1869 und 1876 der erste Versuch unternommen das islamische Recht zu kodifizieren.[9]

Die Tanzimat, so betont Mumcu, sei entscheidend gewesen, für die Rechtsrevolution nach der Gründung der Türkischen Republik.[10] Der Unterschied zwischen den Reformbewegungen im Osmanischen Reich und der Rezeption nach der Republikgründung, sei allerdings jener, dass letztere ein Werk darstellt, welches innerhalb von zehn Jahren durchgeführt wurde, während die Reformbewegungen im Osmanischen Reich über mehrere Jahrhunderte fortdauerten.[11]

Atatürks Visionen setzten auf Grund der rasanten Bewegung eine tiefgreifende Bewusstseinsänderung der Gesellschaft voraus, die es faktisch noch nicht gab, da die Kultur und Traditionen bis zu diesem Zeitpunkt mit den islamischen Grundwerten im Einklang standen. Erstmals wurde mit der Abschaffung des Sultanats 1922 und des Kalifats 1924 mit den traditionellen Prinzipien gebrochen

7 Übersetzt aus dem Türkischen. Bei folgenden Quellenübersetzungen aus dem Türkischen wird fortan die Abkürzung ü. a. d. T. beigefügt.

8 Vgl. Ortaylı, İlber: *İmperatorluğun en uzun yüzyılı* [Das längste Jahrhundert des Imperiums, ü. a. d. T.], Istanbul 2012.

9 Mumcu, Ahmet: Siebzig Jahre westliches Recht in der türkischen Republik, in: Scholler, Heinrich (Hrsg.) / Tellenbach, Silvia (Hrsg.): *Westliches Recht in der Türkei 70 Jahre nach der Gründung*, Baden-Baden 1996 (Arbeiten zur Rechtsvergleichung, 181), S. 35.

10 Ebd., S. 35 ff.

11 Plagemann, Gottfried in: *Exil und Bildungsreform. Deutsche Rechtsprofessoren in der Türkei ab 1933*, Generalkonsulat der Bundesrepublik Deutschland, Istanbul 29.11.2005, S. 8–9.

und eine neue Richtung eingeschlagen.[12] Dieser Richtungswechsel wird mit Inkrafttreten der ersten modernen Verfassung am 20. April 1924 fortgesetzt. Ihre Ausarbeitung bildete die Basis für die Europäisierungsidee und einen Versuch für die politische und gesellschaftliche Stabilisierung des Staates.[13]

Zwar blieb der Islam zunächst als Staatsreligion[14] bis 1928 in der Verfassung erhalten, die kemalistischen Prinzipien des Nationalismus, des Laizismus, des Republikanismus, des Etatismus, des Revolutionismus und des Populismus wurden aber zu tragenden Säulen der neuen Verfassungsordnung.[15]

Neben der Einführung neuer Gesetze beschloss die türkische Regierung auch Reformen im gesellschaftlichen und politischen Bereich durchzuführen. So wurde etwa im Jahre 1925 im Zuge der kemalistischen Ära eine Hutreform erlassen, die den Fes, die traditionelle osmanische Kopfbedeckung der Männer, verbot. Mustafa Kemals Streben war es, den „orientalischen" Lebensstil zurückzudrängen und die Türkei auf die Augenhöhe der „europäischen Zivilisation" zu heben.

> „Die neue Türkei entstand im Kampf gegen den Westen, gegen seine Kapitulationen, seine Annexionsansichten, seine imperialistischen Wirtschaftsinteressen und gegen einen Teil der alten Oberschicht des Sultanats und Kalifats – gestützt nur auf den von dem eisernen Willen Atatürks organisierten Selbsterhaltungs- und Opferwillen des türkischen Volkes. Nur auf dieser Basis war die spätere Kulturrevolution möglich [...]."[16]

Daher geht man bei der Gründung der Türkischen Republik auch davon aus, dass sie das Werk eines revolutionären Umbruches darstellte.[17]

Ein weiterer Schritt zur Verwirklichung des Modernisierungsvorhabens wurde mit der Abschaffung der islamischen Zeitrechnung und des parallel verwendeten Rumi-Kalenders getätigt. Die Sprachreformen und die „Säuberung" der

---

12 Krüger, Hilmar: Privatrecht, in: Grothusen, Klaus-Detlev (Hrsg.): *Türkei. Südosteuropa-handbuch*, Bd. IV, Göttingen 1985, S. 220–223.

13 Rumpf, Christian: *Das türkische Verfassungssystem. Einführung mit vollständigem Verfassungstext,* Wiesbaden 1996 (Turkologie und Türkeikunde, 4), S. 61.

14 Das Prinzip des Islams als Staatsreligion beinhaltet ein muslimisches Staatsoberhaupt sowie die Annahme des Korans als oberste Grundlage der Rechtsordnung. Diese Regeln gelten auch hinsichtlich des Minoritätenschutzes. Vgl. Antes, Peter: *Der Islam als politischer Faktor*, Hannover 1997, S. 36.

15 Rumpf 1996 I, S. 100–116.

16 Sonnenhol, Gustaf Adolf: Atatürk heute. Kulturrevolution und Entwicklung, in: *Mustafa Kemal Atatürk 1881–1981. Vorträge und Aufsätze zu seinem 100. Geburtstag*, Heidelberg 1982, S. 63.

17 Steichbach, Udo: *Geschichte der Türkei*, München 2000, S. 21.

türkischen Sprache von alten persischen und arabischen Wörtern sollten zudem das Nationalgefühl der jungen Republik stärken.[18]

Knapp zehn Jahre nach Beginn der Rechtsumwandlung wurde mit der Erneuerung des Schul-, Erziehungs- und Bildungswesens in der Türkei begonnen. Der damalige Justizminister Mahmud Esad Bozkurt (1892–1943) betonte ausdrücklich, dass in der neuen Hauptstadt Ankara, auch *„das neue Recht gelehrt werden solle"*. Als Lehrende sollten Professoren angestellt werden, *„welche in Europa ihr Studium beendet haben."*[19]

Unabhängig von der politischen Entwicklung der Türkei, welche sich dank des „Durchbruchs der kemalistischen Wende"[20] in einer Hochblüte befand, stellte das Jahr 1933 in Deutschland mit der Machterlangung der Nationalsozialisten, für viele aus politischen oder ethnischen Gründen diffamierte und verfolgte Wissenschaftler[21] ein Schicksalsjahr dar. Der Ungeist der Zeit forderte unter der Führung der Nationalsozialisten die Säuberung der „Reichsuniversitäten", an

---

18 Steinbach 1996, S. 128 ff.

19 Hirsch, Ernst E.: Vom schweizerischen Gesetz zum türkischen Recht, in: *Zeitschrift für schweizerisches Recht*, N. F. 95, Halbband 1, Basel 1976, S. 234.

20 Bozay, Kemal: *Exil Türkei. Ein Forschungsbeitrag zur deutschsprachigen Emigration in die Türkei (1933–1945)*, Münster [u.a.] 2001, S. 17.

21 Nicht beachtet in meiner Arbeit werden die österreichischen Wissenschaftler. Dies liegt aus dem einfachen Grund daran, dass sie in der Türkei für die Reformierung und Neugestaltung im rechtwissenschaftlichen Bereich weitläufig unbeteiligt waren. Dalaman führt 1998 dazu aus: „Österreich, bis zu seiner Annexion in 1938 als ein eigenständiges Land zu betrachten, bedarf deshalb in dieser Hinsicht einer adäquaten Behandlung. Es darf auch nicht vergessen werden, dass die Flucht aus Österreich mehrheitlich nach 1938 einsetzte, während die deutschen Flüchtlinge in der Regel schon 1933 in die Türkei kamen. […]. Ich möchte in diesem Zusammenhang auch darauf hinweisen, dass ein Großteil der österreichischen Flüchtlinge, die in die Türkei kamen, sich politisch der Kommunistischen Partei Österreichs verbunden fühlten und teilweise als Widerstandsgruppen während des 2. Weltkrieges in ihre Heimat zurückkehrten und sich auch durch ihr Engagement vom Großteil der deutschen Flüchtlinge unterschieden." Vgl. Dalaman, Cem: *Die Türkei in ihrer Modernisierungsphase als Fluchtland für deutsche Exilanten*, Diss. Univ. Berlin 1998, S. 10. Zur Österreichischen Flucht in die Türkei vgl. etwa: Dahms Hans-Joachim: Die Türkei als Zielland der wissenschaftlichen Emigration aus Österreich, in: Stadler, Friedrich (Hrsg.): *Vertriebene Vernunft II. Emigration und Exil österreichischer Wissenschaft*, Wien 1988, S. 1017–1021. Angemerkt soll an dieser Stelle jedoch das Wirken des österreichischen Rechtswissenschaftlers Paul Koschaker (1879–1951) werden, der u.a. als außerordentlicher Professor an der Universität Innsbruck Römisches Recht lehrte und in den Jahren 1949/1950 in Ankara tätig war. Zu der Gruppe der „Haymatlozen", die im Zuge des Zweiten Weltkrieges in die Türkei

deren Stelle eine „völkisch-politische Universität" treten sollte.[22] Mit der Einführung des „Gesetzes zur Wiederherstellung des Beamtentums" vom 7. April 1933 sollten nach

> § 3 „Beamte die nicht arischer Abstammung sind, in den Ruhestand (§§ 8 ff.) versetzt…"
> und nach
>
> § 4 „Beamte, die nach ihrer bisherigen politischen Betätigung nicht die Gewähr dafür bieten, dass sie jederzeit zurückhaltlos für den nationalen Staat eintreten…"

aus dem Dienst entlassen werden.[23]

Diese Entwicklung führte zur Vertreibung von schätzungsweise 1200–1500 Wissenschaftlern aus dem Deutschen Reich.[24] Hauptziel der ersten Fluchtwelle im Jahre 1933 waren die europäischen Nachbarländer, in erster Linie Frankreich, die Tschechoslowakei, Belgien und die Niederlande. In geringem Ausmaße auch die Schweiz, Dänemark und Großbritannien.[25] Im Folgejahr waren Palästina und ab 1936 die USA, Südamerika, Südafrika und Australien die wichtigsten Aufnahmeländer.[26]

Für den türkischen Staat ergab sich auf Grund der politischen Ereignisse in Europa auf diese Weise die einmalige Gelegenheit, mit Hilfe einer ausländischen Wissenschaftselite im Inland eine neue Generation von Juristen, Naturwissenschaftlern, Ärzten, Architekten und Künstlern ausbilden zu lassen.

Nach Beginn der Verfolgungsmaßnahmen in Deutschland hatte sich die 1933 in Zürich geschaffene „Notgemeinschaft deutscher Wissenschaftler im Ausland", unter der Führung des Frankfurter Pathologen Philipp Schwartz (1894–1977)

---

emigrierten, kann er jedoch nicht gezählt werden, weshalb er in meiner Arbeit auch nicht weiter berücksichtigt wird.

22 Hildebrand, Klaus: Universitäten im „Dritten Reich"- eine historische Betrachtung, in: Scholtyseck, Joachim (Hrsg.) / Studt, Christoph (Hrsg.): *Universitäten und Studenten im Dritten Reich*, Berlin 2008, S. 14.

23 Vgl. Gesetz zur Wiederherstellung des Berufsbeamtentums vom 7.4.1933, Reichsgesetzblatt 1933, Teil I., Nr. 34, S. 175 ff. Vgl. auch: Münch, Ingo von: *Gesetze des NS-Staates*, Paderborn 1994, S. 26.

24 Erichsen, Regine: Die Emigration deutschsprachiger Naturwissenschaftler von 1933 bis 1945 in die Türkei in ihrem sozial- und wissenschaftshistorischen Wirkungszusammenhang, in Strauss, Herbert A. (Hrsg.): *Die Emigration der Wissenschaften nach 1933*, München [u.a.] 1991, S. 73.

25 Guttstadt, Corry: *Die Türkei, die Juden und der Holocaust*, Berlin [u.a.] 2008, S. 211.

26 Ebd., S. 212.

zusammengefunden und zum Ziel gesetzt, zunächst 30 deutsche Hochschullehrer in die Türkei zu vermitteln.[27]

Über die Emigration[28] in die Türkei gibt es nur wenig Aufzeichnungen. Erichsen nennt rund 200 Wissenschaftler[29], die in die Türkei emigriert sind. Über die rechtswissenschaftliche Emigration in die Türkei gibt es so gut wie keine Literatur.[30] Widmann geht von 140 deutschsprachigen Gelehrten aus, die in den Jahren

---

27 Peukert, Helge (Hrsg.): *Philipp Schwartz. Notgemeinschaft. Zur Emigration deutscher Wissenschaftler nach 1933 in die Türkei,* Marburg 1995, S. 47.

28 „Emigration bedeutete allgemein, und vorwiegend im kulturellen Bereich, *jüdische* Emigration als Konsequenz des Rassismus durch den aufkommenden und in der Folge herrschenden Faschismus." Vgl. Stadler, Friedrich: Emigration der Wissenschaft – Wissenschaft von der Emigration. Ein ungeschriebenes Kapitel österreichischer Zeitgeschichte, in: Stadler, Friedrich (Hrsg.): *Vertriebene Vernunft I. Emigration und Exil österreichischer Wissenschaft 1930–1940,* Wien 1987, S. 9. Anders drückt sich Dietrich aus: „(E-)Migration wird als Wanderung von Individuen und Gruppen definiert, die – ob grenzüberschreitend oder nicht – einschneidende Veränderungen für die sozialen Beziehungen der Migrierten mit sich bringt." Vgl.: Dietrich, Anne: *Deutschsein in Istanbul,* Opladen 1998, S. 15. Kritisch zur Emigration deutscher Wissenschaftler in die Türkei äußert sich Koptagel-Ilal, ehemalige Leiterin der psychiatrischen Klinik der Universität Istanbul und Präsidentin der Türkischen Gesellschaft für Psychosomatik und Psychotherapie: „Die nach 1933 in die Türkei eingewanderten deutschen Wissenschaftler dürfen nicht als *Emigranten* bezeichnet werden. Sie sind eher *Flüchtlinge* als Migranten, denn ein Emigrant verlässt seine Heimat mit dem Vorhaben, sich in einem anderen Land niederzulassen und dort für sich ein neues Leben zu gestalten. Die deutschen Wissenschaftler mussten aber wegen politischer und / oder rassistischer Verfolgung ihre Heimat verlassen bzw. flüchten, um ihre Existenz zu retten. In vielen Fällen war für sie die Türkei kein ersehntes Ziel der Auswanderung aber die erstbeste Chance zur Rettung, zumal sie dort auch standesgemäße Anstellungen finden konnten und noch dazu von den höchsten staatlichen Stellen eingeladen wurden." Vgl. Koptagel-Ilal, Günsel in: Möckelmann, Reiner (Hrsg.): *Exil und Gesundheitswesen. Deutsche Mediziner in der Türkei ab 1933,* Generalkonsulat der Bundesrepublik Deutschland, Istanbul, 8.6.2006, S. 6–7.

29 Erichsen 1991, S. 73.

30 Bemerkenswert ist auch, dass es keine vollständige Auflistung der deutschsprachigen Rechtswissenschaftler in der türkischen Emigration gibt. In der Veröffentlichung von Breunung, Leonie und Walther, Manfred wird etwa Richard Honig nur in einer Randbemerkung erwähnt. Vgl. dazu: Breunung, Leonie / Walther, Manfred: *Die Emigration deutschsprachiger Rechtswissenschaftler ab 1933,* Berlin 2012.

zwischen 1933 und 1934 in die Türkei gekommen sind, darunter fallen sowohl Ordinarien, Dozenten, als auch wissenschaftliche Mitarbeiter.[31]

Als „*Haymatloze*“[32] wurden diese Spezialisten zur Verwirklichung der Bildungsreformen auf verschiedensten Gebieten in der Türkei eingesetzt. Ihr Erbe trägt bis heute Früchte[33] und lässt sich sowohl sehen als auch *hören.*[34] Durch ihre Hilfe wurde die alte osmanische Hochschule, die *Darülfünun*[35] aufgelöst und die Geburtsstunde der *İstanbul Üniversitesi* eingeleitet.

Hinsichtlich der Verteilung der Lehrstühle ergab sich in der Rechtwissenschaftlichen Fakultät folgende Regelung: Karl Strupp (1886–1940) erhielt den Lehrstuhl für Völkerrecht, Richard Honig (1890–1981) lehrte Rechtsphilosophie und allgemeine Rechtsgeschichte, Fritz Neumark (1900–1991) erhielt den Ordinarius für Finanz- und Steuerrecht, Gerhard Kessler (1883–1963) erhielt den Lehrstuhl für Arbeitsrecht und Volkswirtschaftslehre und Andreas B. Schwarz (1886–1953) lehrte das Römische Recht und das Zivilrecht.[36] Daneben wurde die Universitätsstruktur so gestaltet, dass es zu einer engen Verknüpfung zwischen der Rechtswissenschaftlichen und der Wirtschaftswissenschaftlichen Fakultät kam.[37]

Besonders hervorzuheben sei an dieser Stelle das Wirken von Ernst E. Hirsch (1902–1985), der den Lehrstuhl für Handelsrecht innehatte und zwischen 1933 und 1952 Rechtsphilosophie und Rechtssoziologie lehrte. Denn wie Krüger hervorhebt,

---

31 Widmann, Horst: Der Beitrag E. Reuters und anderer deutscher Professoren zur Entwicklung des wissenschaftlichen Lebens in der Türkei, in: *Ernst Reuter'in Anısına. Zum Gedenken an Ernst Reuter*, Ankara 1986, S. 166.

32 „Haymatloz“ schrieben die türkischen Behörden den deutschsprachigen Flüchtlingen in ihre Fremdenpässe, nachdem sie aus Deutschland ausgebürgert wurden. Das Wort ging auf diese Weise in die türkische Sprache ein und wird auch heute noch so verwendet.

33 Eine detaillierte Analyse zu den Auswirkungen der deutschen Wissenschaftler im rechtswissenschaftlichen Bereich erfolgt in Kapitel 4.8.

34 Im Jahr 1835 emigrierten die deutschen Komponisten Paul Hindemith (1895–1963) und Eduard Zuckmayer (1890–1972) in die Türkei. Zwei Jahre später folgte ihnen der deutsche Dirigent Ernst Preatorius (1880–1946).

35 Bedeutet „Haus der Wissenschaft“. Zur Entstehung und Auflösung der Darülfünun vgl. Kapitel 3.3.1.

36 Hirsch, Ernst E.: *Als Rechtsgelehrter im Lande Atatürks*, Berlin 2008, S. 74–76. Vgl. Widmann 1973, S. 116–119.

37 Ebd., S. 74–75.

hat keiner der anderen deutschen Professoren so sehr *in* der Türkei, wie auch *für* die Türkei gewirkt.[38]

Im Hinblick auf die Reformen der Kulturrevolution unter Atatürk, „der seinem Volk den Prozess der Selbstfindung zu erleichtern für notwendig hielt“[39], trugen diese Wissenschaftler im türkischen Exil zur Entwicklung des türkischen Rechts- und Bildungswesens Beachtliches bei. Ihnen ist es zu verdanken, dass die Genese des neuen türkischen Rechtssystems innerhalb kürzester Zeit so erfolgreich war und ein herausragendes Kapitel *europäischer Rechtsgeschichte* geschrieben wurde.

38 Krüger, Hilmar: Zum Gedenken Ernst E. Hirsch (1902–1985), in: *die Welt des Islams XXVI*, Leiden 1985, S. 141.

39 Schlegel, Dietrich: Atatürks revolutionärer Schritt aus der islamischen Welt, in: *Mustafa Kemal Atatürk 1881–1981. Vorträge und Aufsätze zu seinem 100. Geburtstag*, Heidelberg 1982, S. 51.

II. Aufbau der Arbeit

Die vorliegende Arbeit beschäftigt sich mit der türkischen Rechtsgeschichte, beginnend im Osmanischen Reich bis zur Entstehung des modernen türkischen Rechtsstaates unter der historischen und rechtlichen Mitwirkung emigrierter deutschsprachiger Juristen nach 1933, der sogenannten *Haymatlozen*. Die Rechtsentwicklung wird in den einzelnen Kapiteln jeweils in historischen Abschnitten dargestellt und die Genese des modernen türkischen Rechtsstaates analysiert. Nach der Einleitung in das Thema und der Darstellung des Forschungsstandes sollen zunächst das Rechtswesen im Osmanischen Reich und seine wichtigsten Ereignisse skizziert werden.

Kapitel eins dieser Arbeit widmet sich dem Osmanischen Reich als Vielvölkerstaat, dessen Rechtssystem und Reformbemühungen noch unter starkem Einfluss islamischer Werte und Vorstellungen standen. Während der Herrschaftszeit von Fatih Sultan Mehmed II. (1451–1481) wurde das islamische Recht erstmals durch Gesetze des Sultans ergänzt. Mit der Mecelle (1869–1876), dem „Buch der gesetzlichen Bestimmungen", ist unter der Herrschaftszeit von Sultan Abdülaziz (1830–1876) unter der Führung des osmanischen Staatsmannes und Juristen, Ahmet Cevdet Pascha (1822–1895), im Osmanischen Reich die erste Kodifizierung islamischen Rechts entstanden.[40] Im 18. Jahrhundert wuchs zu Beginn der Tanzimat Ära das Interesse für eine politische Neustrukturierung des Rechtswesens und der Ruf nach Reformen wurde laut. Die Entwicklung von Verwaltungsinstitutionen, die Übernahme westlichen Rechts und die Abschaffung der Scharia-Gerichte stellten wesentliche Merkmale dieser Bewegung dar und ebneten den Weg in die *laizistische Rechts- und Kulturrevolution*.

In der Tat ist die Türkische Republik das Erbe des Osmanischen Reiches und kann daher nicht gesondert von ihm, sondern nur in dem Kontext seines historischen Vorganges begreiflich gemacht werden.

40 Mit der Übernahme des schweizerischen ZGB im September 1926 wurde mit Art. 48 des Gesetzes 864 die *Mecelle* außer Kraft gesetzt. Einzig in der Provinz Hatay blieb die Mecelle bis zur Abtretung des Gebietes von Frankreich an die Türkei (1939) in Geltung. Vgl. Krüger, Hilmar: Zum Zeitlich-Räumlichen Geltungsbereich der Osmanischen Mecelle, in: *Annales XL*, Nr. 57, Istanbul 2008, S. 330.

Kapitel zwei setzt sich daher auf der Grundlage der Forschungsergebnisse des vorangegangenen Kapitels mit den Reformen der Türkischen Republik unter deren ersten Staatspräsidenten Mustafa Kemal Atatürk auseinander. Neben einer historisch-begrifflichen Analyse soll die Dimension der Verbannung des islamischen Rechts und folglich die damit ausgelösten rechtlichen Veränderungen untersucht werden.

In **Kapitel drei** stehen die Rechts- und Bildungsreformen im Vordergrund. Atatürks Vision war es, die türkische Gesellschaft auf Augenhöhe der westlichen Zivilisation zu heben. Seine Devise dabei lautete „*Biz bize benzeriz*"[41] (dt. *Wir gleichen uns selbst*). Damit kommt zugleich das neue Staatsverständnis zum Ausdruck.[42]

Thematisiert werden die Auflösung der alten islamischen Hochschule und die Gründung der westlich ausgerichteten Universitäten unter der Mitwirkung der deutschen Emigranten. Eine graphische Darstellung soll die Emigration in der Türkei an Hand von konkreten Zahlen darstellen.

Kapitel vier widmet sich den Akteuren, die am Aufbau des neuen Rechts- und Bildungswesens wesentlich beteiligt waren. Im Fokus steht das Wirken von Ernst E. Hirsch, Richard Honig, Andreas B. Schwarz, Gerhard Kessler, Fritz Neumark und Karl Strupp sowie ihre historische Einbettung in die türkische Wissenschaftsemigration. Am Ende des Kapitels wird der juristische Erfolg der deutsch-türkischen Emigration ins Auge gefasst und skizziert.

Abschließend folgt in **Kapitel fünf** eine Schlussbetrachtung und Analyse der ausgearbeiteten Themenkomplexe. Ist die Türkei durch die Reformen der letzten 80 Jahre EU-kompatibel geworden? Oder ist der dogmatische Kemalismus gescheitert, sodass wir in Zukunft eher eine Rückbesinnung auf die alten Traditionen erwarten können?

Die Entwicklung, die im Zuge der Rechtsrevolution in der Türkei erfolgte, ist, wie Baysal feststellt, keine *stillstehende*, sondern eine, sich stets mit der türkischen Gesellschaft weiterentwickelnde. Sie stellt daher einen Vorgang dar, der bis heute noch nicht abgeschlossen ist und kontinuierlich voranschreitet. Dies ist eine schwierige Herausforderung für die Türkei, aber keine unüberwindbare.[43]

---

41 Vollständig: „Biz demokrat değiliz, biz sosyalist değiliz, biz bize benzeriz" [Wir sind keine Demokraten, wir sind keine Sozialisten, wir gleichen uns selbst, ü. a. d. T.].

42 Mango, Andrew: *Atatürk*, London 2001, S. 332.

43 Baysal Erman, Başak: Die Rezeption des westlichen Rechts im Allgemeinen und des ZGB im Besonderen im Modernisierungsprozess der Türkei nach 1926, in: Kieser, Hans-Lukas (Hrsg.) / Meier, Astrid (Hrsg.) / Stoffel, Walter (Hrsg.): *Revolution islamischen*

Mustafa Kemals Ziel war es, die Türkei entschieden in die Moderne zu verankern. Eine vage Antwort gibt der *Vater der Türken* auf diese Fragen daher selbst:

„Es gibt verschiedene Länder, aber nur eine Zivilisation. Voraussetzung für den Fortschritt der Nation ist, an dieser einen Zivilisation teilzuhaben.“[44]

Rechts. Das Schweizerische ZGB in der Türkei, Zürich 2008 (Schriftenreihe der Stiftung Forschungsstelle Schweiz-Türkei, 2), S. 166.

44 Mustafa Kemal Atatürk, zit. n: Schweizer, Gerhard: *Die Türkei-Zerreißprobe zwischen Islam und Nationalismus*, Stuttgart 2008, S. 41.

III. Forschungsstand

Die folgende Skizzierung des Forschungsstandes kann keinen Anspruch auf Vollständigkeit erheben.[45] Vielmehr soll er einen Überblick über die wichtigste Bibliografie verschaffen, die zur Untersuchung dieser Arbeit herangezogen wurde.

Über die wissenschaftliche Emigration in die Türkei wurde zwar bereits geforscht und berichtet, von der bisherigen Lehre wurde der Übergang vom osmanischen Rechtssystem zum modernen türkischen Rechtsstaat unter Berücksichtigung der vertriebenen Wissenschaftler jedoch weitgehend vernachlässigt.

Als Grundlage dieser Arbeit dient in erster Linie deutschsprachiges Material, aber auch türkischsprachige Quellen aus dem Bestand der Universität Istanbul. Wichtige Literatur zum Thema der *Haymatlozen* bilden Aufzeichnungen, Veröffentlichungen, sowie Biografien und Autobibliografien der Emigranten selbst. Die von mir verwendeten Quellen lassen sich in drei Gruppen einteilen, die im Folgenden chronologisch und nach dem Aufbau der Arbeit dargelegt werden:

Das erste Spektrum skizziert einen Umriss zum Thema der Rechtsgeschichte des Osmanischen Reiches: Im Jahr 1958 veröffentlicht Halil İnalcık dazu *Osmanlı Hukukuna Giriş. Örfi- sultani hukuk ve Fatihin kanunları.*[46] Diese Publikation beleuchtet die Entwicklung und Entstehung des Sultans-Recht. Sie beschreibt die Wirkung der Reformen des Sultans und vermittelt darüber hinaus einen guten Einblick in die Rechtsquellen des islamischen Rechts.

Ernst Werner und Walter Markov widmen sich 1978 in *Geschichte der Türkei von den Anfängen bis zur Gegenwart*[47], der Vielfalt der Osmanisch-Türkischen Geschichte.

1996 erschien von Christian Rumpf *Das türkische Verfassungssystem. Einführung mit vollständigem Verfassungstext.*[48] Dieses Buch zeigt die historische Entwicklung der osmanischen und türkischen Verfassungen.

45 Auf relevante Quellen zum Gegenstand dieser Arbeit wird ohnehin im Laufe der Untersuchung Bezug genommen.

46 İnalcık, Halil: *Osmanlı Hukukuna Giriş. Örfi- sultani hukuk ve Fatihin kanunları* [Die Einführung in das Osmanische Rechtssystem. Das Sultans-Recht und die Reformen Fatihs, ü. a. d. T.], Ankara 1958.

47 Werner, Ernst / Markov, Walter: *Geschichte der Türken von den Anfängen bis zur Gegenwart*, Berlin 1978.

48 Rumpf, Christian: *Das türkische Verfassungssystem. Einführung mit vollständigem Verfassungstext*, Wiesbaden 1996 (Turkologie und Türkeikunde, 4).

Im Jahre 2001 widmete sich Kemal Gözler demselben Themenkomplex in *Anayasa Hukukuna Giriş.*[49] Als einziges türkischsprachiges Buch erörtert es meines Wissens nach den Bündnisvertrag von 1808 sowie die erste und die zweite konstitutionelle Monarchie und führt den Leser in die verfassungsrechtliche Geschichte der Türkei ein.

Suraiya Faroqhi widmete sich in der *Geschichte des Osmanischen Reiches*[50] überwiegend den politischen Ereignissen im osmanischen Imperium.

Zum Verständnis des islamischen Rechts soll an dieser Stelle auf das im Jahre 2009 erschienene Werk *Das islamische Recht. Geschichte und Gegenwart*[51] von Mathias Rohe verwiesen werden. Erörtert werden von Rohe die Grundzüge der Scharia als komplexer Bestandteil der islamischen Theologie, ihre Entstehung, gegenwärtige Ausformung sowie die islamischen Rechtsfindungsmethoden.

Zeitgleich erschien *Von Allahs Gesetz zur Modernisierung per Gesetz. Gesetz und Gesetzgebung im Osmanischen Reich und der Republik Türkei* von Gottfried Plagemann.[52] Plagemann untersuchte auf 435 Seiten den Aufbau des islamischen Rechts und die Geschichte der laizistisch kontinentaleuropäischen Gesetzgebung aus einer rechtshistorischen und rechtsvergleichenden Perspektive.

Eine weitere Untersuchung über die Scharia lieferte 2012 Rüdiger Lohlker mit seiner Publikation *Islamisches Recht.*[53]

Im selben Jahr präsentierte Cengiz Günay *Die Geschichte der Türkei. Von den Anfängen der Moderne bis heute.*[54] Günay verschafft einen kompakten Überblick über die Geschichte des Osmanischen Reiches bis zur Türkischen Republik hin in die Gegenwart. Seine Ausführungen konzentrieren sich allerdings mehr auf die politischen Strukturen des Landes als auf die Entwicklungen im Rechtswesen.

---

49 Gözler, Kemal: *Anayasa Hukukuna Giriş* [Einführung in das Verfassungsrecht, ü.a. d.T.], Bursa 2001.

50 Faroqhi, Suraiya: *Geschichte des Osmanischen Reiches*, München 2006.

51 Rohe, Mathias: *Das islamische Recht. Geschichte und Gegenwart*, München 2011.

52 Plagemann, Gottfried: *Von Allahs Gesetz zur Modernisierung per Gesetz. Gesetz und Gesetzgebung im Osmanischen Reich und der Republik Türkei*, (zugl. Diss. Univ. Leipzig 2006) Münster [u.a.] 2009 (Deutsch-Türkisches Forum für Staatsrechtslehre, 5).

53 Lohlker, Rüdiger: *Islamisches Recht,* Wien 2012 (Islamwissenschaften, 3562).

54 Günay, Cengiz: *Die Geschichte der Türkei. Von den Anfängen der Moderne bis heute*, Wien [u.a.] 2012 (Geschichte, Politikwissenschaft, 3301).

Im Jahr 2012 erschien die Neuauflage von Josef Matuz' Standardwerk über den Aufstieg der Osmanen in *Das Osmanische Reich. Grundlinien seiner Geschichte*[55] mit einem Vorwort von Faruk Şen.

Die zweite Gruppe stellt Forschungsliteratur zur Person Mustafa Kemal Atatürk und seinen Reformen dar: Als wichtiges Werk kann in diesem Zusammenhang das *Südosteuropa-Handbuch* genannt werden, welches 1985 von Klaus-Detlev Grothusen herausgegeben wurde. Der vierte Band dieser Serie widmet sich der Türkei auf 816 Seiten. Bereichert werden die Beiträge der verschiedensten Wissenschaftler durch 165 Tabellen, diverse Karten und Schaubilder.[56]

1996 veröffentlichten Heinrich Scholler und Silvia Tellenbach das Buch *Westliches Recht in der Türkei 70 Jahre nach der Gründung.*[57] Beleuchtet werden die Rechtsgeschichte des Osmanischen Reiches sowie die Entwicklung des Rezeptionsprozesses nach der Gründung der Republik. Beiträge von Türkeirechtsexperten, wie Ahmet Mumcu oder Gottfried Plagemann runden das Buch ab.

Im selben Jahr verfasste Udo Steinbach *Die Türkei im 20. Jahrhundert. Schwieriger Partner Europas.*[58] Seine Ausführung bietet einen interessanten Einblick in die politische, ökonomische und kulturelle Geschichte der Türkei und wagt einen vorsichtigen Blick in die Zukunft. Die Gründung der Republik und die fundamentalen kemalistischen Prinzipien werden genauso behandelt, wie die Beziehungen zwischen der Türkei und der Europäischen Union.

2000 veröffentlicht Steinbach die *Geschichte der Türkei.*[59] Drei Leitfragen prägen dabei Steinbachs Arbeit: Die Geschichte des Landes, der Modernisierungsprozess unter Atatürk und die Beitrittsverhandlungen mit der EU.

Zeitgleich widmen sich Hans-Lukas Kieser, Astrid Meier und Walter Stoffel in *Revolution islamischen Rechts. Das Schweizerische ZGB in der Türkei*[60] dem Übergang vom islamischen Recht zur Rechtsrevolution.

---

55 Matuz, Josef: *Das Osmanische Reich. Grundlinien seiner Geschichte,* Darmstadt 2012.

56 Grothusen, Klaus- Detlev (Hrsg.): *Türkei, Südosteuropahandbuch,* Bd. IV, Göttingen 1985.

57 Scholler, Heinrich (Hrsg.) / Tellenbach, Silvia (Hrsg.): *Westliches Recht in der Türkei 70 Jahre nach der Gründung* (Arbeiten zur Rechtsvergleichung, 181), Baden-Baden 1996.

58 Steinbach, Udo: *Die Türkei im 20. Jahrhundert. Schwieriger Partner Europas,* Bergisch Gladbach 1996.

59 Steichbach, Udo: *Geschichte der Türkei,* München 2000.

60 Kieser, Hans-Lukas (Hrsg.) / Meier, Astrid (Hrsg.) / Stoffel, Walter (Hrsg.): *Revolution islamischen Rechts. Das Schweizerische ZGB in der Türkei,* Zürich 2008 (Schriftenreihe der Stiftung Forschungsstelle Schweiz-Türkei, 2).

Zur Person Atatürk und seiner Lebensgeschichte verweise ich an dieser Stelle auf das Buch von Klaus Kreiser *Atatürk- Eine Bibliographie.*[61]

Über die *Haymatlozen* und die Genese der modernen Universitäten in der Türkei sind in jüngster Zeit verschiedene Arbeiten erschienen. Daneben haben diverse Ausstellungen und Veranstaltungen zu diesem Thema stattgefunden. Dieses Spektrum bildet neben den Autobiografien der Emigranten selbst eine gesonderte dritte Gruppe der von mir herangezogenen Fachliteratur.

Anhand gründlich recherchierter Fakten und Daten skizziert Horst Widmann in *Exil und Bildungshilfe. Die deutschsprachige akademische Emigration in die Türkei nach 1933,*[62] die Biografien und die Lebensbedingungen von Einwanderern in der Türkei während des Zweiten Weltkrieges nach.

1980 setzte sich Fritz Neumark, der ebenfalls im türkischen Exil lebte, in seiner Autobiografie *Zuflucht am Bosporus. Deutsche Gelehrte, Politiker und Künstler in der Emigration 1933–1953*[63] mit der Emigration in die Türkei auseinander. Behandelt werden die Anstellungsverträge der Professoren, der Umgang mit den türkischen Behörden sowie mögliche Motive und Ausmaß der Emigration.

Eine weitere Untersuchung zu dem Thema Emigration in die Türkei initiierte das Yol-Kulturforum in München mit der Ausstellung *Exil Türkei. Deutschsprachige Emigranten in der Türkei 1933–1945*[64], welche in einem Ausstellungskatalog mit Hilfe von Jan Cremer und Horst Przytulla der breiten Öffentlichkeit zugänglich gemacht werden konnte.

1995 veröffentlichte Helge Peukert den Bericht des Frankfurter Mediziners und Leiter der Notgemeinschaft deutschsprachiger Wissenschaftler, Philipp Schwartz, mit dem treffenden Namen *Notgemeinschaft. Zur Emigration deutscher Wissenschaftler nach 1933 in die Türkei.*[65] Die Neuauflage wird durch eine Einleitung Peukerts, der die Hintergründe der Emigration deutscher und österreichischer Wissenschaftler darstellt, ergänzt.

---

61 Kreiser, Klaus: *Atatürk – Eine Bibliographie*, München 2008.

62 Widmann, Horst: *Exil und Bildungshilfe. Die deutschsprachige akademische Emigration in die Türkei nach 1933*, Bern [u.a.] 1973.

63 Neumark, Fritz: *Zuflucht am Bosporus. Deutsche Gelehrte, Politiker u. Künstler in der Emigration 1933–1953*, Frankfurt am Main 1980.

64 Cremer, Jan / Przytulla Horst: *Exil Türkei. Deutschsprachige Emigranten in der Türkei 1933–1945*, Ausst. Kat. Yol-Kulturforum, München 1991.

65 Peukert, Helge: *Philipp Schwartz. Notgemeinschaft. Zur Emigration deutscher Wissenschaftler nach 1933 in die Türkei*, Marburg 1995.

1998 widmete sich Cem Dalaman in seiner Dissertation *Die Türkei in ihrer Modernisierungsphase als Fluchtland für deutsche Exilanten*[66] der Thematik des Kemalismus und schildert persönliche Eindrücke anhand von Diskursen mit Beteiligten und ehemaligen Exilanten. Ein besonderes Augenmerk wird dabei auf die Schicksale des Wirtschaftswissenschafters Gerhard Kessler, des Komponisten Paul Hindemith, des Bildhauers Rudolf Belling sowie des im türkischen Exil aufgewachsenen Cornelius Bischoff gelegt.

Im gleichen Jahr zeigte der *Verein Aktives Museum* in Zusammenarbeit mit dem *Goethe Institut* und der *Akademie der Künste* u.a. in Berlin die Ausstellung *Haymatloz - Exil in der Türkei 1933–1945*[67], die den Spuren deutschsprachiger Emigranten nachging.

In Kemal Bozays Forschungsbeitrag *Exil Türkei. Ein Forschungsbeitrag zur deutschsprachigen Emigration in die Türkei (1933–1945)*[68] werden die Beziehungen zwischen Deutschland und der Türkei sowie die Lebensbedingungen der deutschen Wissenschafter in den Fokus gerückt. Im Mittelpunkt der Arbeit stehen die Reformen Atatürks und der Aufbau der türkischen Universitäten.

Im November 2005 fand im Deutschen Generalkonsulat in Istanbul ein Diskussionsabend unter dem Titel *Exil und Bildungsreform. Deutsche Rechtsprofessoren in der Türkei ab 1933*[69] statt, welcher von Reiner Möckelmann, Gottfried Plagemann, Ülkü Azrak sowie diversen anderen Türkeirechtsexperten abgehalten wurde. Die Beiträge wurden von Möckelmann als Skriptum publiziert.

Ein Jahr später initiierte das Deutsche Generalkonsulat in Istanbul erneut einen Diskussionsabend zum Thema *Gedenken der deutschen Mediziner in der Türkei. Exil und Gesundheitswesen. Deutsche Mediziner in der Türkei ab 1933*[70], dessen Beiträge ebenfalls von Reiner Möckelmann zusammengefasst und veröffentlicht wurden.

---

66 Dalaman, Cem: *Die Türkei in ihrer Modernisierungsphase als Fluchtland für deutsche Exilanten*, Diss. Univ. Berlin 1998.

67 Verein Aktives Museum: *Haymatloz-Exil in der Türkei 1933–1945*, Ausst. Kat. Akademie der Künste, Berlin 8.1.-20.2.2000; Haus der Wissenschaft, Bremen 26.7.-30.8.2011 (Schriftenreihe des Vereins Aktives Museum, 8).

68 Bozay, Kemal: *Exil Türkei. Ein Forschungsbeitrag zur deutschsprachigen Emigration in die Türkei (1933–1945)*, Münster [u.a.] 2001.

69 Möckelmann Reiner: *Exil und Bildungsreform. Deutsche Rechtsprofessoren in der Türkei ab 1933*, Generalkonsulat der Bundesrepublik Deutschland, Istanbul, 29.11.2005.

70 Möckelmann Reiner: *Exil und Gesundheitswesen. Deutsche Mediziner in der Türkei ab 1933*, Generalkonsulat der Bundesrepublik Deutschland, Istanbul 8.6.2006.

2007 erschien die Neuauflage des Scurlaberichts von Faruk Şen und Dirk Halm unter dem bezeichnenden Titel *Exil unter Halbmond und Stern. Herbert Scurlas Bericht über die Tätigkeit deutscher Hochschullehrer in der Türkei während der Zeit des Nationalsozialismus.*[71] Ergänzt wird die Neuauflage durch Beiträge von Fritz Neumark und Edzard Reuter.

2008 erschien die Neuauflage von Ernst E. Hirschs Autobiographie *Als Rechtsgelehrter im Lande Atatürks*,[72] welche dem Leser Einblicke in sein Leben vermittelt. Das Buch zeichnet sich durch besonders lebendige Erinnerungen aus seinem Leben in Istanbul und Ankara aus.

In jüngster Zeit hat sich Kemal Yalçın in seinem Buch *Haymatlos. Dünya Bizim Vatanimiz*[73] dem Thema der exilierten Wissenschaftler während des deutschen Nationalsozialismus gewidmet. Das Buch stellt die neueste Publikation zur Emigration in türkischer Sprache dar.

Nicht unerwähnt bleiben soll *Wartesaal Ankara. Ernst Reuter – Exil und Rückkehr nach Berlin.*[74] Zu Ehren des ehemaligen Berliner Bürgermeisters Ernst Reuter, der als Politiker und Verwaltungsexperte von 1935 bis 1945 im türkischen Exil lebte, wurde das Buch jüngst neu aufgelegt. Darüber hinaus wird das Wirken diverser anderer Professoren in der Türkei, wie jenes des Wirtschaftswissenschafters Fritz Baade, des Dirigenten Ernst Praetorius oder des Assyriologen Benno Landsberger thematisiert.

2016 kommt von Eren Önsöz der Dokumentarfilm *Haymatloz*[75] in die Kinos. Ein besonderes Dankeschön gebührt an dieser Stelle Herrn Prof. Ünal Tekinalp, der mir bei einem persönlichen Gespräch in Istanbul zu seinem Mentor Prof. Ernst E. Hirsch Rede und Antwort gestanden hat, *çok teşekkür ederim*![76]

---

71 Şen, Faruk / Halm, Dirk: *Exil unter Halbmond und Stern. Herbert Scurlas Bericht über die Tätigkeit deutscher Hochschullehrer in der Türkei während der Zeit des Nationalsozialismus*, Essen 2007.

72 Hirsch, Ernst E.: *Als Rechtsgelehrter im Lande Atatürks*, Berlin 2008.

73 Yalçın, Kemal: *Haymatlos. Dünya Bizim Vatanimiz* [Heimatlos. Die Welt ist unsere Heimat, ü. a. d. T.], Istanbul 2011.

74 Möckelmann, Reiner: *Wartesaal Ankara. Ernst Reuter – Exil und Rückkehr nach Berlin*, Berlin 2013.

75 Vgl. dazu den Trailer, etwa auf: http://www.hupefilm.de/dokumentarfilm/haymatloz.php.

76 Gespräch mit Prof. Ünal Tekinalp, ehemaliger Assistent von Prof. Ernst E. Hirsch, Istanbul, 22. 08. 2014.

1 Die Rechtsentwicklung im Osmanischen Reich

1.1 Die Osmanen und das Recht

Für die Rechtsentwicklung im Osmanischen Reich spielte der Islam in seinen vielen Facetten eine zentrale Rolle. Nicht nur das Staats- und das Rechtswesen, sondern auch die Sozialordnung, die Lebensweise und die osmanische Kultur wurden vom islamischen Glauben in hohem Maße geprägt. Es ist daher sinnvoll, an dieser Stelle diese Religion in einigen Grundzügen zu erörtern.[77]

Die Periode der vorislamischen Zeit wird noch heute von den arabischen Historikern als die „Zeit der Unwissenheit" bezeichnet.[78] Es war Mohammed[79] „Ibn-Abd Allah" (ca. 560–630 n. Chr.) der im 7. Jahrhundert als Religionsstifter des Islams in Mekka, auf der arabischen Halbinsel, der Zeit des Vielvölkerglaubens ein Ende setzte und schrittweise ein muslimisches Staatswesen etablierte.[80] Zur selben Zeit lebten die vorislamischen Turkvölker[81] in dem Gebiet zwischen dem Kaspischen Meer und dem Aralsee und gründeten ihr erstes *Göktürkisches Reich* (4.–8. Jhdt). Ihr Glaube bestand aus einer Form des Schamanismus, des Manichäismus und diversen anderen Religionen.[82] Matuz gibt an, dass die ersten „Türken" im 9. Jahrhundert beim arabischen Vormarsch nach Transoxanien, einer Region im westlichen Zentralasien, als Sklaven der abbasidischen Dynastie zum Islam konvertierten.[83] Einer anderen Hypothese zufolge sollen es um circa 1000 n. Chr.

---

77 Die detaillierte Ausgestaltung des islamischen Rechts ist in dieser Arbeit kein zentraler Forschungsgegenstand. Es muss an dieser Stelle daher auf einschlägige Fachliteratur verwiesen werden. Verständlich dargelegt werden soll nur das Wesen des islamischen Rechts, welches für die zu schildernde Rechtsentwicklung in den nachfolgenden Kapiteln von tragender Bedeutung ist.

78 Wiebke, Walther: *Kleine Geschichte der arabischen Literatur. Von der vorislamischen Zeit bis zur Gegenwart*, München 2004, S. 38.

79 Auch „Muhammad" oder „Mohammad".

80 Ebert, Hans- Georg: Tendenzen der Rechtsentwicklung, in: Ende, Werner (Hrsg.) / Steinbach, Udo (Hrsg.): *Der Islam in der Gegenwart. Entwicklung und Ausbreitung – Staat, Politik und Recht, Kultur und Religion*, München 2005, S. 200.

81 Turkmenen, Kirgisen, Kasachen, Usbeken – um nur einige an dieser Stelle zu bezeichnen.

82 Silverstein, Adam: *Islamische Geschichte*, Stuttgart 2012, S. 76.

83 Matuz, Josef: *Das Osmanische Reich. Grundlinien seiner Geschichte,* Darmstadt 1985, S. 12.

die Seldschuken, ein türkisches Reitervolk aus der kasachischen Steppe und Vorfahren der Osmanen[84] gewesen sein, die im Zuge der „Völkerwanderung“[85] durch die Eroberung der Hauptstadt Bagdad – Sitz des ersten Kalifats – mit dem islamischen Glauben in Berührung kamen und ihn in Form der hanefitischen Lehre annahmen.[86] Überlieferungen zufolge soll es aus den Reihen der Seldschuken dem tapferen Osman (1258–1326) gelungen sein, zwischen 1298 und 1301, durch die Eroberung byzantinischer Festungen in Kleinasien, aus einem kleinen Fürstentum ein neues Machtzentrum zu etablieren.[87]

Im 13. und 14. Jahrhundert nahm die „Türkisierung“ in Zentralasien durch die Flucht vor den transoxanischen Chwaresmiern, einem iranischen Volk, neue Dimensionen an. Die dünne Besiedelung Anatoliens führte zu einer größeren Auswanderung – vergleichbar mit der Arabisierung des fruchtbaren Halbmondes –, die durch die Heirat der Ansässigen und den Übertritt der Neuankömmlinge in den islamischen Glauben zum Aufstieg der Türken in die höchsten Ämter führte. Nur ein Jahrhundert später, stellten die türkisch-stämmigen Einwanderer schließlich die absolute Mehrheit der anatolischen Bevölkerung dar.[88] So haben sich im Laufe der Zeit auch die in Anatolien verbliebenen byzantinischen Bauern ergeben und dem Islam zugewandt.[89]

Die Kämpfe gegen ihre Feinde führten die Nachfahren Osmans, die *Osmanen*, im Namen Gott-*Allahs*. Dabei wurden sie durch die Idee des Dschihad, des Kampfes gegen die Ungläubigen bestärkt.[90] Fast 600 Jahre lang war die *Scharia*,

84 Zur Herkunft der Türken vgl. Scharlipp, Wolfgang Ekkehard: *Die frühen Türken in Zentralasien, eine Einführung in ihre Geschichte und Kultur*, Darmstadt 1992 sowie: Werner, Ernst / Markov, Walter: *Geschichte der Türken von den Anfängen bis zur Gegenwart*, Berlin 1978.

85 „Völkerwanderung“ bezeichnet die dauerhafte Veränderung des ständigen Aufenthaltsorts eines Volkes. Besonders die durch den Vorstoß der Hunnen aus Asien im Jahre 375 n. Chr. ausgelöste Wanderung germanischer Völker in die Gebiete des weströmischen Reiches, wird als „Völkerwanderung“ bezeichnet. Vgl. Köbler, Gerhard: *Zielwörterbuch europäischer Rechtsgeschichte*, Gießen-Lahn 2009, S. 1004.

86 Begründet nach dem 767 n. Chr. verstorbenen Abu Hanifa. Die Auswertung des islamischen Rechts wird daher im Folgenden in seiner hanefitischen Ausprägung bewertet.

87 Kreiser, Klaus: *Der Osmanische Staat 1300–1922*, München 2001 (Oldenbourg Grundriss der Geschichte, 30), S. 7.

88 Ebd., S. 4–5.

89 Faroqhi, Suraiya: *Kultur und Alltag im Osmanischen Reich*, München 1995, S. 35.

90 Günay 2012, S. 22. Etymologisch bedeutet Dschihad „Anstrengung“. Diese Anstrengung konnte auch ganz dem Willen Gottes entsprechend, militärischer Natur sein. Vgl. Koran, Sure 9, 5; 14, 29; 2,187; Im 20. Jahrhundert hat sich der Begriff in spezifischen

das geltende Recht des Osmanischen Reiches und der Sultan sein weltliches Oberhaupt. Ihm oblag sowohl die Staatsführung als auch das Amt des Kalifen[91], die höchste Position in der muslimischen Gemeinschaft.

1.1.1 Das Wesen der Scharia und der islamischen Jurisprudenz

Im Gegensatz zum Römischen Recht, welches in Form der Justinianischen Gesetzessammlung, auf den Sockel der Vernunft und Moral entstand, bezeichnet sich das islamische Recht selbst als sog. *ius divinum*.[92]

Nach islamischer Auffassung ist ausschließlich Gott Inhaber der Souveränität und alleiniger Gesetzgeber.[93] Es liegt daher nahe, dass sich die Scharia in Bezug auf ihre Kasuistik, Institutionen und Systematisierung größtenteils von anderen, westlichen Rechtssystemen unterscheidet.[94]

Vor Gott sind alle Muslime gleich. Es gibt nach der islamischen Auffassung keinen Priesterstand, dessen Angehörige eine Mittelrolle zwischen Gott und den Glaubensanhängern einnehmen könnten. Die *Imame* sind lediglich als Vorbeter oder Prediger in den Gemeinden tätig. Die Rechtsgelehrten lehren seit dem 3. Jahrtausend das islamische Recht oder erstellen verbindliche Rechtsgutachten. Die weltliche Gerichtsbarkeit obliegt den Richtern (arab. *kadi*), welche eine theologisch-juristische Ausbildung absolvieren.[95]

Kreisen zur Rechtfertigung von Terroranschlägen durchgesetzt. Diese „Glaubenskämpfer“ werden als „Märtyrer“ verehrt, obwohl der Islam dieses Verhalten als Fehlinterpretation strikt ablehnt. Vgl. Antes, Peter: *Der Islam als politischer Faktor*, Hannover 1997, S. 20–21.

91 Der Begriff „Kalif“ kommt aus dem Arabischen und bedeutet so viel wie „Vertreter des Gesandten Gottes“. Entstanden ist das Amt des Kalifen nach dem Tod des Propheten Mohammed um circa 632 n. Chr. in der arabischen Stadt Medina. Nach der Eroberung der Stadt Bagdad durch den Seldschukenführer Tugrul Bey 1057 verloren die Kalifen zunehmend an Macht und das Amt des Sultans gewann an Bedeutung. Vgl. Elger, Ralf: *Kleines Islam-Lexikon*, München 2001, S. 154.

92 Davran, Bülend: *Vom islamitischen zum türkischen Recht. Grundsätzliche vergleichende Betrachtungen zur Rechtserneuerung in der Türkei auf dem Gebiet des Zivilrechts* (zugl. Diss. Univ. Göttingen 1940), Göttingen 1940, S. 9.

93 Elwan, Omaia: *Einführung in das islamische Recht*, in: http://www.ipr.uni-heidelberg.de/md/jura/ipr/personen/elwan/materialien_zur_vorlesung_- einfuhrung_in_das_islamische_recht_sommersemester_2010.pdf, S. 5.

94 David, René / Grasmann, Günther: *Einführung in die großen Rechtssysteme der Gegenwart. Rechtsvergleich*, München 1966, S. S. 477.

95 Matuz 1985, S. 6.

Ihrem Wesen nach stellt die Scharia kein klares Gesetzeswerk dar, welches zur Lösung von vielfältigen Rechtsproblemen herangezogen werden kann, sondern erklärt sich vielmehr als eine auf der göttlichen Offenbarung beruhende Wissenschaft.[96] Sie ist „der Inbegriff des echt islamischen Geistes, die entscheidendste Ausprägung islamischen Denkens, der Wesenskern des Islam".[97] Oft wird sie auch synonym als „Recht des Islams"[98] bezeichnet, was der Scharia jedoch nicht ganz gerecht wird.[99] Elliesie meint, dass die synonyme Verwendung der Konzeption des Islams nicht entsprechen würde, da die religiösen Vorschriften im Diesseits nicht rechtsförmig sind. Dogmatisch betrachtet führt die Missachtung ihrer Regeln aber zu Konsequenzen im Jenseits.[100]

Denn nur die Einhaltung der Scharia sichert das Gemeinwohl als Ganzes und garantiert den Eintritt des einzelnen Gläubigen in das Paradies.[101] Im Gegensatz zum gemeinen Recht erhebt es keinen universalen Anspruch, sondern verpflichtet nur den Gläubigen auf islamischem Hoheitsgebiet.[102]

---

96 Rohe, Mathias: *Das islamische Recht. Geschichte und Gegenwart*, München 2011, S. 5–6.

97 Schacht, Joseph: *G. Bergsträsser's Grundzüge des islamischen Rechts*, Berlin [u.a.] 1935, S. 1.

98 Im Verlauf der Arbeit wird der Terminus der „Scharia" mit dem Begriff des „Islamischen Recht" daher meinerseits nur aus einem rein sprachlich vereinfachten Sinne gleichgesetzt.

99 Lohlker vertritt beispielsweise diese Meinung und stützt sich dabei auf die Tatsache, dass das Islamische Recht, welches sich primär auf die Rechtsquellen des Korans und die Sunna als vorgegebene göttliche Ordnung bezieht, noch die „*fiqh*", die Lehre über die Interpretation zur möglichst besten Annäherung an die göttliche Kenntnis, beinhaltet. Vgl. Lohlker 2012, S. 15; Gleicher Ansicht ist Rohe. Auch er setzt die Scharia nicht mit dem Islamischen Recht gleich, sondern lässt ihr eine weitreichendere Bedeutung zukommen. Vgl. Rohe 2011, S. 9–10.

100 Elliesie, Hatem: *Binnenpluralität des Islamischen Rechts*, in: http://www.sfb-governance.de/publikationen/working_papers/wp54/SFB-Governance-Working-Paper-54.pdf, 2014, S. 7.

101 Kuntze, Johannes: *Bürgerliche Mitgliedschaft in Religionsgemeinschaften. Studie über die Rechtsbeziehungen der Mitglieder zu den römisch-katholischen, evangelischen, jüdischen und islamischen Religionsgemeinschaften in Deutschland*, Göttingen 2013 (Göttinger Schriften zum Öffentlichen Recht, 3), S. 352.

102 Weshalb auch eine Mischung aus *territorialem* und *personellem* Prinzip vorliegt. Vgl. Schacht 1935, S. 119.

Streng zu trennen ist der Begriff der Scharia von dem terminus technicus des *fiqh*[103], der islamischen Rechtswissenschaft, welche in erster Linie aus dem primären islamischen Rechtsquellen und seinen methodischen Anleitungen seit dem Ende des 8. Jahrhunderts entwickelt wurde.[104] Diese stellt ein menschliches Konstrukt dar, welches die Normen der Scharia durch Erklärungen und Erläuterungen der Rechtsgelehrten im Laufe der Zeit konkretisiert hat[105] und ist mit dem abendländischen Rechtsverständnis der *iuris prudentia est divinarum atque humanarum rerum notitia* vergleichbar.[106]Die Scharia hingegen umfasst ihrem *weiten Verständnis* nach alle religiösen und rechtlichen Normen, Interpretationen und Vorschriften, Gebote und Verbote des Islams und regelt das kollektive Zusammenleben in der Gemeinschaft. Sie weist die Gläubigen an, wie sie sich nach den Vorschriften der Religion zu verhalten haben, ohne dass zwischen Pflichten innerhalb der menschlichen Gemeinschaft (arab. *m'umalat*), zu welchen insbesondere die Bereiche des Ehe-, Erb-, Obligationen-, Straf-, und Verfahrensrecht zählen, und jener Pflichten zu Gott[107](arab. *ibadat*) unterschieden wird. Darüber hinaus gestaltet sie auf Basis des Korans andere mannigfache Lebensbereiche, bis hin zu den alltäglichsten Ritualen der Glaubensgemeinschaft.[108] Sie ist somit als „gesellschaftlicher Prozess" zu verstehen.[109]

---

103 Ibn Haldun (732–808 n. Chr.) definiert den Begriff „fiqh" wie folgt: „*Der fiqh ist die Kenntnis der Bestimmungen Gottes des Erhabenen zur Einordnung der Handlungen derjenigen, die diesen Bestimmungen jeweils unterworfen sind, als geboten, verboten, empfohlen, missbilligt und schlicht erlaubt, die aus dem Koran, der Sunna, und dem was der Gesetzgeber (Gott) als weitere Quellen und Instrumente zu ihrer Erlaubnis bereitgestellt hat, entnommen werden und wenn die Bestimmungen durch diese Quellen und Auslegungsinstrumente herausgefunden werden, so nennt man sie ‚fiqh'.*" Zit.n.: Rohe 2011, S. 12.

104 Potz, Richard: Islamisches Recht und europäischer Rechtstransfer, in: *Europäische Geschichte Online* (EOG), hg. vom Institut für Europäische Geschichte, in: http://ieg-ego.eu/de/threads/europa-und-die-welt/herrschaft/richard-potz-islamisches-recht-und-europaeischer-rechtstransfer, RZ 9.

105 Elwan 2010, S. 5.

106 Elliesie 2014, S. 8.

107 Der Islam ist eine Pflichtenlehre, welche sich auf fünf Säulen stützt: das Glaubensbekenntnis, das rituelle Gebet, das Fasten im Monat Ramadan, die Almosenabgabe und die Pilgerfahrt, die jeder Muslim mindestens einmal im Leben antreten muss.

108 Davran 1940, S. 10.

109 Hartmann, Angelika: Pluralismus und Toleranz aus der Sicht des Islam, in: Augustin, Christian (Hrsg.) / Wienand, Johannes (Hrsg.) / Winkler, Christiane (Hrsg.): *Religiöser Pluralismus und Toleranz in Europa*, Wiesbaden 2006, S. 167.

Wörtlich wird die Scharia als „der von Gott gebahnte Weg" bzw. „der Weg zur Tränke" übersetzt und kommt im Koran lediglich in der Sure 45 Vers 18 vor, in der es heißt: „Haben wir dich [...] auf einen Weg (shari'a) (zur Errettung) festgelegt."[110] Vom Grundsatz her ist sie ein „unantastbares", „unwandelbares" Recht[111] und passt sich daher nicht verändernden Zeiten oder Gegebenheiten an. Grasmann schreibt dem islamischen Recht „die Vorstellung von einer im Wesentlichen theokratischen Gesellschaftsordnung, in welcher der Staat nur eine Rolle des Dieners spielt" zu. Diese These stützt er auf ihre frühe Entstehungszeit und die Tatsache, dass sich das abendländische Recht primär auf den Koran, *das heilige Buch des Islams* stützt.[112]

Diese Vorstellung könnte den Anschein wecken, dass es sich um ein relativ starres Recht handelt und keine Möglichkeit der Veränderung oder Auslegung existiert. Vielmehr ist es aber so, dass sich im Laufe der islamischen Rechtsentwicklung verschiedenste Meinungen im Rahmen der einzelnen Rechtsschulen herauskristallisiert haben und der Betrachter das islamische Recht als ein Zusammenspiel von Rechtsquellen und Rechtsfindungslehre betrachten muss.[113] Dem Argument Grasmanns kann somit der systematische Charakter des islamischen Rechts entgegengestellt werden.Im Gegensatz zum Koran, der eine Fülle von Einzelanweisungen, aus allen möglichen Bereichen der Ethik, des Rechts und der Verhaltensnormen beinhaltet, stellt die Scharia ein *System* dar, aus dem systematisch neue Rechtsprobleme durch weitere Rechtsquellen gelöst werden können.[114]

Das islamische Recht ist einerseits heteronom, da es sich primär auf die göttliche Autorität als höchste Rechtsquelle stützt, andererseits manifestiert es sich aber auch auf andere Quellen, wie etwa den Konsens der Gemeinde, sodass ein Übergang zu einem autonomen Rechtssystem durchaus bejaht werden kann.[115]

Abschließend lässt sich festhalten, dass die Scharia kein kodifiziertes Gesetz nach unserem Verständnis darstellt, sondern ein *interpretierbares*. Ihre Quellen

---

110 Vgl. Koran, Sure 45, 18.

111 Marx, Ansgar: *Familie und Recht im Islam- zwischen Tradition und Moderne*, in: http://www.ostfalia.de/export/sites/default/de/afb/download/berichtmarx-islam-2005.pdf, (Stand: 10.2.2015), S. 4.

112 David / Grasmann 1966, S. 469, 477–478.

113 Rohe 2011, S. 6.

114 Antes 1997, S. 40.

115 Schacht 1935, S. 123–124.

stellen Formeln zur Rechtsfindung dar und sind schlussendlich ein Produkt menschlicher Interpretationen.[116]

1.2 Die Entstehung des islamischen Rechts

Der Islam nahm im 7. Jahrhundert auf der arabischen Halbinsel seinen Anfang. Bevor der Prophet Mohammed im Jahre 570 n. Chr. in Mekka als Sohn von Abd Allah (ca. 554–570 n. Chr.) in den bedeutenden Stamm der Quraisch hineingeboren wurde und der „Zeit der Unwissenheit“ ein Ende bereitete, herrschte in der vorislamischen Zeit das „Heidentum“. Die religiösen Vorstellungen erfassten ein breites Spektrum von Überzeugungen und Praktiken, ohne ein vereinheitlichtes System darzustellen.[117] Die breite Masse der Bevölkerung organisierte sich in Stammes-, Sippen- und Familienverbänden und bestand zum einen aus einer nomadisch lebenden Bevölkerungsgruppe und zum anderen aus sesshaften Stadtbewohnern.[118] Nach dem Tod der Eltern wurde Mohammed von seinem Großvater und Onkel aufgezogen und heiratete im Jahre 595 n. Chr. die um min. 10 Jahre ältere Chadidscha (ca. 555–619 n. Chr.), mit der er sechs Kinder zeugte.[119]

Im Monat Ramadan um ca. 610 n. Chr. soll er die Berufung zum Religionsstifter erhalten haben. In der Stadt Mekka in der Höhle Hira begegnete ihm der Erzengel Gabriel mit der *göttlichen Offenbarung*. Überlieferungen zu Folge befahl der Engel ihm zu lesen und Mohammed erwiderte: „Ich kann nicht lesen.“ Daraufhin begegnete ihm der Engel mit Gewalt und bedrängte ihn mit den Worten: „Lies! Im Namen deines Herren, der alles (was ist) geschaffen hat. Der den Menschen aus einem Blutklumpen erschaffen hat.“[120]

Mohammed wird damit zum Gesandten Gottes[121] berufen und zum Fortsetzer einer Reihe von Propheten, zu denen auch *Abraham*, *Moses* oder *Jesus* gerechnet

116 Hartmann 2006, S. 167.

117 Aslan, Reza: *Kein Gott ausser Gott. Der Glaube der Muslime von Muhammad bis zur Gegenwart*, München 2006, S. 25–26.

118 Zehetgruber, Christoph: *Islamisches Strafrecht versus kontinentaleuropäische Werteordnung. Ein Strafrechtsvergleich unter Berücksichtigung ausgewählter zivilrechtlicher Aspekte* (zugl. Diss. Univ. Graz 2010), Graz 2010, S. 5.

119 Jaroš, Karl: *Der Islam*, Wien 2012, S. 39–40.

120 Vgl. Kuran, Sure 96,1 und 2.

121 Busse, Heribert: Grundzüge der islamischen Theologie und der Geschichte des islamischen Raumes, in: Ende, Werner (Hrsg.) / Steinbach, Udo (Hrsg.): *Der Islam in der Gegenwart. Entwicklung und Ausbreitung – Staat, Politik und Recht, Kultur und Religion*, München 2005, S. 23.

werden.[122] Er symbolisiert damit das „Siegel der Propheten".[123] Von Selbstzweifeln geplagt, wagte Mohammed erst Jahre später mit diesem Erlebnis an die Öffentlichkeit zu treten und verlautbarte den *Monotheismus*, sowie das Bekenntnis zu einem *einzigen*, *ewigen*, *allwissenden* und *allmächtigen* Gott.[124] Seine Predigten in Mekka stießen zunächst in der Gemeinschaft auf großen Widerstand und führten zu Anfeindungen und schweren Repressalien. Erst als sich der Prophet im Jahre 622 n. Chr. entschloss sich zur Oase Yathrib – der späteren Prophetenstadt Medina – aufzumachen, gelang es ihm, die Akzeptanz der dortigen Stämme zu gewinnen und als Leiter einer Gemeinde das Amt des (Schieds-) Richters zu bekleiden.[125] Dieser Werdegang hatte zur Folge, dass der Glaube Mohammeds sich nicht auf den alten Stammesrahmen beschränkte, sondern immer mehr Anhänger fand und sich so zu einer *Weltreligion* entwickeln konnte.[126] Während einer Pilgerfahrt in den Jahren zwischen 630–631 n. Chr. wurde mit den zwei führenden Stämmen der jüdischen und christlichen Glaubensgemeinschaft in Medina eine Übereinkunft getroffen, in der sich die „Neubekehrten" in aller Öffentlichkeit zum Glauben Mohammeds bekennen sollten. Bald darauf folgte eine Unterwerfung der heidnischen Stämme Arabiens, sowie christlicher und jüdischer Oasensiedlungen. Die Überwindung des *Polytheismus* wurde eingeleitet.[127]Als sich in Begleitung von Abu Bakr (ca. 573–619 n. Chr.), Mohammeds Schwiegervater, auch erste Anhänger von Mekka aufmachten, um sich in Medina der islamischen Gemeinschaft anzuschließen, kam es zur sog. *Hidschra*,[128] welche zugleich den Beginn der islamischen Zeitrechnung darstellt.[129]

---

122 Ansgar 2005, S. 2.

123 Rohe 2011, S. 53.

124 Matuz 1980, S. 4.

125 Rohe 2011, S. 21.

126 Hinzu kommt, dass jüdische und christliche Glaubenselemente im Islam aufgenommen wurden und einer Verbreitung ebenfalls förderlich waren. Vgl. Matuz, Josef: *Das Osmanische Reich. Grundlagen seiner Geschichte,* Darmstadt 1985, S. 3.

127 Prenner, Karl: *Die Stimme Allahs. Religion und Kultur des Islams,* Wien [u.a.] 2001, S. 26 ff.

128 Als „Hidschra" wird die Ansiedlung Mohammeds nach Medina bezeichnet. „[…] *Töchter stahlen sich nachts aus dem Haus der Eltern, junge Männer sammelten so viele Vorräte wie sie konnten, um die wochenlange, anstrengende Wanderung durch die öde Wildnis zu überstehen… Kurz bevor die Sonne untergeht tauchen am roterglühten Horizont die Silhouetten zweier Männer auf, die in Richtung Yathib reiten. Rasch verbreitet sich unter den Auswanderern die Nachricht: „der Gesandte ist da!* […]." Vgl. Aslan 2006, S. 70–71.

129 Antes 1997, S. 14.

Mit dem Tod Mohammeds im Jahre 632 n. Chr. verlor die junge Glaubensgemeinschaft ihre politische und religiöse Leitfigur und geriet in die erste Krise. Da der Prophet keinen Nachfolger für sich bestimmt hatte, führten Auseinandersetzungen und Streitigkeiten letztlich zur Spaltung des Islams.[130] Während die einen unter ihnen der Auffassung waren, dass das jeweils beste Glied aus dem Stamm der Quraisch als Nachfolger Mohammeds, als sog. *Kalif*, dessen Erbschaft antreten solle, befürworteten die anderen die Fortsetzung von Mohammeds Lehre durch dessen Schwiegersohn Ali, der laut ihnen bereits von Mohammed als Nachfolger vorbestimmt worden sei. Schließlich konnte sich Abu Bakr durchsetzen und leitete die Ära der *vier rechtsgeleiteten Kalifen*[131] ein, mit dem Ziel das Gemeinwesen sukzessiv auszubauen.[132]

Nach dem Tod des letzten Kalifen Ali im Jahre 661 n. Chr., setzten die Schiiten auf der einen Seite die Nachkommen Mohammeds als dessen rechtmäßige Nachfolger ein, während die Sunniten auf der anderen Seite Banu Umayya (603–680 n. Chr.) als neuen Führer wählten. Nach einigen Jahrzehnten machte sich diese Spaltung auch in der islamischen Rechtsentwicklung bemerkbar.[133]

1.2.1 Die primären Rechtsquellen

Die Scharia wird nach islamischem Verständnis als „die auf Gott beruhende Rechtsordnung verstanden, auf deren Grundlage sich die islamische Gemeinschaft stützt."[134] Diese Ordnung beruht auf einer Dogmatik, die sich im Laufe der Zeit eher provisorisch entwickelt hat.[135] Der muslimischen Auffassung nach „versteht es sich von selbst, dass die islamische Gesetzgebung im Zeitalter der Propheterie entstand, genauer gesagt am ersten Tag der Offenbarung"[136], die insgesamt 23 Jahre, davon 13 Jahre in Mekka und zehn Jahre in Medina, umfasste. Beide Phasen, in

130 Zur Spaltung des Islams vgl. Faath, Sigfried (Hrsg.): *Rivalitäten und Konflikt zwischen Sunniten und Schiiten in Nahost* (Forschungsinstitut der Deutschen Gesellschaft für Auswärtige Politik e. V.), Berlin 2010.

131 In Reifenfolge: Abu Bakr (632–634 n. Chr.), Umar (634–644 n. Chr.), Uthman (644–656 n. Chr.) und Ali (656–661 n. Chr.).

132 Busse 2005, S. 28–29.

133 Rohe 2011, S. 25–26.

134 Scholz, Peter: *Recht im Nahen und Mittleren Osten: Ausdruck moderner Staatlichkeit, Träger islamischen Erbes und Instrument autoritärer Regime*, Humboldt Forum Recht 3/2011, Berlin 2011, S. 24.

135 Rohe 2011, S. 43.

136 Krawietz, Birgit: *Hierarchie der Rechtsquellen im tradierten sunnitischen Islam*, H. 208, Berlin 2002 (Schriften zur Rechtstheorie), S. 16.

Mekka bzw. Medina, unterscheiden sich gravierend in ihrem Gesetzgebungscharakter. Während die Phase in Mekka nur wenige gesetzliche Regelungen hervorbrachte, bewirkte der Zeitabschnitt in Medina den Bruch mit dem Polytheismus und dem Heidentum.[137]

Zu Lebzeiten des Propheten existierte noch kein ausgereiftes Dogma. Die Fülle der Bestimmungen wurde erst nach dem Tod Mohammeds von den Rechtsgelehrten herausgearbeitet und im Laufe der Zeit weiterentwickelt.[138] Als besonderes Merkmal dieser Phase gilt, dass allein der Koran und die Sunna, auf die im Folgenden noch näher eingegangen wird, Quellenstatus besaßen. Es gab noch keine Jurisprudenz in unserem Sinne.[139] Je nach Bedarf konnten Regelungen von den Gesandten *ad hoc* übernommen und in Form von Dokumentationen, in sog. *Fetwa-Sammlungen*, veröffentlicht werden. Das kasuistische Wesen des islamischen Rechts beruht somit auf einer analogischen Methode und nicht, wie das Römische Recht, auf einer analytischen.[140]

Die Kanonisierung der rechtsliterarischen Werke fand in einem Zeitraum zwischen dem 3.-9. Jahrhundert statt.[141] Die Lehre von den Rechtsquellen und die Ableitung von den Rechtsnormen auf bestimmte Erkenntnisquellen sollen demzufolge auf den Rechtsgelehrten asch- Schafi (767–820 n. Chr.) zurückreichen.[142] Erste Aufgabe war es, aus den einschlägigen Normen, der unveränderlichen und unabänderlichen Quellen des Islam – dem Koran und der Sunna – einen Fundus an Quellen und Rechtsfindungsmethoden zu schaffen.[143]

Insgesamt liegen der Scharia vier Rechtsquellen – zwei materielle und zwei immaterielle –zugrunde, die je nach der Unmittelbarkeit in folgender Rangfolge zueinander stehen: Die Rechtserkenntnisquellen des Korans und die Verfahrensweise des Propheten (arab. *sunna*), – als Richtschnur der islamischen Jurisprudenz und nachfolgend als immaterielle Quellen der Konsens der Rechtsgelehrten (arab. *ijma*), dem rechtsschöpferische Kraft zugeschrieben wird und der Analogieschluss (arab. *qiyas*), als logische Deduktion. Pritsch / Spies geben an, dass der Analogieschluss unrichtigerweise als vierte Quelle der Scharia aufgezeigt wird,

137 Ebd., S. 17.
138 Scholz 2011, S. 24.
139 Krawietz 2002, S. 20.
140 Kürşat 2003 I, S. 32.
141 Rohe 2011, S. 45.
142 Elliesie 2014, S. 9.
143 Rohe 2011, S. 44.

da es sich bei ihm nicht um eine Rechtsquelle, sondern vielmehr um eine Rechtsfindungsmethode handle.[144]

Neben diesen „Wurzeln der Rechtsfindung" (arab. *usul al fiqh*), die sich im Laufe der Zeit „zur Ableitung von den Rechtsnormen aus den verschiedenen Erkenntnisquellen"[145] entwickelt haben, bildeten sich „subsidiäre Rechtsquellen", (arab. *furu*, dt. *Rechtszweige*) „zur Anwendung von Normen und Instrumenten in der Praxis".[146] Diese zweite Materie hat sich neben den vier anerkannten Rechtsquellen aber nur in der sunnitischen Lehre durchgesetzt und wurde nicht von allen islamischen Rechtsschulen anerkannt. Erwähnenswert ist an dieser Stelle die Möglichkeit des „Argumentierens durch Billigkeit" (arab. *ihtihsan*), „das für angemessen Halten einer Lösung im Bezug auf die Gesellschaft", was nur von der hanefitischen Rechtsschule praktiziert wurde.[147] Dies ist „im konkreten Einzelfall das Abweichen von einer aus einem Text oder aus einem Analogieschluss abgeleiteten, jedoch für diesen Fall lebensfremden Entscheidung zugunsten einer anderen, ausgewogeneren und angemesseneren Entscheidung".[148] In der Rechtspraxis tritt dieses Prinzip aber so sehr in den Hintergrund, dass die Rechtsbildung dadurch nur im geringen Maße beeinflusst wird.[149]

Daneben gelten das „Abstellen auf das Allgemeinwohl" (arab. *istislah*), wenn auf Grund einer Lebensnotwendigkeit eine neue Norm geschaffen wurde und der „Rückgriff auf das Gewohnheitsrecht" (arab. *urf*) als ebenso nicht unumstritten.[150] Schriftlich überlieferte Quellen sind nur der Koran und die Sunna. Anzumerken sei noch, dass in dieser Arbeit nur auf die vier bedeutendsten Rechtsquellen der Scharia eingegangen wird. Der maßgeblichen Beurteilung für den Übergang vom islamischen Recht in eine laizistische Demokratie, tut dies aber keinen Abbruch.

---

144 Pritsch, Erich / Spies, Otto: Klassisches islamisches Recht, in: Spuler, Bertold (Hrsg.): *Handbuch der Orientalistik*, Leiden [u.a.] 1964, S. 221.

145 Ebert 2005, S. 200.

146 Rohe 2011, S. 44.

147 Radtke, Bernd: Der sunnitische Islam, in: Ende, Werner (Hrsg.) / Steinbach, Udo (Hrsg.): *Der Islam in der Gegenwart. Entwicklung und Ausbreitung – Staat, Politik und Recht, Kultur und Religion*, 4. Aufl., München 2005, S. 65.

148 Elwan, Omaia: Gesetzgebung und Rechtsprechung, in: Steibach, Udo (Hrsg.) / Robert, Rüdiger (Hrsg.): *Der Nahe und Mittlere Osten*, Wiesbaden 1988, S. 223.

149 Schacht 1935, S. 126.

150 Scholz, Peter: *Islamisches Recht im Wandel am Beispiel des Eherechts islamischer Staaten*, in: http://www.jura.fu-berlin.de/fachbereich/einrichtungen/zivilrecht/lehrende/scholzp/dokumente/waneher.pdf?1337600208, S. 1.

1.2.1.1 Der Koran

Einen besonderen Stellenwert in der islamischen Jurisprudenz nimmt der Koran ein. Der Rechtsgelehrte asch-Schafi bezeichnete den Koran als ranghöchste Quelle, da an der Autorität und Unfehlbarkeit Gottes keine Zweifel bestehen.[151] Wörtlich leitet sich „Koran" von dem arabischen Wort „*qara'an*" ab, was so viel wie „Rezitation", oder „Lesung" bedeutet. Er wird als primäres Vermächtnis des Propheten Mohammed angesehen und soll zugleich Gottes Wort in seiner reinsten Form darlegen.[152]

Da der Prophet nach seinem Ableben kein schriftliches Regelwerk hinterlassen hat, sondern nur fragmentarische Überlieferungen, die etwa auf Steinen, Holz oder Knochen zu finden waren, wurde die Endredaktion des Korans erst unter dem vierten Kalifen Uthman (574–656 n. Chr.) schriftlich vollendet.[153] Demzufolge ist der Koran, die wichtigste Rechtsquelle der Scharia, mit seinen 114 Suren (= Kapiteln) und 6000 Versen, die formal nach abnehmender Länge eingeteilt sind, erst nach dem Tode des Propheten Mohammed entstanden.[154] Dennoch waren schon zu Lebzeiten Mohammeds Verkündungen von ihm in größeren Ausmaß vorhanden und von den Koranlesern (arab. *qura*) gesammelt und tradiert worden. Uthman bediente sich bei der Ausfertigung der Vorarbeiten seines Vorgängers Umar (592–644 n. Chr.).[155] Sein *Buch* (arab. *kitab*) stellt die einzige schriftlich überlieferte Version des Korans dar und erlebte nach ihm keine Umformulierungen mehr.[156] Der Koran gilt daher als authentisch überliefert.[157] Er ist die Schrift „an der nicht zu zweifeln ist" und „die Rechtsleitung für die Gottesfürchtigen."[158]

Bis heute stellt der Koran das Fundament der islamischen Kultur und Zivilisation dar. Er enthält die Gesamtheit der „göttlichen Offenbarung" und wird als die wichtigste Quelle des islamischen Rechts angesehen, ohne selbst ein Gesetzesbuch darzustellen.[159] Es war folglich die Aufgabe der Theologen und Juristen der ersten Generation, ein Rechtssystem aus den Bausteinen des Korans zu

---

151 Elliesie 2014, S. 10.

152 Busse 2005 S. 26.

153 Zehetgruber 2010, S. 23.

154 Antes 1997, S. 12.

155 Busse 2005, S. 31.

156 Dennoch ist auch der Koran, genauso wie die Bibel dem Vorwurf der Verfälschung ausgesetzt. Vgl. Antes 1997, S. 12.

156 Vgl. Sure 2, 2.

157 Antes 1997, S. 12.

158 Vgl. Sure 2, 2.

159 David / Grasmann 1966, S. 471.

entwickeln. Dies musste sowohl in der Individualethik als auch in der Gesellschaftslehre erfolgen. Die einzelnen Verkündungen zur Lösung eines Problems erließen die Korankommentatoren zumeist aus einem konkreten Anlass und nahmen oftmals die deklamatorische Form eines Grundsatzurteils an. [160]

Aufgrund der ergangenen Präzedenzfalllösungen konnte es in der Praxis dadurch durchaus vorkommen, dass ein Fall anders gelöst wurde, als es zu einem früheren Zeitpunkt auf Grund einer Anweisung der Fall war. Waren beide Verkündungen im Koran enthalten, so ging ganz nach dem Prinzip „*lex posterior derogat legi priori*" die später entstandene Anweisung der früheren vor.[161] Es bleibt hinzuzufügen, dass der Koran, soweit er keine Anweisungen für einen Einzelfall enthält, jedenfalls „Ausgangspunkt und Maßstab aller im Rang nachfolgenden Quellen bzw. Methoden bildet."[162]

1.2.1.2 Die Sunna

Die zweite primäre Rechtsquelle der Scharia stellt die Überlieferung der Taten und Worte des Propheten (arab. *sunna)* dar. Der Begriff „Sunna" soll demzufolge auf einen alten arabischen Begriff, der „gewohnter Weg, sei er gut oder schlecht" bedeuten soll, zurückreichen. Im Koran kommt der Ausdruck 16 Mal vor. [163]

Dem Koran gegenübergestellt, wird daher klar unterschieden, was der Prophet „im Namen Gottes" und was er im eigenen Namen verkündete.[164] Dabei handelte es sich um Stellungnahmen, die der Gesandte zu verschiedenen Gelegenheiten von sich gab, bzw. Handlungen, die er nicht nur einmal, sondern in regelmäßiger Form praktizierte.[165] „Die Sunna ergänzt, erläutert und interpretiert den Koran".[166] Zudem hat sie eine klärende Funktion und soll in Zweifelsfragen zur Abrogation des Korans herangezogen werden.[167]

Die Legitimation der Sunna als Rechtsquelle wird aus verschiedenen Versen des Korans abgeleitet. Von den rechtlich relevanten Taten, die auf der Propheteneigenschaft beruhen, werden die „menschlichen" Handlungen Mohammeds ausgeklammert.[168] Die Sunna gilt als normative Quelle der Scharia und wurde

160 Antes 1997, S. 15.
161 Ebd., S. 15.
162 Elliesie 2014, S. 11.
163 Krawietz 2002, S. 115.
164 Antes 1997, S. 25.
165 Krawietz 2002, S. 116–117.
166 Elwan 2010, S. 8.
167 Rohe 2011, S. 56.
168 Elliesie 2014, S. 12.

laut Elwan bereits während der Propheterie in einer „fälschungssicheren" Weise überliefert. Allerdings wurde ihre Verbreitung zu dieser Zeit nicht kontinuierlich vollzogen und ihre Anwendung daher nur auf einzelne Fälle reduziert.[169] Um eine einzelne, überlieferte Handlung aus dem Leben des Propheten (arab. *hadith*) von zweifelhaften zu unterscheiden, entwickelten die islamischen Rechtsgelehrten des 8. und 9. Jahrhunderts die sog. *„Isnad-Analyse"*.[170] Damit eine einzelne Tat Bindungswirkung entfalten konnte, mussten nach dieser Methode zwei Elemente vorhanden sein: zum einen eine bestimmte Aussage Mohammeds, über etwas, was er oder eine andere Autorität der Frühzeit gesagt oder getan haben soll (arab. *matn*) und zum anderen eine vorangehende „Überlieferungskette" (arab. *isnad*).[171]

Echtheitskriterium bildete nicht der Inhalt der Hadith, sondern nur die unbescholtene Isnad, der ohne chronologische Widersprüche sein musste.[172] Diese Methode wurde so eifrig betrieben, dass ein ganzes Genre an Quellen entstand, mit dem herausgefunden werden sollte, ob die einzelnen Glieder der Kette verlässlich waren oder nicht. In Folge trennten die Gelehrten durch Auslegung die echten von den unrichtigen Überlieferungen.[173] Auf diese Weise soll al-Buchari[174] (gest. 870) aus einem Korpus von insgesamt 600.000 gesammelten Sprüchen, auf 7.400 zweifelsfreie Handlungen und Aussagen gekommen sein.[175]

Wie wahrscheinlich die Aussage aufgrund innerer Gründe war, spielte dabei nur eine untergeordnete Rolle.[176] Ihrer Authentizität ist hinzuzufügen, dass sich das sunnitische Recht durch Dignitätsstufen entwickelte. Demzufolge gilt je nach Anzahl der Überlieferungsketten von Gewährmännern eine Aussage als lückenlos, sofern diese bis zum Propheten Mohammed zurückreicht.[177] Dies setzt nach sunnitischem Verständnis die Anerkennung durch alle vier ersten Kalifen voraus.[178]

---

169 Elwan 2010, S. 9.

170 Silverstein 2010, S. 116.

171 Bobzin, Hartmut: Sunna und Hadit, in: Haarmann, Maria (Hrsg.): *Der Islam. Ein Lesebuch*, München 2002, S. 44.

172 Radtke 2005, S. 64.

173 Silverstein 2010, S. 116–117.

174 Al-Buchari war Kompilator einer der sechs Hadith-Sammlungen. Vgl. Silverstein 2010, S. 115.

175 Ebd., S. 115.

176 Antes 1997, S. 26.

177 Elliesie 2014, S. 12.

178 Radtke 1996, S. 64–65.

1.2.2 Die sekundären Rechtsquellen

Das islamische Recht muss im Kontext des *islamischen Staates* verstanden werden.[179] Dabei ist dieser islamische Staat nicht als abstrahierter Idealtypus zu verstehen, sondern als ursprünglicher Einheitsstaat, auf den sich die islamische Glaubensgemeinschaft noch heute in ihrer ursprünglichen Form stützt. Dieser Ansicht nach sind der Staat und die Religionsgemeinschaft identisch und als Idee der politisch organisierten Gemeinschaft aller Muslime zu verstehen. Der islamische Staat ist ein *Religionsstaat,* der auf einem religiösen Fundament aufgebaut ist. Das Recht ist die religiöse Satzung, für die die Rechtspflege und Obrigkeit Sorge trägt. Da das Recht göttlichen Ursprungs ist, ist es unveränderlich und daher auch der staatlichen Gesetzgebung entzogen. Da aber die koranischen Vorschriften zur Lösung sämtlicher Rechtsprobleme bald nicht mehr genügten, mussten diese Lücken geschlossen werden.[180]

Die Tatsache, dass von über 6.000 Versen des Korans sich nur rund 150 mit sozial-rechtlichen und religiösen Geboten befassen und der Islam kein gesetzgebendes Organ kennt, sondern nur das Kalifat, als „Stellvertreter Gottes“, erzwang das Bedürfnis sekundärer Rechtsquellen.[181]

Nach dem Tode des Propheten Mohammed haben sich daher die Rechtsgelehrten, als „Erben des Propheten“ mit dem islamischen Recht beschäftigt und auf Grundlage der unantastbaren, kanonischen Texte bindendes Recht gesetzt. In dieser Zeit haben sich auch die vier islamischen Rechtsschulen etabliert.[182] Als sekundäre Rechtsquellen sind so der Gelehrtenkonsens (arab. *ijma*) und später der Analogieschluss (arab. *qiyas*) als *„juristisches Raisonnement“* entstanden.[183]

1.2.2.1 Der Gelehrtenkonsens

Der Konsens (arab. *ijma*) wird gebildet durch die Übereinstimmung der Rechtsgelehrten über die Normen des Korans und der Sunna und stellt in der Scharia die rangmäßig dritte Quelle dar.[184] Elliesie betont, dass der Konsens in der Frühzeit zunächst auf die örtliche und lokale Gemeinschaft konzentriert war und von den Gelehrten der jeweiligen Rechtszentren angewendet wurde. Erst später hat

179 Scholz 2011, S. 25.
180 Pritsch / Spies 1964, S. 220–222.
181 Kürşat 2003 I. S. 33.
182 Plagemann 2009, S. 50–51.
183 Rohe 2011, S. 59.
184 Ebd., S. 58.

sich daraus ein *consensus doctorum* als „Instrument irdischer Rechtssetzung" entwickelt.[185]

Legitimiert wird sein Status als Rechtsquelle durch die Ansicht, dass die Gemeinschaft der Gläubigen niemals irren wird.[186] Um eine Rechtsfindung durch den Konsens zu ermöglichen, durften nur die anerkannten Rechtsgelehrten (arab. *ulama*), die das Recht in einem religiös transzendentalen Sinne interpretierten, sich zunächst um eine einschlägige Lösung bemühen, indem sie im Koran und der Sunna nach den entsprechenden Normen zur Lösung des Problems nachschlugen. Führte dies zu keinem befriedigenden Ergebnis, beratschlagten sie sich, um zu einer Einigung zu gelangen. Er gilt als normative Quelle, wenn von ihm nicht abgewichen werden kann.[187]

Seine Legitimität stützt der Konsens auf den Koran[188], die Hadith und die Praxis der autoritativ anerkannten Prophetengenossen (arab. *sahaba*), deren Entscheidungen später als bindend anerkannt wurden.[189] Unsicher bleibt, wer an der Konsensbildung beteiligt sein musste und wie konkret die Entscheidung zustande gekommen sein musste, damit sie Bindungswirkung entfaltete. Ob es sich um einen Konsens handelte, wenn alle Rechtsgelehrten zustimmten, oder ob schon die Stimmmehrheit ausreichte, ist fraglich.[190] Ähnlich wie für das Christentum stellt sich in diesem Zusammenhang auch die Frage, welcher Stellenwert der Gemeinschaft, als ausführendes Organ zukommt. Fest steht, dass der Konsens methodisch erreicht oder institutionalisiert werden kann. Außerdem wird er nicht von allen Rechtsschulen als Rechtsquelle anerkannt.[191]

So ist durch die Praxis der Gelehrten bis zum Ende des 3. Jahrhunderts eine Fülle an Entscheidungen ergangen, die einem anderen Rechtsfindungsinstrument, dem *eigenständigen Rechtsraisonnement* (arab. *idschtihad*), wenig Raum ließen.[192]

Der starke Konservatismus, der dem Islam zuzuschreiben ist, geht auf das Prinzip der Nachahmung (arab. *taqlid*) zurück und hat dazu geführt, dass das verstandsgelenkte Denken zurückgedrängt wurde. In den ersten beiden

185 Elliesie 2014, S. 12.
186 Krawietz 2002, S. 184.
187 Elwan 2010, S. 25.
187 Rohe 2011, S. 59.
188 Vgl. Koran, Sure 4, 115.
189 Rohe 2009, S. 58–59.
190 Ebd., S. 59.
191 Potz 2011, RZ 8.
192 Rohe 2011, S. 59.

Jahrhunderten der islamischen Rechtsentwicklung, hatten die Religionsgelehrten noch die Möglichkeit, den Koran und die Sunna in Eigenverantwortung zu interpretieren. Diese selbstständige Meinungsbildung wird als „*Idschtihad*" bezeichnet. Der Idschtihad, der seinem Wesen nach dem Analogieschluss zugeordnet wird, wurde als „Mittel zur Anpassung an wechselnde Verhältnisse und als deduktive Methode der Rechtsfindung", auf Basis der Rechtsquellen, praktiziert.[193]

Nach islamischer Auffassung war jeder Muslim, der des islamischen Rechts kundig war, durch das Bilden einer eigenen Meinung (arab. *ra'yi*) zur Urteilsbemühung berechtigt. Es handelte sich daher um eine freie Rechtsfindung, die auf gesundem Menschenverstand basierte.[194]

Im 3. Jahrhundert soll der sunnitische Islam seine endgültige Form angenommen haben; von nun an wurde das „Tor des persönlichen Bemühens"[195], oder auch das „Tor der Interpretation der islamischen Gesetze"[196], geschlossen und durch die Nachahmung ersetzt. Die Mehrheit der islamischen Gelehrten war der Meinung, dass die freie Interpretation ein Ende haben müsse und man sich auf die Entscheidungen der ersten Interpretationen besinnen solle. Diese Einschränkung der Bewegungsfreiheit, hatte zu einer Stagnation des islamischen Rechts geführt und machte sich besonders in der Entwicklung des Privatrechts bemerkbar.[197] Denn die Regel, dass ein konkret zustande gekommener Idschtihad nicht durch einen anderen aufgehoben werden konnte, führte im Privatrecht dazu, dass nach dem „Schließen des Tores" keine weitreichenden Änderungen oder Neuerungen mehr vorgenommen werden konnten. Anders sah es im öffentlichen Recht aus: hier konnte dem Problem mit der Entwicklung des Sultans-Recht im 15. Jahrhundert entgegengewirkt werden.[198]

Aus heutiger Sicht stellt der Gelehrtenkonsens eine der bedeutendsten Rechtsquellen in der islamischen Jurisprudenz dar. Der Richter, der das islamische Recht anwendet, muss durch ihn nicht mehr im Koran oder der Sunna

---

193 Hartmann 2006, S. 168–169.

194 Ebd., S. 169.

195 Ebd., S. 170.

196 Silverstein 2010, S. 36.

197 Mumcu, Ahmet: Siebzig Jahre westliches Recht in der türkischen Republik, in: Scholler, Heinrich (Hrsg.) / Tellenbach, Silvia (Hrsg.): *Westliches Recht in der Türkei 70 Jahre nach der Gründung*, Baden-Baden 1996 (Arbeiten zur Rechtsvergleichung, 181), S. 28–39.

198 Ebd., S. 29–30.

nachschlagen, um eine Lösung des Rechtsproblems zu finden, sondern nur mehr den *ijma* als endgültige Auslegung heranziehen.[199]

1.2.2.2 Der Analogieschluss

Als abschließende Rechtsquelle wird der Analogieschluss (arab. *qiyas*) angeführt, der sich sowohl als „Methode zur Rechtsfindung“[200] als auch als „juristisches Schlussverfahren“[201] versteht. Der Begriff „Analogieschlusses“ wird ihm daher nicht ganz gerecht.[202] Tatsächlich umfasst er nämlich auch die *argumenta a minore ad maius, a maiore ad minus* und *a fortiori e contrario.*[203] Als vierte immaterielle Rechtsquelle ist er von allen sunnitischen Rechtsströmungen, mit Ausnahme der hanbalitischen und der zahiritischen Lehren, anerkannt[204] und insbesondere als Ausgestaltungsmethode von der hanefitischen Rechtsschule angewendet worden. Seine Anwendung obliegt innerhalb der einzelnen Rechtsschule dem Mufti, der durch ein Grundsatzurteil eine generelle Lösung herbeiführen soll.[205] Die analogische Anwendung anerkannter Entscheidungen auf neue wirkliche oder meist theoretisch-kasuistisch konstruierte Fälle, geht wiederum auf den Rechtsgelehrten asch-Schafi zurück, der die Legitimität des Analogieschlusses aus dem Koran und der Sunna ableitete.[206]

Um den Analogieschluss aber überhaupt anwenden zu können, mussten gewisse Kriterien erfüllt werden: inhaltlich ließ man ihm nur dort Raum, wo in den anderen Rechtsquellen keine klaren Bestimmungen vorhanden waren. Er kann also nur als eine Art Interpretations- und Rechtsanwendungsmethode betrachtet werden. Die persönliche Meinung eines Gläubigen konnte ebenso wenig miteinbezogen werden, wie eine Lösung, die auf Vernunft oder Billigkeit beruhte.[207]

Der *qiyas* wurde vielmehr als eine Art Rechtsinstrument für zukünftige Fälle angewendet, für die die bisherigen Normen keine Lösungen vorsahen, aber die *ratio legis* in der bereits bestehenden Norm auch bei dem neu zu entscheidenden

---

199 David / Grasmann 1966, S. 474.
200 Elliesie 2014, S. 13.
201 Rohe 2011, S. 62.
202 Im Verlauf der Arbeit wird der Terminus des „Analogieschlusses“ daher meinerseits aus einem rein sprachlich vereinfachenden Sinn verwendet.
203 Rohe 2011, S. 62.
204 Seine Ablehnung wurde u.a. auf die Sure 7, 11–13 gestützt, die sich auf die Unterwerfung vor Gott bezieht.
205 Kürşat 2003 I, S. 33.
206 Rohe 2011, S. 62–63.
207 David / Grasmann, 1966, S. 476–477.

Fall vorliegt. Auf diesem Wege konnte einem ähnlichen Sachverhalt, der durch den Koran oder die Sunna bereits geregelt war, Folge geleistet werden. Er kann allerdings nicht für Kultpflichten angewendet werden, sondern nur für einen Ausgangsfall des Diesseits.[208]

1.3 Das Sultans-Recht

Der Transformationsprozess des islamischen Rechts im Osmanischen Reich hat auf der Basis der dargelegten vier Rechtsquellen im 15. Jahrhundert begonnen.[209] Es handelt sich bei dem Rechtssystem des Osmanischen Reiches daher nicht um etwas *Originäres*, sondern um die Übernahme von Regeln, welche bereits weit vor der Gründung des Osmanischen Reiches (1299) entstanden sind.[210] Daneben spielte der Einfluss des byzantinischen Erbes eines bedeutende Rolle bei der Rechtsentwicklung. So spricht schon vieles dafür, dass sich das osmanische Imperium praktisch auf dem Territorium des untergegangenen 1000 Jahre alten byzantinischen Reiches erstreckte und auf diese Weise Gewohnheitsrechte und Steuerstrukturen von dem Vorgängerreich rezipiert wurden.[211]

Die Übernahme von byzantinischen Institutionen erfolgte im 13. Jahrhundert. Kein Geringerer als Sultan Süleyman (ca. 1494–1566), mit dem Beinamen *„der Gesetzgeber"* (türk. *Kanuni*), hat einen unvergleichbaren Rechtstransfer unter byzantinischem Vorbild veranlasst, wie ihn kein anderes frühzeitliches, islamisches Reich zuvor erlebte.[212]

Die Aufgabe des Sultans war es im Osmanischen Staat für die Rechtspflege und die Einhaltung der religiösen Vorschriften und Gebote Sorge zu tragen. Die Befugnis zur Rechtssetzung und Rechtsprechung lag nicht in der Hand des Staates oder des Sultans, sondern war wie bereits erörtert wurde, zunächst den

---

208 Elwan, Omaia: *Einführung in das Islamische Recht*, in: http://www.ipr.uni- heidelberg.de/md/jura/ipr/personen/elwan/materialien_zur_vorlesung_-_einfuhrung_in_das_islamische_recht_2014_stand_16_juni.pdf, S. 43.

209 Plagemann 2009, S. 49.

210 Şen, Murat: *Osmanlı Hukukunun Yapısı. Yeni Türkiye*, Sayı 6, Nr. 31 [Die Struktur des Osmanischen Rechts. Neue Türkei, Jg. 6, Nr. 31, ü. a. d. T.], Ankara 1999, S. 327.

211 Dawletschin-Linder, Camilla / Dietert, Amke: *Begegnungen – İlişkiler. Hamburg und die Türkei in Geschichte und Gegenwart*, Hamburg 2010, S. 20.

212 Potz 2001, RZ 19. Zur Anpassung des Römischen Rechts an den „hellenisierten Orient" vgl. Schwarz, Andreas: Rezeption und Assimilation ausländischer Rechte, in: Thieme, Hans (Hrsg.) / Wieacker, Franz (Hrsg.): *Rechtsgeschichte und Gegenwart*, Bd. 13, Karlsruhe 1960, S. 149 ff.

islamischen Rechtsgelehrten und dem Kadi[213] (dt. *Richter)* vorbehalten.[214] Ihnen oblag die Rechtssprechung über Zivil- und Strafsachen, da es noch keine strikte Trennung zwischen den Verfahren gab. Die Prozesse waren öffentlich und wurden mehrmals täglich in den Moscheen abgehalten. Die Justizverwaltung oblag dem religiösen Oberhaupt des Islams, welcher als eine Art „Kultusbehörde" auch für Bildungsangelegenheiten zuständig war.[215]

Durch den politischen und ökonomischen Aufschwung des Osmanischen Reiches und durch den Ausbau von Verwaltung, Handel und des Bildungswesens unter der Herrschaft von Sultan Süleyman – dem ersten Kalifen des Osmanischen Reiches[216] – konnte dieses Konzept der Ordnung zu Beginn des 15. Jahrhunderts nicht mehr aufrechterhalten werden. Das Reich stand vor einer neuen Herausforderung, nämlich eine Gesetzgebung zu schaffen, die zwar an Gottes Willen weiter festhielt, zugleich aber auch den weltlichen Anforderungen der wachsenden Gesellschaft gerecht werden konnte. Dies war ohne Säkularisierung und rechtlicher Ausgestaltung der politischen Herrschaftsmacht des Sultans unmöglich.[217]

Denn auch wenn in der Theorie ausschließlich die Scharia die einzige Quelle der islamischen Jurisprudenz war, so war sie faktisch nicht geeignet, in einem expandierenden und immer mehr Völkergruppen assimilierenden Staat, alle politischen und sozialen Bereiche des humanistischen Zusammenlebens zu regeln. Besonders unbefriedigend waren die wenigen Bestimmungen, die über das Öffentliche Recht zu finden waren.[218]

---

213 Die ersten Richter wurden bereits in der Herrschaftszeit der Umayyaden eingesetzt. Angemerkt sei aber, dass bereits der Prophet Mohammed selbst die Funktion eines (Schieds-)Richters übernahm. Vgl. dazu ausführlich: Schneider, Irene: Qadi und Qadi-Justiz im vormodernen und modernen islamischen Recht, in: Scholler, Heinrich (Hrsg.) / Tellenbach, Silvia (Hrsg.): *Position und Aufgaben des Richters nach westlichen und islamischen Recht*, Tübingen 2007, S. 57.

214 Plagemann 2009, S. 51–52.

215 Bilge, Necip: Gerichtsorganisation und Rechtszüge im türkischen Recht unter besonderer Berücksichtigung des deutschen und französischen Rechts, in: *Ord. Prof. Dr. Ernst E. Hirsch'e Armağan*, [Festschrift zu Ehren für Herrn Ord. Prof. Dr. Ernst E. Hirsch, ü. a. d. T.], Ankara Üniversitesi Hukuk Fakültesi Yayınları, Nr. 197, Ankara 1964, S. 564.

216 Nach der Eroberung Ägyptens im 16. Jahrhundert nahm Sultan Süleyman den Kalifentitel an.

217 Plagemann 2009, S. 53–54.

218 Akyilmaz 2007, S. 89–90.

Es oblag daher den jungen Herrschern eine Einheit aus dem Islam und dem Staat zu kreieren.[219] Nach islamischer Auffassung stammt alle Gewalt von Gott. Der Sultan war in seiner Rolle als Kalif in erster Linie nur Repräsentant Gottes. Weder ihm, noch dem Menschen konnte göttliche Kompetenz zukommen. Ähnlicher, jedoch nicht gleicher Auffassung waren die Osmanen. Sie glaubten, dass der Sultan „vom Gott des Himmels" (türk. *Gök tanrı*), die Herrschaftsmacht erhalten hat. Obwohl im Islam diese Ansicht keine Stütze findet, haben die Osmanen diese Meinung fast dreihundert Jahre lang vertreten.[220]

Ab dem 15. Jahrhundert ist die Herrschaftsmacht des Sultans dann immer stärker in den Vordergrund gerückt, indem der Vollzug der Scharia durch staatliche Organe, sowie durch die Befugnisse des Sultans (türk. *siyasa*) geregelt wurde.[221] Der Machtbereich des Sultans gewährte ihm „volle Justizhoheit".[222] Innerhalb dieses Rahmens war es ihm möglich, Gesetze (türk. *kanun*) zu erlassen, die in erster Linie zur Festlegung der Verwaltungsvorschriften dienten.[223] Gestützt wurde die obliegende Staatsführung des Sultans auf den bereits erwähnten Grundsatz der *istislah*[224], dem „Interesse der Allgemeinheit" zu entsprechen. Dem zu Folge sind nach Elwan die staatlichen Vorschriften des Sultans keine Gesetze – da die Rechtssetzungsbefugnis allein Gott zusteht – aber der Scharia zugehörig, soweit sie mit dieser vereinbar waren. Rechtliche Regelungen, die aus politischem Interesse erlassen wurden, durften sogar einer überlieferten Sunna entgegenstehen.[225]

Mit der weltlichen Rechtssetzung des Sultans und dem islamischen Recht standen sich plötzlich zwei teils widersprüchliche Rechtssysteme gegenüber.[226]

Die Scharia wurde hingegen durch die eigenständige Urteilsbemühung der Rechtsgelehrten (türk. *içtihat,* arab. *idschtihad*) beeinflusst. In der Gesamtheit wurden die gesammelten Entscheidungen und Gutachten der Gelehrten zu einem Teil des Rechts und führten in Folge zu einer strengen, bindenden

219 Nach dem Wortlaut des Koran ist der Islam ausdrücklich nur „Religion" und nicht „Religion und Staat" (Sure 3,19). Vgl. Schumann, Olaf: Die Rolle des Islam, in: Clemens, Gabriele (Hrsg.): *Die Türkei und Europa*, Hamburg [u.a.] 2007 (Studien zur neueren europäischen Geschichte, 1), S. 81–82.

220 Mumcu 1996, S. 27.

221 Plagemann 2009, S. 51ff.

222 Ebd., S. 51.

223 Rohe 2011, S. 187.

224 Vgl. Kapitel 1.2.1.

225 Elwan 1988, S. 223.

226 Plagemann 2009, S. 54.

Richtschnur.[227] Die Entwicklung der Scharia erfolgte daher durch das selbstständige, verstandsgelenkte Nachdenken.[228] Das Sultans-Recht, oder auch *örf-i sultani* (dt. *Sultans-Recht*) hingegen ist eine Erfindung der Herrscher des 15. Jahrhunderts, um Gewohnheitsrecht als verbindliche Normen festlegen zu können.[229]

In ihrer Gemeinsamkeit, so Plagemann, verbindet das islamische und das sultanische Recht jedoch die Ordnungsfunktion, die Gerechtigkeitsfunktion, die Herrschaftsfunktion und die Herrschaftskontrollfunktion.[230]

Bei dem Sultans-Recht dürfte es sich seiner Entstehung nach um ein Rechtssystem handeln, welches nicht charakteristisch für das Osmanische Reich hervorgegangen ist, sondern auch in anderen muslimischen Ländern auftrat.[231] Im Islam wurde der Begriff des *örf-i sultani* zunächst für ein Rechtssystem verwendet, welches sich außerhalb der Sphäre des islamischen Rechts befand.[232] Damit kommt meiner Meinung nach der Dualismus der beiden Rechtssphären deutlich zum Ausdruck.

Über die genaue Entwicklung des Sultans-Recht gibt es nur wenige Informationen. Erstmals taucht der Begriff in den Schriften des Historikers Tursun Bey (ca. 1420) auf. In seinem Buch Tarih-i Ebül Feth (dt. *Die Geschichte des Vaters der Eroberung*), welches die Eroberungszüge von Sultan Mehmed II. (1451–1481) behandelt, schrieb Tursun, dass die Gesellschaft einen Gesetzgeber benötige. Der Sultan sei daher berechtigt, Gesetze (türk. *kanun*) zu erlassen, sofern diese von der islamischen Gemeinschaft akzeptiert wurden. Seiner Legitimierung setzte er somit eine Bedingung voraus.[233] Oft wird das *örf- i sultani* mit dem Gewohnheitsrecht gleichgesetzt.[234] „Gewohnheitsrecht" bedeutete im Sinne des Sultans-Recht, dass „der Sultan die den Staat betreffenden Gewohnheiten und Gebräuche traditionell *seinem eigenen Willen gemäß* als verbindliche Normen konnte."[235]

227 Bülend 1940, S. 16.
228 Rohe 2011, S. 44.
229 Aydın 2002, S. 25.
230 Plagemann 2009, S. 55.
231 Akyilmaz 2007, S. 89.
232 Inan, Kenan: *The making of the Kanun Law in the Ottoman Empire, 1300–1600*, in: http://www.cliohworld.net/onlread/5/07.pdf, S. 67.
233 Akyilmaz 2007, S. 89–90.
234 Inan, S. 67.
235 Plagemann 2009, S. 62.

Über den Wortursprung des *örf-i sultani* oder auch *örf hukuku* wurde bis heute keine Einigung erzielt.[236]

Laut İnalcık benutzten die Osmanen mehrere Begriffe synonym für das Sultans-Recht:

- *örf- i sultani*: Gesetze, die zum Wohl der Bevölkerung durch den Willen des Sultans erlassen wurden.
- *örf- i maruf* bzw. *adet* (dt. *Brauch, Sitte*): Der Sultan konnte einen Brauch oder eine Sitte durch einen Erlass zu einem rechtswirksamen Gesetz werden lassen. Trotzdem unterscheidet sich das Sultans-Recht von den orts – oder gesellschaftsüblichen Handlungs- und Denkweisen. Daher kann behauptet werden, dass, trotz synonymer Verwendung, nicht jeder Brauch auch als Gewohnheitsrecht anerkannt wurde.[237]
- *örf*: Verbot in der Ära von Sultan Mehmet II (1451–1481).[238]
- *kanun*: Als kanun wurden sowohl die vom Sultan erlassenen Gesetze, als auch das Recht des Sultans im Gegensatz zum islamischen Recht, bezeichnet.[239]

Auch über die Stellung des *örf-i sultani* in der islamischen Jurisprudenz waren sich die Rechtsgelehrten lange Zeit nicht einig. Der Historiker und Politiker Ibn Haldun (1332–1406) beispielsweise sah in der Anwendung des Sultans-Recht einen Verrat an der Scharia. Seiner Meinung nach könne nur die Scharia die einzige legitime Rechtsquelle im Islam darstellen und dürfe nicht durch eine zweite Rechtsquelle umgangen werden.[240]

Andere Rechtsgelehrte hingegen betrachteten das Sultans-Recht neben den vier traditionellen Quellen des Korans, der Sunna, des Gelehrtenkonsenses und des Analogieschlusses als fünfte Rechtsquelle der Scharia und stellten es u.a. in der Normenhierarchie ranghöher als den *qiyas*. Ihrer Devise nach hätte diese Einordnung zur Folge, dass ein Urteil, welches auf Grund eines Vergleiches ergangen war, durch eine Entscheidung des Sultans wieder entkräftet werden hätte können.[241] Nach islamischem Verständnis hat sich schließlich seine Berechtigung als Rechtsquelle durchgesetzt, sofern ihre Normen nicht im Widerspruch

236 İnalcık, Halil: *Osmanlı Hukukuna Giriş. Örfi- sultani hukuk ve Fatihin kanunları*, [Die Einführung in das Osmanische Rechtssystem. Das Sultans-Recht und die Reformen Fatihs, ü. a. d. T.], Ankara 1958, S. 102.

237 Rohe 2011, S. 69–70.

238 İnalcık 1958, S. 102–103.

239 Plagemann 2009, S. 70.

240 İnalcık 1958, S. 102–103.

241 Ebd., S. 103.

zu den Regeln der Scharia standen. Es wurde daher überwiegend in Bereichen angewandt, für die das islamische Recht keine Regelung vorsah, wie im Bereich der Verwaltung, im Finanzwesen und im Kriminalrecht.[242] Die Anerkennung des Sultans-Recht dürfte auch die Verbreitung des Islams entscheidend gefördert haben.[243]

1.3.1 Die Kanunname

Im 15. Jahrhundert trat im Osmanischen Reich erstmals neben dem Sultans-Recht eine weitere Form von positiv gesetztem Recht in Erscheinung: die *kanunname* – die „Gesetzessammlung". Die Kanonisierung begann unter der Herrschaft von Sultan Mehmed II. und wurde bis zur Einleitung der Tanzimat Ära – der Periode der Reformen (1839–1876) – fortgesetzt. Durch die Gesetze der Sultane wurden indifferente Bestimmungen der Scharia geregelt und auf diese Weise etwa unter Sultan Süleyman die Neuordnung des Lehenwesens, das Recht der nicht-muslimischen Untertanen, die Polizei und Strafordnung, sowie das Kriminalrecht vereinheitlicht.[244]

Acar geht davon aus, dass die auf Befehl des Sultans erlassenen Gesetze, wegen des Bedürfnisses nach einem geordneten Rechtsmechanismus gesammelt wurden. Genauso wie beim *örf-i sultani* war der Herrscher in der Lage, mit Hilfe eines *fermans* (dt. *Erlass, Dekret*) Gesetze zur Auslegung streitiger Rechtsfragen zu erlassen.[245]

Die islamisch-rechtliche Grundlage zur Kodifikation bot der Machtbereich des Souveräns, der die Gesetze „zur Wahrung der Rechtsansprüche Gottes" erlassen konnte. Dieses System diente zur Aufrechterhaltung der politischen Ordnung und zum Schutz des Gemeinwesens der Muslime.[246] In erster Linie handelte es sich um Vorschriften zur Regelung staatlicher Angelegenheiten, des öffentlichen Rechts, ohne Definition oder Normenhierarchie.[247] Die Gesetzgebungskompetenz des Sultans hat auf diesem Wege im Osmanischen Reich im 15. Jahrhundert ihren Anfang genommen, ohne dass schon von einer

---

242 Akyilmaz, S. 90.

243 Rohe 2011, S. 68.

244 Schacht 1935, S. 20–21.

245 Acar, İsmail: *Osmanlı Kanunları ve Ceza Hukuku* [Die osmanischen Gesetzessammlungen und das islamische Strafrecht, ü. a. d. T.], İlahiyat Fakültesi Dergisi, Nr. XIII–XIV, İzmir 2001, S. 55–57.

246 Plagemann 2009, S. 51.

247 Ebd., S. 79.

modernen Kodifikationsbewegung die Rede sein kann.[248] Vielmehr hat sich der Machtbereich des Sultans auf rechtliche Einzelfragen erstreckt. Die direkte Anwendung der Scharia und der Rechtsfindung blieb aber weiterhin den Richtern vorbehalten.[249]

Fast dreihundert Jahre lang hat sich das islamische Recht im Osmanischen Reich auf der Basis seiner klassischen Quellen weiterentwickelt. Auf diesem Wege ist juristische Literatur in Form von Rechtslehrbüchern und eine Fülle an kasuistischen Gesetzessammlungen und Rechtsgutachten entstanden (türk. *fetva*).[250] Diese Gutachten, die nach den alten Idschtihads durch Nachahmung (türk. *taklit*, arab. *taqlid*) ergangen sind, wurden für fast alle Lebensbereiche herangezogen. Die Säkularisierung des Rechts und die Denkströmungen, die in Europa mit der Französischen Revolution einhergingen, blieben laut Mumcu den Osmanen aber bis dato fremd. Es gab bis ins 18. Jahrhundert noch keine Ansätze einer Kritik des islamischen Rechts. „Die Gerechtigkeit als Produkt des rationalen Naturrechts zu sehen und die wirkliche Gedankenfreiheit zu gewähren, war dem Geist des Islams fremd. Deswegen wollte man reformieren, um zu *überleben*", so Mumcu.[251]

1.4 Der Bündnisvertrag

Bis zum Ende des 18. Jahrhunderts befand sich die Herrschaftsgewalt im Osmanischen Reich in der Hand des Sultans. Diese auf einer jahrhundert alten Tradition beruhende Ordnung nahm mit der Aufgabe der uneingeschränkten Macht durch Sultan Selim III. (1762–1808) ihr Ende.[252] Ausgangspunkt war der Russisch-Osmanische Krieg (1787–1791), der innenpolitisch auf Grund von Gebietsverlusten zu einer schweren wirtschaftlichen Krise führte. Der Sultan war der festen Überzeugung, dass nur umfassende Reformen das Land restaurieren könnten. Seine Bemühungen beschränkten sich zunächst auf den militärischen Bereich durch die Übernahme europäischer Militärstrukturen, Organisationsprinzipien und Ausbildungskriterien und setzten sich später auf ziviler Ebene

248 Rohe 2011, S. 182.

249 Plagemann 2009, S. 80.

250 Ebd., S. 79.

251 Mumcu 1996, S. 31–32, 34.

252 Pamir, Aybars: *Osmanlı Egemenlik Anlayışında Sened-i ittifak'in yeri* [Das Verständnis der osmanischen Souveränität und der Platz des Bündnisvertrages, ü. a. d. T.], in: http://dergiler.ankara.edu.tr/dergiler/38/278/2513.pdf, S. 61.

fort. Obwohl das islamische Staatsmodell weiter fortbestand, sollte Sultan Selim III., der Herrscher sein, der die Verwestlichung einleiten sollte.[253]

Als Folge diverser Kriege kam es unter seiner Herrschaftszeit zu Machtverlusten und Aufständen autonomer Talfürsten (türk. *ayan*) im Inneren des Landes, die sich der politischen Kontrolle der osmanischen Herrschaft mehr und mehr zu entziehen versuchten. Das Volk sehnte sich nach einer besseren wirtschaftlichen Lage und einer systematischen Neuordnung des Reiches.[254] Um die Herrschaftsgewalt neu zu reglementieren und der zunehmenden Verselbständigung der quasiautonomen Landherren, die als Statthalter in Mittel- und Ostanatolien regierten[255], entgegenzuwirken, sicherte sein Nachfolger, Sultan Mahmud II. (1785–1839) im Bündnisvertrag den Landherren *Recht*e zu, um den Autoritätsverlust zu stoppen.[256] Unterzeichnet wurde der Bündnisvertrag am 7. September 1808 mit Hilfe des Großwesirs[257] Alemdar Mustafa Pascha (1755–1808).

Im sogenannten „Akt der Einheit" oder auch Bündnisvertrag (türk. *Sened- i ittifak*), legte der Sultan ein Sieben-Punkte-Programm fest, das dem Ziel dienen sollte, die Herrschaftsstrukturen neu zu reglementieren. Die ersten vier Paragraphen bezogen sich auf den Autoritätsverlust des Sultans, der etwa auf die Verfügungsgewalt über Leib und Leben verzichten und die Eigentumsrechte der lokalen Fürsten, anerkennen sollte. Im Gegenzug mussten die Landesherren die Zentralgewalt des Sultans achten und ihm die Treue schwören.[258] Inwieweit der Bündnisvertrag in rechtlicher Hinsicht von Bedeutung war, ist umstritten. Während Gözler mit dem Vertrag „die verfassungsrechtlichen Bewegungen"[259] einleitet, ist Rumpf der Meinung, dass der positive Impuls des Sened-i ittifak zweifelsohne die Beschränkung der Zentralgewalt des

---

253 Sürek, Tunay: *Die Verfassungsbestrebungen der Tanzimat-Periode. Der Kanun-i-Esasi – Die Osmanische Verfassung von 1876*, Rechtshistorische Reihe 462, Frankfurt a. Main 2016, S. 15.

254 Rumpf, Christian: *Die »Europäisierung« der türkischen Verfassung*, in: Scholler, Heinrich (Hrsg.) / Tellenbach, Silvia (Hrsg.): *Westliches Recht in der Türkei 70 Jahre nach der Gründung*, Baden-Baden 1996 (Arbeiten zur Rechtsvergleichung, 181), S. 54–55.

255 Kreiser 2001, S. 35.

256 Matuz 1985, S. 214–215.

257 Dem Großwesir oblag die Führung der praktischen Politik im Osmanischen Reich in fester Kompetenz. Vgl. Matuz 1985, S. 88.

258 Kapucu, Hakan / Aydın, Murat / Şiriner, Ismail / Morady, Farhang / Çetin, Ümit: *Politik Iktisat ve Adam Smith* [Politk, Wirtschaft und Adam Smith, ü. a. d. T.], Istanbul 2011, S. 147–148.

259 Gözler, Kemal: *Anayasa Hukukuna Giriş* [Einführung in das Verfassungsrecht, ü. a. d. T.], Bursa 2001, S. 10.

Herrschers darstellt, die absolutistische Gewalt des Sultans und seine Herrschaft über die osmanischen Untertanen von dem Vertrag aber unberührt blieben. Dahingestellt sei ebenfalls die ungeklärte Frage nach der Bindung des Sultans an den Vertrag und inwieweit diese dem modernen Konstitutionalismus entgegengestanden habe.[260] Das Ergebnis des Vertrages war daher nur ein eigennütziger Interessensausgleich zwischen dem Sultan und den Talfürsten.[261]

Matuz meint sogar, dass das Staatswesen bereits unter Selim I. (1470–1520) nach einem einheitlichen, autokratisch geprägten Schema ein *Rechtsstaat* sei, weil die Rechtsgrundlage das islamische Recht darstellte, an welches sich auch der Sultan halten musste.[262] Unerlässlich für einen Rechtsstaat sind aber Grundrechte, Kontrollmechanismen und unabhängige Instanzen. Denn nur, indem der Rechtsstaat Kontrollmechanismen einsetzt, schützt er seine Bürger und sich selbst.[263]

Hirsch führt dazu aus, dass man unter dem Begriff „Rechtsstaat", „die Idealordnung eines Staates als regulative Idee" versteht, und „es sich um ein Ordnungsmodell handelt, dessen bestimmende Merkmale in einem als Staat zu qualifizierenden Gesellschaftsintegrat als verbindlich postuliert sind und – empirisch nachweisbar – in ihrer Zusammenfassung den höchsten sozialen Wert ausmachen, an dem alle rechtlichen Verhaltens- und Organisationsregeln und Maßnahmen de jure auszurichten sind."[264]

Zusätzlich müssen bei der Frage nach dem Beginn des modernen Rechts- und Staatswesens im Osmanischen Reich die gängigen juristischen Termini im rechtshistorischen Kontext berücksichtigt werden. Tatsächlich sei der Staatsbegriff in unserem Sinne erst gegen Mitte des 20. Jahrhunderts anachronistisch verwendet worden und stellt daher das Produkt einer neuzeitlichen Entwicklung dar.[265]

Von einem souveränen Staatswesen, einem Staatsgebiet und einem stabilen Personenverbund als Staatsvolk, welche ebenfalls Charakteristika eines

260 Rumpf, Christian: *Das türkische Verfassungssystem. Einführung mit vollständigem Verfassungstext*, Wiesbaden 1996 (Turkologie und Türkeikunde, 4) S. 37–38.

261 Kreiser 2001, S. 36.

262 Matuz 1985, S. 85.

263 Biernath, Annett: Die Meinungs- und Pressefreiheit in der Türkei im Spiegel der EMRK, in: Depenheuer, Otto (Hrsg.): *Deutsch- Türkisches Forum für Staatsrechtslehre*, Berlin 2013, S. 179–180.

264 Hirsch, Ernst E.: *Rechtssoziologie für Juristen. Eine Aufsatzsammlung*, Berlin 1984 (Schriftenreihe zur Rechtssoziologie und Rechtstaatsachenforschung, 57), S. 202.

265 Schennach, Martin: *Rechts- und Verfassungsgeschichte*, Wien [u.a.] 2012, S. 17.

Rechtsstaates sind, kann meiner Meinung nach im 15. Jahrhundert im Osmanischen Reich noch nicht gesprochen werden, weshalb auch Matuz' These nicht haltbar ist. Ich schließe mich der Meinung Rumpfs an, der davon ausgeht, dass erst zu Beginn des 19. Jahrhunderts im Osmanischen Reich eine neue Richtung eingeschlagen und der Weg zu einer *modernen Verfassungsentwicklung* geebnet wurde.[266] Der *Sened- i ittifak* war allenfalls dazu geeignet den *status quo* zu sichern.[267] Ortaylı schreibt, dass die Bedeutung des Bündnisvertrages vor allem von den türkischen Juristen weit überschätzt wird und der Entwicklung des modernen Staates sogar *entgegenstand*. Denn der Vertrag hätte sowohl die Freiheit des Osmanischen Staates und den Parlamentarismus gefährdet als auch die Herrschaftsgewalt des Sultans bedroht. Er hält ihn aber nichts desto weniger für eine wichtige verfassungsrechtliche Urkunde und für eine Art „*Gegenstück zur Magna Charta*".[268]

Innenpolitisch erreichte man durch den Vertrag aber die gewünschte Stabilisierung, da er „zur Wahrnehmung eines Bedürfnisses nach grundlegender Reform des gesamten Staatswesens und seiner Rechtsordnung" entscheidend beigetragen hat.[269]

Weitere Konsolidierungen konnten zu dieser Zeit auch mit dem Ausbau der Verwaltung erreicht werden. Denn im Gegensatz zu Sultan Selim III. gelang es dessen Nachfolger Mahmud II., umfangreiche Reformen im öffentlichen Raum zu erlassen und erste Ministerien zu schaffen. Auf seine Initiative hin wurde etwa „der „Oberste Rat für Rechtsangelegenheiten" (türk. *Meclis-i Vala-i Ahkam-i Adliye*) geschaffen, der laut Kreiser „die Brücke vom informellen islamischen Beratungsgremium zum ‚Conseil d'Etat' modernen Typs" realisierte.[270]

1.5 Die Tanzimat (1839–1876)

Der Bündnisvertrag von 1808 war für die Rechtsentwicklung des Osmanischen Reiches sicher von enormer Bedeutung. Der entscheidende Wegbereiter für die Veränderungen der symbolischen Ordnung wurde aber erst gut dreißig

266 Rumpf 1996 I, S. 37.

267 Rumpf, Christian: *Die »Europäisierung« der türkischen Verfassung*, in: Scholler, Heinrich (Hrsg.) / Tellenbach, Silvia (Hrsg.): *Westliches Recht in der Türkei 70 Jahre nach der Gründung*, Baden-Baden 1996 (Arbeiten zur Rechtsvergleichung, 181), S. 55.

268 Ortaylı, İlber: *İmperatorluğun en uzun yüzyılı* [Das längste Jahrhundert des Imperiums, ü. a. d. T.], Istanbul 2012, S. 18, 42.

269 Rumpf 1996 II, S. 55.

270 Kreiser 2001, S. 38.

Jahre später durch das „*Zeitalter der Reformen*", in der sog. Tanzimat Ära (dt. *Anordnung, Regelung*) eingeleitet. Alle intellektuellen und ideologischen Bewegungen in der gegenwärtigen Türkei wurden von diesen frühen „Verwestlichungsbemühungen" beeinflusst.[271] Die Tanzimat brachte zwei maßgebliche Veränderungen: zum einen die Entstehung eines autoritären zentralistischen Staates und zum anderen die Durchsetzung des Prinzips des „*rule of law*".[272]

Die Notwendigkeit dieser Reformen fasst Kürşat in einer sehr zutreffenden Form wie folgt zusammen: „In der seinerzeit noch unhinterfragbaren Geltung der mit sakraler Aura umgebenen islamischen politischen Ideologie kam die geistig-intellektuelle Reaktion auf die sich weitende Kluft zwischen den religiös-traditionellen Idealen und den real gewandelten Institutionen, Lebensstilen, den innergesellschaftlichen und vor allem zwischenstaatlichen Machtbalancen durch die Verfassung zahlreicher Denkschriften als Warnung vor dem Untergang."[273] Kürşat spricht damit den Beginn des Verfalles des Osmanischen Reiches an, der zweifelsohne tiefgreifende Gründe hat: einer der bedeutendsten Faktoren war die Rückständigkeit des Landes. Eine Reihe ernstzunehmender Analysen legen das Schwergewicht auf die ausbleibende Industrialisierung des Osmanischen Reiches. Eine andere Theorie bedient sich wiederum der Argumentation der Marxschen These von der „asiatischen Produktionsweise", welche ebenfalls dem Osmanischen Reich entspräche.[274] Als konkrete interne Gründe können die feudalen Gesellschaftsstrukturen, sowie die Unfähigkeit der Sultane als Hypothese herangezogen werden. Dekadenzsymptome wären bereits im 16. Jahrhundert nach der Einverleibung Ungarns festzustellen. Danach blieben die großen Eroberungen aus und es kam zu einem Stillstand.[275]

Das osmanische Herrschaftssystem und seine Institutionen konnten die damaligen Aufgaben nicht mehr bewältigen und bestanden nur mehr in einer degenerierten Form.[276] Der gefährlichste Gegner war mittlerweile das erstarkte russische Zarenreich, welches militäre Gewalt anwendete, die slawischen Minderheiten in Südosteuropa gegen die dekadente Staatsführung der osmanischen Herrscher auflehnte und die Schutzrechte über die Orthodoxe Kirche weiter

---

271 Wolff, Arno: *Tanzimat. Der erste Versuch einer Modernisierung in der Türkei*, in: http://www.kas.de/wf/doc/kas_6889-544-1-30.pdf?050705163551, S. 103.

272 Kürşat 2003 II, S. 13.

273 Kürşat 2003 I, S. 163.

274 Keskin, Hakkı: *Vom Osmanischen Reich zum Nationalstaat*, Berlin 1981, S. 11.

275 Matuz 1985, S. 132.

276 Günay 2012, S. 53.

auszuweiten versuchte.[277] Ziel der Sultane war es eine neue Ordnung zu schaffen, die auf die Stärkung des Staatsapparates abzielte und in Folge eine Liberalisierung von Staat und Gesellschaft herbeiführen sollte. Für Rumpf reichen die Gründe der Tanzimat und damit der *Neuordnung* historisch bis zur zweiten Türkenbelagerung vor die Tore Wiens zurück: das Reich befand sich nach der Niederlage in einer militärisch und politisch schwachen Lage. Die Ressourcen waren erschöpft.[278] Gleichzeitig waren auch die Eroberungen früherer Zeiten für die Misere mitverantwortlich: das starke Überlegenheitsgefühl der Osmanen, welches über Jahrhunderte herangezüchtet wurde, führte dazu, dass das Reich den technischen und wissenschaftlichen Anschluss an Europa verpasste.[279]

Die osmanischen Herrscher waren sich daher einig, dass die rasante Entwicklung Europas nur durch die Übernahme westlicher Technologien und fremden Rechts kompensiert werden kann, ohne diese jedoch auf konsequente Art und Weise durchgesetzt zu haben. „Eine Erklärungsmöglichkeit unter anderen liegt vielleicht in der islamisch geprägten Erziehung und Bildung, die vor allem auf Überkommenes Wert legte, die insbesondere die Traditionen pflegte, Neuerungen als nicht wünschenswert betrachtete und intellektuelle Neugier nicht belohnte."[280]

Abadan nennt insgesamt sieben Gründe, die für den schleichenden Verfall des Reiches verantwortlich gemacht werden können, u.a. das absolutistisch, theokratisch ausgerichtete Regierungssystem bis zum Beginn des Ersten Weltkrieges; die ausgedehnte Herrschaft des Sultans und des Kalifen; das militärisch-bürokratische Staatsgefüge und die kasuistisch scholastische Denkmethode, die eine Entwicklung des rationalen Denksystems lange Zeit verhinderte.[281]

Umstrukturierungen in der Verwaltung und des Militärwesens erfolgten in dieser Periode mühelos, während das Schul- und Erziehungswesen nicht den durchgreifenden Erfolg brachte. Im Kern ihrer Wertvorstellungen blieben die Akteure der Tanzimat daher den osmanischen Denkmustern, Wertvorstellungen und der Feudalherrschaft verhaftet, sodass trotz Bewunderung gegenüber Europa, eine konsequente Säkularisierung, ein weltanschaulicher Pluralismus

277 Krämer, Gudrun: *Geschichte des Islam*, München 2005, S. 272.

278 Rumpf 1996 II, S. 54.

279 Dawletschin-Linder / Dietert 2010, S. 32–33.

280 Ebd., S. 33.

281 Abadan, Yavuz: Die Entwicklungsprobleme der Türkei, in: *Ord. Prof. Dr. Ernst E. Hirsch'e Armağan* [Festschrift zu Ehren für Herrn Ord. Prof. Dr. Ernst E. Hirsch, ü.a. d.T.], Ankara Üniversitesi Hukuk Fakültesi Yayınları, Nr. 197, Ankara 1964, S. 167–168.

und eine Demokratisierung zunächst nicht eingeführt werden konnten.[282] Die Sultane glaubten, es genüge Wissenschaft und Technologie zu *importieren*, ohne aber das westliche Denken übernommen zu haben.[283] Bei ihrer Ausführung bedienten sie sich einer Gruppe gebildeter Bürokraten, die in Europa studierten und sich die westliche Zivilisation zum Vorbild nahmen. Zu den ausführenden Akteuren zählten u.a. Mustafa Reschid Pascha (1800–1858), Ali Rıza Pascha (1860–1932) und Mehmed Fuad Pascha (1814–1869).[284] Dabei wurde die westliche Modernität zu einem totalen Projekt und bekam einen teleologischen Charakter.[285]

Konzepte wie „Zivilisation" (türk. *medeniyet*) und „Fortschritt" (türk. *terakkı*) traten in der Tanzimat bedeutend stärker in den Vordergrund. Sowohl den Reformen der Tanzimat, als auch der in Folge aufstrebenden Bewegung der Jungosmanen liegt ein Aktivismus zugrunde, der in einem steten Zwiespalt zwischen Konservatismus und Modernismus zum Ausdruck kommt.[286] Wissenschaft und Zivilisation wurden nun als universale, auf Vernunft und Rationalität basierende Ideale verstanden, die im Einklang mit der islamischen Vorstellung das Osmanische Reich an die europäische Moderne heranführen sollten.[287] Die unterschiedliche Stellung von muslimischen und nicht-muslimischen Bürgern im Sinne des *Millet-Systems*, sorgte im Osmanischen Reich zudem dafür, dass auf Druck der europäischen Großmächte das Bedürfnis nach mehr Rechtsstaatlichkeit im Inneren wuchs.[288]

Als herausragendes Datum des 19. Jahrhunderts wurde daher am 3. November 1839 mit dem Edikt von Gülhane von Abdülmecid I. (1823–1861) die Tanzimat eingeleitet, die von vielen Experten als Beginn des Modernisierungsprozesses betrachtet wird. Ziel war es die Rechte aller Bürger zu stärken. Der Erlass beinhaltet zudem das Öffentlichkeitsprinzip bei Gerichtsverfahren, die Abschaffung der Todesstrafe ohne Verurteilung und eine gerechte Verteilung der Steuerabgabe.[289]

---

282 Schweizer 2008, S. 50–51.
283 Ebd., S. 51.
284 Krämer 2005, S. 272–273.
285 Küçük 2008, S. 79.
286 Kürşat 2003 II, S. 34–36.
287 Küçük 2008, S. 78–79.
288 Esirgen, Seda: *Osmanli Devleti'nde Medeni Kanunun tartismalari: Mecelle mi, Fransiz Medeni Kanunu mu?* [Die Diskussionen im Osmanischen Reich über das Bürgerliche Gesetzbuch: Mecelle oder Fanzösischer Code civil? ü. a. d. T.], in: http://dergiler.ankara.edu.tr/dergiler/19/1682/17936.pdf, S. 34.
289 Sürek 2016, S. 46.

Auch wurden mit der Gründung von Bildungseinrichtungen (etwa einer Musikhochschule, einer Medizinischen Hochschule[290] oder einer Zivilbeamtenschule sowie Gymnasien) konkrete Maßnahmen auf dem Sektor der allgemeinen Bildung und berufsspezifischen Ausbildung ergriffen.[291] Um die neuen Grundrechte nach europäischem Vorbild zu garantieren, wurde das Prinzip der unabhängigen Gerichtsbarkeit[292], das Rechtsinstitut „*nulla poena sine lege*“[293] und das Folterverbot[294] eingeführt, ohne das Wesen des islamischen Rechtes zu tangieren. „So begann die wirkliche Bekanntschaft mit dem westlichen Recht“ und eine erste Abwendung von der Scharia.[295]

Eine weitere Besonderheit, die mit dem Beginn der Tanzimat Ära datiert wird, ist der Beginn der Rezeptionsbewegungen, d.h. der Übernahme fremden Rechts. Von einer „*Rechtsrevolution*“, wie sie unter Atatürk nach der Republikgründung stattfand, kann zu dieser Zeit aber noch keine Rede sein.[296] Ungeachtet dessen, dass das erste Mal kontinental-europäisches Rechtsgut im Osmanischen Reich übernommen wurde, blieb der Staat nämlich weiterhin unter Fortführung der islamischen Grundwerte theokratisch ausgerichtet.[297]

In kultureller, politischer, wie auch gesellschaftlicher Hinsicht war die Tanzimat aber von enormer Bedeutung, da sie auf fast allen Rechtsgebieten Neuerungen hervorbrachte. Die neuen Gesetze führten – wie bereits erörtert – nicht zur Aufhebung des islamischen Rechts, sondern existierten zunächst *parallel* zu ihm weiter. Völlig unislamisch war ein Dualismus von weltlichem und islamischem Recht die Folge, der sich vor allem im Zivilrecht bemerkbar machte. In der Gerichtsbarkeit führten die zwei Gerichtstypen – die ordentlichen Gerichte für das

290 Rumpf 1996 II, S. 55.

291 Kreiser 2001, S. 41–42.

292 Mumcu 1996, S. 35.

293 Rumpf, Christian: *Einführung in das türkische Recht*, München 2016, S. 24.

294 „[...] In jedem Fall wird selbst in den Gefängnissen, jede körperliche Strafe und Züchtigung, mit Ausnahme derjenigen, welche von unserer kaiserlichen Regierung in den Disziplinarvorschriften vorgesehen sind sowie jedes der Tortur oder folterähnliche Verfahren vollständig beseitigt und abgeschafft [...].“ Vgl. Kraelitz-Greifenhorst, Friedrich: *Die Verfassungsgesetze des Osmanischen Reiches* (1. Heft, Osten und Orient), Wien 1919, S. 25.

295 Mumcu 1996, S. 35.

296 Rumpf 1996 II, S. 56.

297 Bozkurt, Gülnihal: Der Status der Frau in der türkischen Rechtsgeschichte, in: *Deutsch- türkische Wissenschaftskooperation im europäischen Forschungsraum*, Bonn 2007, in: https://www.humboldt-foundation.de/pls/web/docs/F1685/tuerkei.pdf, S. 30.

westliche Recht und die Scharia-Gerichte für das islamische Recht – zu einer Konfusion in der Rechtspraxis. Hinzu kam, dass auch die geistige Sphäre interreligiös gespalten blieb. In welchem Ausmaß aber die Tanzimat für die Totalrezeption unter Atatürk von Bedeutung war, lässt sich allein dadurch erkennen, dass viele Gesetze, die in der Tanzimat Ära erlassen wurden, unter der Regentschaft Atatürks zwar zu neuen Ausgestaltungen, jedoch zumindest zu praktischen Lösungsmethoden des neuen Rechts geführt haben.[298]

1.5.1 Das Edikt von Gülhane

Nur wenige Monate nachdem Sultan Mahmud II. starb, bestieg sein Sohn Abdülmecid I. (1823–1861) den Thron und leitete die Tanzimat Ära mit einem Edikt ein, welches sowohl auf politischer als auch sozialer Ebene, ein Symbol für die Modernisierung des Osmanischen Reiches, darstellte.[299]

Am 3. November 1839 wurde das *Gülhane Hatt-i Şerif* (dt. *Das Rosengarten-Edikt*), das „Großherrliche Handschreiben von Gülhane", wie es auch genannt wird, im Topkapı Palast verlesen[300] und verkündet.[301] Der Sultan versprach damit in einer Grundsatzerklärung alle Untertanen unabhängig ihrer konfessionellen Zugehörigkeit zu achten. Die *Gleichheit vor dem Gesetz* wurde im Nachfolgedekret von 1856 sichergestellt.[302]

In Anbetracht dessen, dass sich die gesamte gesellschaftliche Ordnung im osmanischen Vielvölkerstaat[303] nach der Religionszugehörigkeit richtete, kam die

---

298 Mumcu 1996, S. 35–38.

299 Goodwin, Kevin: *The Tanzimat and the Problem of Political Authority in the Ottoman Empire: 1839-1876*, in: http://digitalcommons.ric.edu/cgi/viewcontent.cgi?article=1005&context=honors_projects, S. 15–16.

300 „[...] Moslems, Christen und Juden, sie alle sind Untertanen eines Herrschers, Kinder eines Vaters. Unser Herr, der Sultan schützt durch seine Hoheitsgewalt die Würde, die Ehre, das Leben und das Eigentum aller seiner Untertanen, in allen Teilen seines prächtigen Landes. Wenn es unter euch böswillige und herzlose Menschen gibt, die sich seiner Anweisungen widersetzen, sollen sie sich jetzt zeigen [...]. Vgl. Osmanağaoğlu, Cihan: *Osmanlı Tabiiyyetinin. Vatandaşlığının gelişimi*, [Die Osmanische Nationalität. Die Entwicklung der Staatsbürgerschaft, ü. a. d. T], Istanbul 2004, S. 115.

301 Werner, Ernst / Markov, Walter: *Geschichte der Türken von den Anfängen bis zur Gegenwart*, Berlin 1978, S. 196.

302 Kürşat 2003 II, S. 28–29.

303 Das Osmanische Reich entwickelte sich aus einer Vielzahl anatolischer Fürstentümer, die nach dem Zerfall des Seldschukenreiches entstanden sind. Im 14. und 15. Jahrhundert gelang es den Osmanen byzantinische, serbische und bulgarische Gebiete zu erobern und in Folge das osmanische Territorium um ein Vielfaches zu erweitern.

Tatsache, dass sich der Sultan erstmals an die muslimische und nicht-muslimische Bevölkerung gleichermaßen wandte, einem Paradigmenwechsel gleich.[304]

Sultan Abdülmecid I. wollte „nicht mehr nur Restaurierungen alter Zustände ausgleichen“[305], sondern die diplomatischen Beziehungen zu Europa stärken. Besonders zu spüren war der Einfluss von Großbritannien, welches den Machtausbau des russischen Zarenreiches eindämmen wollte und dafür die Handels- und Wirtschaftsbeziehungen mit dem Osmanischen Reich im 19. Jahrhundert intensivierte. Die Reformen, die der Sultan erließ, waren daher in gewisser Weise auch eine Antwort auf den Druck Europas, welches sich sowohl um die Rechtssicherheit für Investitionen, als auch um die Stellung der nicht-muslimischen Minderheiten, sorgte.[306]

Durch die primäre Unterteilung in ein Zwei-Klassensystem erfolgte im Osmanischen Reich unweigerlich eine rechtliche Ungleichbehandlung, die auf Grund des „*Millet-Systems*“ systematisch jahrhundertelang zum Ausdruck kam. Historisch taucht der Begriff des „Millet“ erstmals im 14. Jahrhundert auf und wird als Synonym für „Volksgruppe“ verwendet.[307] Tatsächlich beschreibt der Begriff vielmehr eine besondere Form einer kollektiven Identität, die sich in einer sozialen, religiösen und administrativen Ausgestaltung bemerkbar machte und den Status der nicht-muslimischen Minderheiten im Osmanischen Reich regelte. Historischer Ausgangspunkt war ein sog. „Pakt“, der zwischen dem Kalifen Umar (592–644 n.Chr.)[308] und den jüdischen und christlichen Glaubensgemeinschaften abgeschlossen wurde. Demzufolge standen die nicht-muslimischen Minderheiten in einer Art „Obhutsverhältnis“, sofern diese den Islam anerkannten und kollektiv als Gemeinde eine Kopfsteuer (türk. *cizye*) entrichteten. Im Gegenzug waren sie in internen Angelegenheiten unabhängig.[309]

Vgl. Guttstadt 2008, S. 13–14. Bei der ersten Volkszählung des Osmanischen Staates im Jahre 1897 (welche fast zehn Jahre in Anspruch nahm) werden von der osmanischen Gesamtbevölkerung (ca. 20.000.000 Bürgern) rund 13,5% Griechen („Rum“), 5,5% Armenier („Ermeni“) und nur 1% Juden („Yahudi“) registriert. Vgl. http://dhgm.meb.gov.tr/yayimlar/dergiler/Milli_Egitim_Dergisi/157/tas.htm.Aktuell leben 26.000 Juden in der Türkei; 20.000 davon in Istanbul. 96 % davon zählt die sephardisch-jüdische Gemeinde. Vgl. http://www.turkishjews.com/.

304 Günay 2012, S. 65.

305 Moser, Brigitte / Weithmann, Michael W.: *Die Türkei. Nation zwischen Europa und dem Nahen Osten*, Regensburg [u.a.] 2002, S. 45.

306 Günay 2012, S. 63–65.

307 Kurtaran, Uğur: *Osmanlı İmperatorluğunda Millet Sistem* [Das Millet-System im Osmanischen Reich. Ü. a. d. T.], in: Sosyal Bilimler Enstitüsü Sayı 8, Kars 2001, S. 58–59.

308 Oder auch Omar.

309 Guttstadt 2008, S. 22–24.

Der Status einer Millet beinhaltete eine gewisse Autonomie im zivilrechtlichen und kulturellen Bereich, wie etwa die Eheschließung innerhalb der Glaubensgemeinde, Erbschaftsangelegenheiten, die Gestaltung eines eigenen Schulunterrichtes oder die autonome Verwaltung. Die Millets waren daher Rechtsträger mit „quasi-nationalen Charakteristika".[310] Nach außen und gegenüber dem osmanischen Herrscher wurden die Minoritäten durch ein Oberhaupt repräsentiert, dem eine Informationspflicht zukam und das im Gegenzug die richterliche autonome Gewalt über seine Gemeindemitglieder genoss.[311]Geschützt waren aber nur die sog. „Buchreligionen", die der Islam als Religion anerkannte: die Orthodoxe (seit 1454), die Armenische (seit 1461), die Katholische (seit 1830) Konfession, später auch die Jüdische Religion und das Protestantische Christentum.[312] Im Vergleich zum mittelalterlichen Christentum, so Mumcu, war der Umgang gegenüber den Nicht-Muslimen im Osmanischen Reich dem Zeitalter entsprechend human. Soweit die Minderheiten die Regeln des Osmanischen Staates beachteten, konnten sie in Sicherheit leben und ihren Glauben frei ausleben.[313] Trotzdem waren sie ihren muslimischen Mitbürgern nicht *gleichberechtigt*.[314] Ihr Status war ein Bestandteil des islamischen Kriegsrechts und kam in einer rechtlichsozialen Diskriminierung zum Ausdruck. So wurden für die Minderheiten etwa bestimmte Erkenntnismerkmale vorgeschrieben – wie etwa eigene Kleiderfarben oder das Anbringen eines gelben Fleckes sowie anderer Abzeichen – die sie in der Gemeinschaft sichtbar machten sollten.[315]

Das Edikt von Gülhane erwirkte zwar nicht die Gleichstellung der *Bürger*[316], beinhaltete jedoch immerhin allgemeine *Bürgerrechte*. Zentraler Gegenstand war die Unverletzlichkeit des Lebens, der Würde und des Eigentums aller Untertanen. Die Minoritäten sollten nicht mehr nur Toleranz genießen, sondern als gleichgestellte Bürger behandelt werden. Damit bekannte sich die islamische

310 Günzel, Angelika: *Religionsgemeinschaften in Israel*, Tübingen 2006, S. 9.

311 Werner / Markov 1978, S. 78.

312 Günzel 2006, S. 10–11.

313 Mumcu, Ahmet: Religionsfreiheit in der Türkei-Geschichte und Gegenwart, in: Schwartländer Johannes (Hrsg): *Freiheit der Religion. Christentum und Islam unter dem Anspruch der Menschenrechte*, Mainz 1993, S. 150. Trotzdem übersieht diese Darstellung die Benachteiligung der nicht-muslimischen Bürger im öffentlichen Leben, wie etwa spezielle Kleidervorschriften sowie die zahlreichen Gebote und Verbote ihres Auftretens gegenüber Muslimen. Vgl. Guttstadt 2008, S. 23–24.

314 Mumcu 1993, S. 154.

315 Kürşat 2003 II, S. 29–32. Vgl. Guttstadt 2008, S. 22–23.

316 Im Edikt von Gülhane wurden sie noch als „Untertanen" bezeichnet.

Kultur erstmals zu den Andersgläubigen.[317] Denn der Koran gibt keine eindeutigen Hinweise, wie sich Muslime gegenüber Anhänger anderer Konfessionen verhalten sollen. Gegenüber monotheistischen Nicht-Muslimen solle man sich lediglich solidarisch zeigen, Polytheisten und andere monotheistische Schriftbesitzer wurden hingegen als „Ungläubige" bekämpft.[318]

Weitere Reformen, die durch das Edikt von Gülhane erlassen wurden, waren die Abschaffung der strafrechtlichen Haftung der Erben, sowie die Einführung einer gerechten Verteilung der Steuern. In der Gerichtsbarkeit musste einer Hinrichtung nun eine ordnungsgemäße Verhandlung vorangehen. Daneben wurde auch die Verpachtung der Staatseinkünfte beseitigt und die Reduktion des Militärdienstes auf vier bis fünf Jahre durchgesetzt. Die Reformen des Edikts tragen daher Merkmale einer Verfassungsurkunde, die als Antwort auf die Französische Revolution im Sinne einer „*charte constitutionnelle*" im Osmanischen Reich umgesetzt worden sind.[319] Ansay ist hingegen der Meinung, dass es sich weniger um eine Verfassung als vielmehr um ein zusammenfassendes Verzeichnis handelt, dessen Aufgabe es war, die seit langem andauernden Missbräuche in den Staatsbehörden zu beenden.[320] Nichtsdestotrotz weist der Vertrag aber Züge einer „europäischen freiheitlich-bürgerlichen Gesellschaftsordnung" auf, die die Basis für sein Nachfolgerdekret von 1856 schuf.[321]

1.5.2 Das Hatt- i Hümayun

Die zweite bedeutsame Errungenschaft der Tazimat Ära stellt das Hatt-i Hümayun oder auch *İslahat Fermanı* (dt. *Großherrliches Handschreiben*) dar. Genau wie sein Vorgängerdekret von 1839 war sein zentrales Anliegen, einen legalen Status von allgemeinen Bürgerrechten zu schaffen, der sich auch an die nicht-muslimische Bevölkerung richten sollte. Seinem Inhalt nach geht es noch einen Schritt weiter als das Edikt von Gülhane, in dem es die soziale Gleichstellung zwischen

---

317 Mumcu 1993, S. 154.

318 Krämer 2005, S. 58–59.

319 Rumpf, Christian: *Rezeption und Verfassungsordnung: Beispiel Türkei*, in: http://www.tuerkei-recht.de/downloads/rezeption.pdf, S. 7.

320 Ansay, Sabir Şakir: Das Türkische Recht, in: Spuler, Bertold (Hrsg.): *Handbuch der Orientalistik* (Ergänzungsband III. Orientalisches Recht), Leiden [u.a.] 1964, S. 442.

321 Matuz 1985, S. 225–226.

Mohammedanern und Nichtmohammedanern[322] fokussierte und die Bevorzugung ersterer, dem Grunde nach beseitigt.[323]

Das Dekret wiederholt alle Rechtsgarantien von 1839, führte darüber hinaus jedoch eine *einheitliche Staatbürgerschaft* ein. „Diese solle von ethnischen und religiösen Zugehörigkeiten abstrahieren und einen Rahmen für alle Volksgruppen des Osmanischen Reiches darstellen".[324]

Gleichzeitig fand mit der Verkündung des Hatt-i Hümayun im Jahre 1856 nach dreijährigen Unruhen der Krimkrieg sein Ende. Die europäischen Großmächte sahen sich dazu verpflichtet, durch eigene staatspolitische Vorstellungen dem Osmanischen Imperium auf die Sprünge zu helfen und die Machtansprüche des Zarenreiches einzugrenzen. Im Pariser Vertrag vom 3. März 1856 verpflichteten sich dafür die Herrscher Österreichs, Frankreichs, Sardiniens, Preußens und Russlands den Territorialbestand des Osmanischen Reiches zu achten (Art. 7) und erkannten in Art. 9 die Garantien des Hatt-i Hümayun an.[325] Im Gegenzug musste die osmanische Pforte versprechen, eine Art „europäisches Patronat" über alle Christen des Orients zu stiften und in ihrem Interesse ein System innerer Reformen zu entwickeln.[326] Mit dem Reformversuch sollte vor allem das Russische Reich besänftigt und der Modernisierungswille des Osmanischen Reiches zum Ausdruck gebracht werden.[327]

Der entsprechende Durchbruch gelang neben der Einführung von Zivilrechten durch die Beseitigung der Korruption bei der Steuereintreibung, durch die Schaffung neuer Institutionen sowie durch eine Rekonstruktion des osmanischen Staatsapparates nach europäischem Vorbild. Darüber hinaus führte das Dekret von 1856 eine allgemeine Wehrpflicht von vier Jahren ein. Die territoriale

---

322 Die Islamisierung des Türken war so ausgeprägt, dass die Ausdrücke „Türke" und „Mohammedaner" synonym verwendet wurden und in Folge Andersgläubige als „Nichtmohammedaner" bezeichnet wurden. Im 10. Jahrhundert wurden die Begriffe „Türke" und „Muslime" oft gleichgesetzt und sind in weiterer Folge im Kontext zu verstehen. Vgl. dazu: Öncü, Tahir Mehmet: *Die Rechtsübersetzung im Spannungsfeld von Rechtsvergleich und Rechtssprachvergleich. Zur deutschen und türkischen Strafgesetzgebung*, (zugl. Diss. Univ. Izmir 2011) Berlin 2012 (TransÜD, 44), S. 41–42.

323 Kraelitz-Greifenhorst, Wien 1919, S. 2.

324 Gündüz, Eran: *Multikulturalismus auf Türkisch? Debatten um Staatsbürgerschaft, Nation und Minderheiten im Europäisierungsprozess*, Bielefeld 2012, S. 81.

325 Kreiser 2001, S. 39.

326 Eichmann, Friedrich von: *Die Reformen des Osmanischen Reiches. Mit besonderer Berücksichtigung des Verhältnisses der Christen des Orients zur türkischen Herrschaft*, Berlin 1858, S. 204–205.

327 Ebd., S. 213 ff.

Verwaltung der Provinzen wurde neu organisiert und orientierte sich an dem Modell des französischen Zentralstaates. Darüber hinaus wurde erstmals eine klare Linie zwischen öffentlichem und privatem Eigentum gezogen.[328]

Der Säkularisierungsprozess der Osmanen muss daher „als unvermeidliches Resultat der juristischen Gleichstellung der nicht-muslimischen Bevölkerungsgruppen", gesehen werden, der „in der zwischenstaatlichen Figuration als unabdingbare Voraussetzung für die Aufnahme des Osmanischen Staates in das europäische Konzert und für den europäischen Schutz gegen die russische Expansion" gefordert wurde.[329]

Man kann daher behaupten, dass das Hatt-i Hümayun in einer politisch äußerst kritischen Phase der Tanzimat erlassen wurde, in der ein duales Rechtssystem dafür Sorge dafür tragen sollte, dass die Ungleichheit zwischen den Bürgern dem Grunde nach beseitigt wird. Dafür wurden jenseits der religiösen Institutionen staatliche Gerichtshöfe eingeführt, die sich entsprechend der europäischen Rechtspraxis auf spezielle Gesetzesbücher in den Bereichen des Straf- und Handelsrechts stützen sollten.[330] Neben den rechtlichen Maßnahmen drängten sich neben all diesen Erwägungen noch zwei andere Gesichtspunkte in den Vordergrund: die Erneuerungen im wirtschaftlichen Bereich zur Stärkung des Außenhandels sowie die Restrukturierungen im Bereich der staatlichen Verwaltung und der staatsgewaltlichen Zuständigkeiten. Diese Neuerungen waren zum Teil wegweisend für die Schaffung der ersten Osmanischen Verfassung im Jahre 1876. Zusammengefasst lassen sich die wichtigsten Erneuerungen des Hatt-i Hümayun wie folgt darlegen:

- Die Einführung einer modernen Provinzialverwaltung, zur Kontrolle des gesamten Staatsterritoriums.
- Die Neugestaltung des staatlichen Steuersystems sowie die Abschaffung des patrimonial strukturierten Systems der Abgaben.
- Die Säkularisierung der staatlichen Verwaltung sowie des Erziehungs- und Rechtswesens.
- Die Neugestaltung der Ministerien.

---

328 Jung, Dietrich: Staatsbildung und Staatszerfall. Die osmanische Moderne und der europäische Staatenbildungsprozess, in: Clemens, Gabriele (Hrsg.): *Die Türkei und Europa*, Hamburg [u.a.] 2007 (Studien zur neueren europäischen Geschichte, 1), S. 65.

329 Kürşat 2003 II, S. 29.

330 Jung 2007, S. 65. In Folge führte diese Entwicklung zu einer Kodifikationswelle. Vgl. Kapitel 1.5.3.

- Die Teilung der staatlichen Gewalt, welche schließlich zur Schaffung der ersten Verfassung im Jahre 1876 führte.
- Die Trennung von polizeilichen und landesverteidigenden Zuständigkeiten.[331]

Von Seiten der Bevölkerung lösten die Steuerreformen und Freiheiten, die durch das Hatt-i Hümayun proklamiert wurden, durchaus positive Reaktionen aus. Beizufügen sei allerdings, dass die Reformen nicht von dem Willen des Volkes getragen wurden. „Vielmehr war die osmanische Modernisierung das Projekt einer autoritären militär-bürokratischen Staatselite, die ihre eigene Machtposition sichern sollte". Sie stellte daher auch im klassischen Sinne „eine defensive Modernisierung" dar.[332]

Der Versuch durch eine Zentralisierung des Steuersystems die ökonomische Grundlage des Reiches zu verbessern, scheiterte an den „individualisierenden Tendenzen des abstrakten Mechanismus der Geldwirtschaft". Zudem beschränkten sich die Reformen nur auf einen geringen Teil der Warenproduktion für das Militär und die staatliche Führungselite. Jenseits dieser Bedingungen war eine wachsende ökonomische Marginalisierung der Bourgeoisie die Folge einer wirtschaftlichen Krise. So war Sultan Abdulmecid bereits zwei Jahre vor Erlass des Hatt-i Hümayun gezwungen, die finanziellen Schwierigkeiten des Krimkrieges durch ausländische Zuschüsse auszugleichen.[333] Die Modernisierung der Infrastruktur durch Importe verfehlte zudem ihr Ziel, weil eine wachsende Zahl von Arbeitern, die in klassischen Manufakturen der Landwirtschaft tätig waren, arbeitslos wurde. Von diesen negativen Entwicklungen war überwiegend die muslimische Bevölkerung betroffen.[334] Die Maßnahmen zur Gleichstellung der Konfessionen stießen daher auf Grund der Unzufriedenheit der Bevölkerung auf Empörung und führten dazu, dass ein Großteil der muslimischen Bürger, die Mitglieder religiöser Minderheiten im Alltag diskriminierten und so den Gleichstellungsgrundsatz torpedierten.[335]

Der osmanischen Staatsführung wurde vorgeworfen, einen Verrat an dem sakralen islamischen Gesetz begangen sowie einen sozialen Wandel durch übereilte Reformen eingeleitet zu haben. Die religiösen Identitäten wurden zum Kern der Spannungen innerhalb der Gesellschaft, welche sich im Laufe der osmanischen

331 Ebd., S. 66.
332 Ebd., S. 64.
333 Ebd., S. 71.
334 Ebd., S. 64, 68–69.
335 Guttstadt 2008, S. 54–57.

Geschichte noch wie ein roter Faden ziehen sollte. Die Gleichberechtigung der Bürger war aber auch bei den Reformern selbst ein umstrittenes Thema. Dies zeigt sich daran, dass viele von ihnen ein rein muslimisches Parlament forderten. In ihrer Gesamtheit, so Guttstadt, zeigen sich die Neuerungen der zwei Dekrete als Versuch, den Untergang des Reiches zu stoppen. Zugeständnisse an die Minderheiten waren in erster Linie ein Produkt ausländischer Intervention. In der Praxis blieb die Gleichstellung ein „unerfülltes Versprechen."[336] Spätestens als mit der Einführung der *bedel-i askeri* (dt. *Militärausnahmesteuer*) die nichtmuslimische Bevölkerung erneut zur Sonderabgabe herangezogen wurde, zeigte sich, dass das Ziel, eine einheitliche Staatsnation, gegründet auf dem Sockel der Gleichheit, zu diesem Zeitpunkt noch nicht realisierbar war.[337]

Die historischen Ereignisse zu Beginn des 20. Jahrhunderts verstärkten die nationalstaatliche Fragmentierung der europäischen Teile des Osmanischen Reiches, die auch die *Jungosmanen* (türk. *Yeni Osmanlılar* oder *Genç Osmanlılar*), eine nationalistische und liberale Gruppierung junger Akademiker und Beamten, nicht mehr stoppen konnten. Ihr Ziel nach einer politischen Partizipation und einem konstitutionellen Staat, blieb unerfüllt und sollte noch gefährliche Züge annehmen.[338]

1.5.3 Kodifikation und Rezeption

Die Intention der Tanzimat stellte von Seiten der osmanischen Staatsführung einen Versuch dar, den gesamten Zentralstaat zu stärken. Dies geschah, wie bereits dargelegt wurde, auf verschiedensten Ebenen: Verwaltungsreformen, Bildungsreformen, Neuerungen im Militärwesen und im Rechtswesen wurden von der osmanischen Staatsregierung in einem Zeitraum von knapp dreißig Jahren Zug um Zug umgesetzt.

Den ersten beiden Reformerlässen der Tanzimat folgte in der Geschichte der osmanischen Rechtsentwicklung eine Kodifikationswelle, die durch ein breites Spektrum von Rezeptionsvorgängen europäischen Rechts geprägt war. Ein wichtiger Aspekt bei diesem Transfer war die Übernahme fremden Rechts, die nicht nur *ergänzend* war, sondern das islamische Recht *miteinbezog*.[339] Plagemann führt daher aus, dass im 19. und 20. Jahrhundert im Osmanischen Reich auf

336 Ebd., 2008, S. 33.
337 Ebd., 2008, S. 73.
338 Jung 2007, S. 73.
339 Potz 2011, RZ 22.

Basis der bestehenden Rechtsordnung ein neues Normensystem entstand.[340] Damit erfolgte der Wandel von einem kasuistischen islamischen Recht zu einem Gesetzesrecht.[341]

Vergleicht man die Genese der Rechtskodifizierung im Osmanischen Reich mit der kontinental-europäischen Kodifikationswelle des 19. und 20. Jahrhunderts, so kommt man zu dem Ergebnis, dass die Kodifikationen im Westen auf der Basis der bewährten Lehre und Überlieferung erfolgten.[342] Dieser Entwicklung gegenübergestellt, dienten die Reformen im Osmanischen Reich hingegen als wegweisender Schritt zur Modernisierung des Landes[343] und waren Ausdruck eines Reformdruckes, der durch mehrere Komponenten verwirklicht wurde: bestehendes islamisches Recht wurde in Handbüchern und Fallsammlungen neu geordnet, das Sultans-Recht wurde kodifiziert und daneben westliches Recht, im Allgemeinen aus dem französischen Rechtsraum übernommen.[344] Gemeinsam ist allen drei Konzepten, dass sie unter dem Einfluss des europäischen Kodifikationsgedankens und den damit verbundenen legistischen Techniken angewendet wurden.[345]Als Regel gilt, dass die am stärksten koranisch geprägten Anweisungen – und damit auch die am „heiligsten" geltenden Normen – wie etwa jene aus dem Personen-, Familien- und Erbrecht nur in geringem Maße von dem Kodifikationswillen erfasst und geändert wurden.[346] „Es ist in diesem Zusammenhang nur folgerichtig, wenn man im Zuge dieser Rezeption sogar den Gesetzespositivismus fruchtbar macht: Das religiöse Gebot des Gehorsams gegenüber Allah wird als transzendentaler Geltungsgrund des Rechts funktional in die Nähe der Kelsen'schen Grundnorm gerückt."[347]

Konkret erfolgte die erste Rechtsrezeption des Osmanischen Reiches 1807 durch die Übernahme des ersten und dritten *Code de commerce*, in Form des Landhandelsgesetzes, oder kurz Handelsgesetzbuches (türk. *Kanuname-i Ticaret*),

---

340 Plagemann 2009, S. 101.

341 Potz 2011, RZ 22.

342 Gürzümar, Osman Berat: Die Übernahme des westlichen Rechts in der Türkei vor 1926: Ein hinkender Versuch der Modernisierung durch das Recht, in: Kieser, Hans-Lukas (Hrsg.) / Meier, Astrid (Hrsg.) / Stoffel, Walter (Hrsg.): *Revolution islamischen Rechts. Das Schweizerische ZGB in der Türkei*, Zürich 2008 (Schriftenreihe der Stiftung Forschungsstelle Schweiz-Türkei, 2), S. 36.

343 Rumpf 1996 II, S. 55.

344 Plagemann 2009, S. 102.

345 Potz 2001, RZ 25.

346 Ebd., RZ 26.

347 Ebd., RZ 27.

welches auch das Konkursrecht regelte. Später folgte das Seehandelsgesetz (türk. *Kanuname-i Ticaret i Bahriyye*), welches eine Übersetzung aus Einzelnormen des Holländischen, Belgischen und Deutschen Seehandelsgesetzes darstellte. In der Mitte des 19. Jahrhunderts wurde dann das Handelsprozessrecht (türk *Usul-i mahkemal-i Ticaret Nizamnamesi*), nach dem französischem Vorbild übernommen.[348]

Eine weitere große Übernahme fremden Rechts betraf das französische Strafgesetzbuch aus dem Jahre 1858. Die Eigenkodifikation im Bereich des Strafrechtes (türk. *Ceza Kanunname-i Humayunu*) stellte überwiegend eine Übersetzung des *Code penal Imperial* von 1810 dar, enthielt aber auch islamrechtliche Bestimmungen.[349] Bis dahin wurde dieser von der Scharia unberücksichtigte Rechtsbereich – wie bereits erörtert – durch das Sultans-Recht geregelt. Durch die Übernahme des Strafgesetzbuches wurde im Osmanischen Reich ein nach modernen Grundsätzen ausgerichtetes Strafrecht implementiert. Das Besondere dabei war, dass der Täter sowohl vor den neuen ordentlichen Gerichten als auch weiterhin vor den Scharia-Gerichten nach islamischen Bestimmungen verurteilt werden konnte.[350] Knapp zehn Jahre später wurde schließlich mit der Ausarbeitung der *Mecelle*, dem ersten Zivilgesetzbuch des Osmanischen Reiches, begonnen.

1.5.3.1 Die Mecelle

Der Versuch islamisches Recht zu kodifizieren, führte in den Jahren zwischen 1868 und 1876 zur Schaffung der Mecelle oder auch *mecelle-ı akham adliye* (dt. *Buch der gesetzlichen Bestimmungen*). Hierbei handelte es sich um den einzigen Versuch des Osmanischen Reiches *islamisches Recht* in eine staatliche Gesetzesform zu bringen.[351]

Der Anlass für die Neuerungen im Zivilrecht waren die verschiedenen Gerichtstypen und ihre nicht vorhandenen Richter. Die Mecelle ist daher ein weiteres Ergebnis der Kodifikationsbewegungen. Federführend waren der Großwesir Ali Pascha (1815–1871) und der damalige Innenminister Ahmet Cevdet Pascha

348 Gürzümar 2008, S. 40–41.

349 Pontz 2001, RZ 30.

350 Gürzümar 2008, S. 41.

351 Krüger, Hilmar: Zum Zeitlich-Räumlichen Geltungsbereich der Osmanischen Mecelle, in: *Annales XL*, No. 57, Istanbul 2008, S. 322.

(1822–1895).[352] Während zunächst Ali Pascha eine Rezeption des französischen *Code civil* anstrebte, war Ahmet Cevdet Pascha der Meinung, dass man damit das islamische Recht tangieren würde und daher lieber zunächst dieses kodifizieren solle. Der Transfer fremden Rechts würde schließlich eine fast gänzliche Einschränkung der Scharia darstellen.[353] Diese Vorgehensweise war wiederum konform mit der islamischen Haltung, die darauf abzielte nur auf den Gebieten, in denen das islamische Recht unzureichende Bestimmungen hervorbrachte, neue Gesetze einzuführen. „Weil es so viel bedeutet, wie ein Volk auszulöschen, wenn man seine fundamentalen Gesetze in dieser – von den Verfechtern des *Code civil* vorgeschlagenen Weise – vollkommen verändert, konnte es nicht erlaubt sein, diesen Weg einzuschlagen", erklärte Cevdet Pascha.[354]

Eine eigens eingerichtete Kommission aus islamischen Rechtsgelehrten wurde zur Klärung der Vorgehensweise eingerichtet und entschloss sich schließlich, den Vorschlag Cevdet Paschas anzunehmen. Dieser Ausschuss arbeitete in einer Zeitspanne von acht Jahren eine Abhandlung, bestehend aus 16 Büchern und 1851 Artikeln für zivilrechtliche Fragen aus.[355] Nach einer Einleitung über die allgemeinen Rechtsgrundsätze regelte die Mecelle nach den islamischen Regeln u. a. den Kauf, die Miete, die Bürgschaft, das Pfand, den rechtmäßigen Fremderwerb, das Geständnis, das Beweismittel, die Klage und das Urteil.[356]

Über den Erfolg der Mecelle herrschen unterschiedliche Meinungen. Krüger führt dazu aus: „Die Mecelle war zweifelsohne eine ganz bedeutende gesetzgeberische Leistung und stellte eine tiefgreifende Änderung des osmanischen Rechts dar, auch wenn ihre Schwächen nicht zu verkennen sind."[357] Krüger spricht in diesem Zusammenhang eine Reihe von Problemen an, mit der die Kommission bereits zu Beginn ihrer Ausarbeitung konfrontiert wurde: auf dem Gebiet des Personen-, Familien-, Erb- und Sachenrechts existierten auf Grund der vielen verschiedenen Rechtsprechungen der hanefitischen Rechtsschule so viele Einzelnormen, dass man zu keiner Einigung gelangte. Zudem waren die einzelnen Gesetze in diversen Werken zerstreut und bildeten kein homogenes Einheitsbild.

352 Osmanağaoğlu Karahasanoğlu, Cihan: Das Inkrafttreten der Mecelle-i Ahkam-ı Adliyye, in: *Annales XLIV*, No. 61, Istanbul 2012, S. 259–261.

353 Mumcu 1996, S. 37.

354 Nagel, Tilman: *Staat und Glaubensgemeinschaft im Islam*, Zürich 1981, S. 188.

355 Krüger 2008, S. 323.

356 Pritsch, Erich: Die Rezeption des Schweizerischen Zivilrechts in der Türkei, in: *Schweizeische Juristenzeitung*, 1926/1927, Jg. 23, Zürich 1927, S. 273.

357 Krüger 2008, S. 324.

Die Kommission entschloss sich daher, zunächst nur das Obligationenrecht zu kodifizieren.[358]

Diese Entscheidung führte schließlich zu einer *Lückenhaftigkeit*, da das Familienrecht und die wichtigsten Teile des Privatrechts von dem Kodifikationswillen nicht erfasst wurden. In diesen Bereichen blieb bis auf eine kurzzeitige Ausnahme nach wie vor die Scharia die vorherrschende Rechtsgrundlage. Frau und Kinder waren daher weiterhin dem islamischen Recht zuzuordnen und demzufolge schutzlos, da das Heiratsalter nach den koranischen Regeln nicht klar definiert war. Inhaltlich richtete sich die Mecelle ausschließlich nach der hanefitischen Rechtsschule, sodass die anderen Lehren ebenso unberücksichtigt blieben.[359]

Obwohl die Mecelle in materieller Hinsicht keine großen Neuerungen hervorbrachte, wurden im Zuge ihrer Umsetzung neue Gerichte geschaffen, aus denen sich eine säkulare ordentliche Gerichtsbarkeit entwickelte, da sie für alle bürgerlichen Rechtsstreitigkeiten und Strafsachen zuständig wurden und die Religionsangehörigkeit der Parteien in den Hintergrund rückte. Dies kann man zweifelsohne als große Errungenschaft der Mecelle werten.[360]

Eine weitere Neuerung war, dass zum ersten Mal auch Nicht-Muslime an der Gerichtsbarkeit teilnehmen konnten. Im Ergebnis führte die Kodifikation der Mecelle aber zu einem Dualismus, der bis zu ihrer Aufhebung zu beobachten war. In der Gerichtsbarkeit existierten neben den Scharia-Gerichten nun Handelsgerichte, ordentliche Gerichte und Gerichte der nicht-muslimischen Minderheiten.[361] Erst mit der Übernahme des Schweizer ZGB (1926) wurde das Zivilrecht von seiner religiösen Vergangenheit befreit und eine endgültige Beseitigung der völkischen und konfessionell bedingten Rechtssysteme verwirklicht.[362] Das Zivil- und das Handelsrecht wurden erst 1957 systematisch aufeinander abgestimmt.[363]

1.5.3.2 Die erste Osmanische Verfassung

Ein weiteres signifikantes Beispiel für einen Kodifikations- sowie Rezeptionsversuch im 19. Jahrhundert stellte die erste osmanische Verfassung (türk. *Kanun-i Esasi*) dar. Historischer Hintergrund waren die Unruhen im Reich und die

---

358 Mumcu 1996, S. 37. Ilhan geht mehr von einer *Kompilation* als von einer *Kodifikation* aus. Vgl. Ilhan, Cengiz: *Mecelle hukukun doksandokuz ilkesi*, [Die 99 Bestimmungen der Mecelle, ü. a. d. T.], Istanbul 2003, S. 160.

359 Ansay 1964, S. 450–453.

360 Plagemann 2009, S. 106.

361 Ebd., S. 106.

362 Neumayer/ Dopffel 1956, S. 53.

363 Krüger 1996, S. 126–127.

separatistischen Bewegungen der Bevölkerungsteile in Bosnien, der Herzegowina, Montenegro und der Moldau in den 1850er Jahren, welche die Stabilität im Landesinneren immer mehr gefährdeten. Auch die Bulgaren forderten zunehmend mehr Rechte und waren mit der gegenwärtigen Lage unzufrieden. Nachdem im Jahre 1876 in Bulgarien Aufstände begonnen hatten, zog auch Serbien nach und erklärte den osmanischen Streitkräften den Krieg.[364]

Sultan Abdulhamit II. (1842–1918) erkannte die Not der Lage und erließ mit Hilfe des Großwesirs Midhat Pascha (1822–1884) eine Verfassung, die am 23. Dezember 1876 als Maßnahme zur Wiederherstellung des innenpolitischen Friedens promulgiert wurde. Die Herrschaftsgewalt blieb zwar auch nach Inkrafttreten der Verfassung in der Hand des Sultans, wurde jedoch durch ein demokratisches Leitelement relativiert.[365]

Wie bereits erörtert, wurden Grundrechte schon zuvor im Edikt von Gülhane und im Hatt- i Hümayun umgesetzt, de facto aber kurz nach Inkrafttreten nicht mehr angewandt. Die Besonderheit der Verfassung war, dass sie wie ihre Vorgängerdekrete das Ziel der Gleichheit verfolgte und erstmals die Einführung einer eingeschränkten konstitutionellen Monarchie mit gesetzgebendem Organ vorsah.[366]

Daneben wurde eine *einheitliche Definition des osmanischen Bürgers* eingeführt. Der Osmane wird in Art. 8 als Untertane, der unter den Regeln der Osmanen lebt, „unabhängig welcher Religion oder Sekte er auch angehören möge", definiert. Die Grundrechte auf Freiheit (Art. 9, Art. 10), Bildung (Art. 15) und freie Religionsausübung (Art. 11) wurden ebenfalls als wesentliche Merkmale der neuen Verfassung verankert.[367]

Der Kanun-i Esasi versuchte eine Balance zwischen islamischen Grundwerten und einer säkularen Reform zu schaffen und stellte eine Rezeption der belgischen und der preußischen Verfassung aus den Jahren 1831 und 1850 dar[368], welche sich vor allem in der Übernahme der Gewaltenteilung, widerspiegelte. Die Gesetzgebung wurde als Zweikammernsystem – Senat und Abgeordnetenhaus – eingerichtet und das Parlament einmal im Jahr auf Befehl des Sultans eröffnet (Art. 42, 43). Die Rechtssprechung oblag unabhängigen Gerichten und die vollziehende Gewalt dem Sultan und dem Ministerrat.[369] In Art. 4 und Art. 5

364 Matuz 1985, S. 232–235.
365 Rumpf 1996 I, S. 41.
366 Guttstadt 2008, S. 33.
367 Sürek 2016, S. 132–133.
368 Mumcu 1996, S. 36.
369 Ansay 1964,S. 451.

kommt die Position des Sultans klar zum Ausdruck. Demnach war er niemandem gegenüber zur Rechenschaft für seine Taten verpflichtet, sodass sein Wille weiterhin unantastbar blieb. Er alleine war berechtigt, eine Gesetzesinitiative einzubringen und konnte das Parlament jederzeit seinem Willen gemäß auflösen. Zudem bestimmte er über Minister, Landesherren und Großwesire.[370]

Es kann daher festgehalten werden, dass der Kanun-i Esasi zwar umfassende Grundgesetze beinhaltete, der fortbestehende Dualismus zwischen weltlicher und geistlicher Macht jedoch erahnen lässt, dass die Verfassung von fortschrittlichem Gehalt eher gering ausfiel. Sie verfolgte nach Abadan eher das Ziel, den Sultan in seiner Machtposition zu stärken, als die Rechte der Bürger zu garantieren.[371]

Rumpf sieht das demokratische Legitimationselement als verwirklicht, da es sich nicht bloß um eine *Charte* handelte, sondern um ein „umfassendes Staatsgrundgesetz“[372], welches sowohl die Staatsorganisation, als auch die Beziehung zwischen dem Staat und seinen Bürgern, regelte. Trotz allem betont auch er, dass es sich bei der Verfassung um ein *octroi* des Sultans handelte, der weiter theokratisch legitimierter Souverän blieb. Das wesentliche Problem der Verfassung war, dass zwar ein Verbot der Aufhebung der Verfassung und ein Verfassungsänderungsverfahren mit Zweidrittelmehrheit eingeführt wurde, dem Sultan aber als *„pouvoir constituant“* die unbegrenzte Verfügungsgewalt nicht aberkannt werden konnte.[373]

Mumcu stellt klar, dass die erste Verfassung des Osmanischen Reiches daher einen in erster Linie auf die Bedürfnisse des Sultans zugeschnittenen Text darstellte, der nur eine Art „Scheinverfassung“ war.[374] Trotzdem war die Einführung eines Abgeordnetenhauses für die Trennung zwischen geistlicher und weltlicher Gewalt und die Säkularisierung von Staat und Gesellschaft ein wichtiger Schritt in Richtung Moderne und hat den Weg zum westlichen Recht endgültig geöffnet.[375]

Insgesamt enthält der Kanun-i Esasi 119 Artikel und ist in zwölf Teile gegliedert. In den Artikeln 8–26 werden unter der Überschrift *Tebaii Devleti Osmaniyenin Hukuku Umumiyesi* (dt. *Die allgemeinen Rechte der osmanischen*

---

370 Rumpf 1996 I, S. 42.

371 Abadan, Yavuz: Die Entstehung der Türkei und ihre verfassungsrechtliche Entwicklung bis 1960, in: *Jahrbuch des Öffentlichen Rechts*, Nr. 9, Tübingen 1960, S. 358.

372 Rumpf 1996 II, S. 60.

373 Rumpf 1996 I, S. 41–43.

374 Mumcu 1996, S. 36.

375 Ebd., S. 38.

Untertanen) die Grundfreiheiten zusammengefasst.[376] Amtssprache blieb weiterhin Osmanisch-Türkisch, jedoch waren auch erstmals Christen und Juden zu den öffentlichen Ämtern zugelassen, sofern sie der türkischen Sprache mächtig waren.[377]

Die Wirksamkeit der Verfassung war jedoch nur von kurzer Dauer. Den Russisch-Osmanischen Krieg (1877–1878), der die Antwort auf die Repressionen des Sultans gegen Serbien und Bulgarien war, nützte Sultan Abdulhamid II.[378] als Vorwand, seine absolute Staatsmacht wiederherzustellen und das Parlament kurz nach dem Verlust der Stadt Edirne an Russland im Februar 1878 auf unbestimmte Zeit wieder zu schließen. Die Verfassung wurde per Notstandsgesetz außer Kraft gesetzt und das Abgeordnetenhaus entgegen Art. 43 der Verfassung 33 Jahre nicht mehr einberufen.[379] Der Wunsch nach rechtlicher Gleichstellung aller Konfessionen und nach Modernisierung ohne Bindung an islamische Werte, war stärker denn je und führte die Osmanen schließlich in die Jungtürkische Revolution.

1.6 Die Jungtürkische Revolution

Die Erfahrungen der Tanzimat haben gezeigt, dass ohne Rücksicht auf soziale und politische Gegebenheiten und ohne Mitwirkung der Gesellschaft, die neues Ideengut in sich trägt, eine Modernisierung unmöglich ist.[380] „Jede Reform lebt aus dem Widerhall."[381]

Während Westeuropa im 19. Jahrhundert einen wirtschaftlichen und industriellen Aufschwung erlebte, stand das Osmanische Reich aufgrund einer Reihe von Kriegen und bürgerlichen Aufständen vor dem Ende. Die offensichtlich militärische, politische und wirtschaftliche Schwäche führte gegenüber den europäischen Mächten zu einer semi-kolonialen Abhängigkeit und in Folge zu einem Absatzmarkt für europäische Industrie- und Textilgüter.[382]

Gegen Ende des 19. Jahrhunderts befand sich das Reich außenpolitisch in einer Misere, während es innenpolitisch aus einem ethnischen Mosaik, bestehend

376 Sürek 2016, S. 65.

377 Matuz 1985, S. 236.

378 Von Seiten Europas wurde er gern auch als „kranker Mann am Bosporus" bezeichnet.

379 Ein Jahr nach der Gründung der Türkischen Republik wurde sie durch die provisorische Verfassung von 1921 unter der Führung von Mustafa Kemal ersetzt.

380 Renesse, Ernst-Albrecht: *Unvollendete Demokratien*, Köln 1965, S. 129.

381 Ebd., S. 129.

382 Günay 2012, S. 45.

aus verschiedensten Bevölkerungsgruppen in sich gespalten war.[383] Das untergehende Reich musste auf eine neue Grundlage gestellt werden; doch auf welche?

Die Reaktion auf die Abspaltung der europäischen Volksgruppen erzeugte in der Mitte des 19. Jahrhunderts als eine Art „Kulminationspunkt" nationale Bewegungen, deren Kräfte vor allem in der osmanischen Bourgeoisie spürbar wurden. In dieser Phase formierte sich während der absolutistischen Herrschaftszeit von Sultan Abdulhamid II. (1842–1918) im Jahre 1865 eine progressive Gruppe aus Studenten (türk. *Ittihad-i Osmanı*) an der medizinischen Hochschule in Istanbul und verbreitete die Idee des *Osmanismus*. Der Verband der *Jungosmanen* setzte sich für eine Kräfteverteilung im Reich ein und vertrat liberales Gedankengut, welches sich gegen die „dekadente Despotie" der osmanischen Staatsführung richtete, ohne zunächst die Institution des Sultanats in Frage zu stellen. „Auf der Grundlage einer Synthese von islamischen Werten und Idealen der europäischen Aufklärung propagierten sie eine Form des osmanischen Nationalismus, in dem die traditionelle Legitimität der millet durch das moderne Konzept des Vaterlandes (vatan) ersetzt wurde. Auf diese Weise versuchten sie, die ethnische, religiöse und regionale Segmentierung des Reiches zu transzendieren."[384]

Ehe die Gruppe an Macht und Anhängern gewinnen konnte, wurde sie entlarvt und verschwand im Untergrund. Zur Wende des 20. Jahrhunderts rückten die Reformer in Paris als „*Komitee für Einheit und Fortschritt*" (türk. *Ittihat-i Terraki Cemiyeti*), kurz „*Jeunes Turcs*" (dt. *Jungtürken*) erneut in den Fokus der Öffentlichkeit. Unter ihrem Hauptexponenten befand sich Ahmed Riza (1851–1930), der sich als Herausgeber der Zeitung *Neyyir Hakikat* (dt. *Licht der Wahrheit*) überwiegend an die Intellektuellen und Bürokraten des Landes richtete. Seine Anhängerschaft sollte sich schon bald in mehrere Untergrundorganisationen spalten und die bestimmende Kraft im letzten Jahrzehnt des Osmanischen Reiches werden. In ihrer Anfangszeit organisierten sich die Mitglieder überwiegend am Balkan. In Saloniki, Mazedonien und der Moldau wurde die Unfähigkeit des Sultans kritisiert.[385]

„In der Frühphase der Bewegung stand der Kampf gegen den Absolutismus Abdulhamids und das Bekenntnis zum Osmanismus, verstanden als Einheit der im Osmanischen Reich lebenden Ethnien und Völker, im Mittelpunkt.

383 Türken, Kurden, Armenier, Tscherkessen, Araber, Juden und andere Minderheiten lebten gegen Ende des 19. Jahrhunderts im Osmanischen Reich.

384 Jung 2007, S. 72.

385 Savaş, Mevhibe: *İkinci Meşrutiyet Döneminde ittihat ve terakki ve basın* [Die zweite konstitutionelle Monarchie und der Druck des Komitees für Einheit und Fortschritt, ü. a. d. T.], Ankara 1998, S. 2–3.

Angehörige verschiedenster Volksgruppen, darunter Armenier, Kurden, Araber und Juden unterstützten die Jungtürken als Sammelbecken der Opposition."[386]

Die Gründe für diese nationalistischen Bewegungen waren vielfältig: um die Jahrhundertwende war das Reich ein dynamischer Vielvölkerstaat, dem es faktisch an einer nationalen Identität fehlte. Zudem kam es mit dem Verlust nahezu aller europäischen Gebiete zwischen 1908 und 1913 zu einer Vertreibung hunderttausender Muslime aus dem Balkan. Die Schuldigen fand man in den Griechen und den Armeniern, welche bezichtigt wurden, den russischen Feind zu unterstützen. Als Reaktion auf die Entwicklungen in Europa nahm die Ethnifizierung immer stärker zu. Noch bis Ende des 19. Jahrhunderts fehlte es dem osmanischen Reich an diesem Nationalbewusstsein. Das Wort „Türke"[387] wurde bis dahin für einen „ungehobelten Bauern aus dem inneren Anatoliens" verwendet. Erst unter der Regierung der Jungtürken wurde der Ausdruck als „unverbildetes Volk, in Opposition zur Dekadenz der regierenden Oberschicht", neu interpretiert.[388]

Die Machthaber aus dem Komitee für Einheit und Fortschritt forderten zunächst eine westlich geprägte Demokratie, die die absolute Herrschaft des Sultans ablösen sollte. Dies versuchten sie mit einem türkischen Aktivismus zu erreichen.[389] Zu Beginn des 20. Jahrhunderts begann dieses Ziel aber immer mehr in den Hintergrund zu treten. Propagiert wurden türkische Werte, die in einen radikalen Nationalismus mündeten.[390]

Die ideologischen Differenzen innerhalb der Organisation kamen bald zum Tragen. Unter sich in mehreren Fraktionen gespalten, forderten die „Liberalen" unter ihnen die Wiedereinführung der Verfassung sowie die Versöhnung mit den nationalen Minderheiten für eine Förderung und Dezentralisierung des Osmanischen Staates, während die „Nationalisten" unter der Führung Ahmet Riza den Nationalismus als integrierendes Element anstrebten. Entscheidend für beide Gruppen waren aber der Kampf um eine konstitutionelle Monarchie und der Sturz des Sultans. [391]

386 Guttstadt, 2008, S. 50.

387 Hypothesen zufolge geht die Bezeichnung „Turk" auf einen einzigen turksprachigen Stamm zurück und bedeutet etymologisch so viel wie „mächtig" oder „stark". Vgl. Scharlipp 1992, S. 13–15.

388 Schweizer 2008, S. 71–72.

389 Matuz 1985, S. 249–250.

390 Schweizer 2008, S. 73–74.

391 Matuz 1980, S. 250–251.

Zum entscheidenden Eklat kam es, als es dem Komitee für Einheit und Fortschritt gelungen war, Teile der Armee für sich zu gewinnen. Auf ein Ultimatum der dritten Mazedonischen und der zweiten Thrakischen Armee hin sah sich Abdulhamid II. im Juli 1908 daher gezwungen, den Forderungen nachzugeben und die Verfassung von 1867 wieder in Kraft zu setzen.[392] Seine Macht sollte nach dem Vorbild des Persischen Reichs beschränkt werden und auf die Nationalversammlung übergehen.[393]

Mit dem Vorstoß der Jungtürken und dem Sturz Abdulhamids II. begann eine verhängnisvolle Entwicklung. Am 17. Dezember 1908 wurde die sog. „zweite konstitutionelle Monarchie" (türk. *İkinci meşrutiyet*) durch die erste Sitzung des neu gewählten Abgeordnetenhauses eingeleitet.[394]

Kurze Zeit schien es zwischen der muslimischen und nicht-muslimischen Szene zu einer Verbrüderung gekommen zu sein. Doch das Komitee für Einheit und Fortschritt ließ schon bald alle Vereinigungen und Kulturhäuser der Minderheiten schließen. Der jungtürkische Nationalismus nahm größenwahnsinnige Züge an: ein Staatsmodell im Sinne eines „*Großtürkischen Reiches*", sollte alle Turkvölker vereinigen. Dies war in Anbetracht dessen, dass Kirgisen, Aserbaidschaner, Usbeken und Turkmenen im Verlaufe ihrer politischen Geschichte nie ein nationales Kollektiv erreichten, eine abstruse Vorstellung.[395] Schnell wurde klar, dass an Stelle der absoluten Staatsführung des Sultans eine Diktatur der Jungtürken treten solle, die bis zur Gründung der Türkischen Republik fortdauern sollte.[396]

1.7 Der Niedergang des Osmanischen Reichs – Aufbruch in die Moderne

Im 16. Jahrhundert erstreckte sich der Siegeszug des Osmanischen Reichs von der Grenze Österreichs bis zum Persischen Golf, von der Krim bis auf die Arabische Halbinsel und von Tunis bis weit in den Kaukasus und konnte nur mit straffer Verwaltung, einheitlicher und funktionierender Rechtsprechung und besonderem Schutz des Handels und der Wirtschaft regiert werden.[397]

---

392 Steinbach, Udo: *Die Türkei im 20. Jahrhundert. Schwieriger Partner Europas*, Bergisch Gladbach 1996, S. 48.
393 Werner / Markov 1978, S. 220.
394 Plagemann 2009, S. 96.
395 Schweizer 2008, S. 74.
396 Steinbach 1996, S. 49.
397 Dawletschin-Linder / Dietert 2010, S. 26.

Das Reich war der weitaus mächtigste Staat auf der Balkanhalbinsel und annektierte fast alle kleinen Staaten. Gleichzeitig musste das Imperium aber immer wieder Niederlagen einstecken und hatte besonders im 17. Jahrhundert mit finanziellen Problemen und Bürgerkriegen zu kämpfen.[398] Mit dem Friedensvertrag von Küçük Kaynarca 1774 nahmen die kräftezehrenden Russisch-Türkischen Kriege (1668–1774) ihr Ende.[399] Die Verluste im 18. Jahrhundert versetzten die Osmanen auf Grund des anwachsenden Fortschritts Europas in eine Lage, der das islamische Reich nicht mehr gewachsen war. Auch die Regentschaft der Jungtürken stand unter keinem guten Stern.

Nachdem das Komitee für Einheit und Fortschritt auf die Wiedereinführung der Verfassung, sowie auf die Versöhnung mit den nationalen Minderheiten setzte, integrierte sich ein anderes Element in die führenden Reihen der Regierung: das eines starken türkischen *Nationalismus*. Die Balkankriege am Anfang des 20. Jahrhunderts, die eine Folge nationalistischer Bestrebungen waren, hatten beinahe zum Verlust von ganz Rumelien geführt und in Folge zu Aufständen der meist nicht-muslimischen, vorwiegend christlichen Bourgeoisie.[400]

Mit dem Eintritt in den Ersten Weltkrieg trat ein weiteres historisches Ereignis hinzu, welches geeignet war, die Spannungen im Reichinneren zu verstärken. Der sich in der Zwischenzeit etablierende extreme *Panislamismus*, sowie die fast 600-jährige Dominanz des islamischen Rechts hatten zudem die vagen Aussichten auf eine umfassende Reformierung und Modernisierung des Reiches bis in die jüngste Vergangenheit untermauert.

Zieht man Bilanz aus dem bisher Geschilderten, so kommt man zu dem Ergebnis, dass bis zu Beginn der Tanzimat Ära das gesamte öffentliche wie auch private Recht von den islamischen Grundsätzen beherrscht wurde. Zwar fanden erste Reformbestrebungen statt, von einer *Modernisierungsbewegung*, die später in eine „Rechtsrevolution“ münden sollte, kann aber noch keine Rede sein. Vielmehr ist es so, dass im Osmanischen Reich ein Rechtssystem herrschte, welches sowohl im materiell-rechtlichen Sinne, also auch in der Gerichtsbarkeit kein homogenes Bild darstellte. Plagemann führt dazu zutreffend aus:

> „Betrachtet man die Gesetzgebung des 19. Jahrhundert als Ganzes ergibt sich das Bild mehrerer Teilrezeptionen, die zusammen mit einer Neuordnung des bestehenden Osmanischen Rechts zu einer Neugestaltung der islamisch / osmanischen Rechtsordnung führten. Kennzeichnend für die Rezeptionen auf verschiedenen Rechtsgebieten war das Ziel, Elemente des europäischen Rechts in die islamisch / osmanische Rechtsordnung

398 Faroqhi 2010, S. 58–59.
399 Günay 2002, S. 43.
400 Ebd., S. 107–110.

zu integrieren. Auch wenn dies bei einzelnen Gesetzen im Wege einer Vollrezeption geschah, sollten damit nicht die Grundprinzipien der bestehenden Rechtsordnung in Frage gestellt werden."

Die Folge war ein kodifizierter Rechtspluralismus.[401]

Nachdem mit dem Edikt von Gülhane im Jahre 1839 erste Verfassungsentwicklungen eingeleitet wurden, wurde im Zuge der Aufklärung und unter Einfluss der Französischen Revolution – deren Leitgedanken sich nun auch im Osmanischen Reich spürbar machten – der Weg für die erste Osmanische Verfassung von 1867 (türk. *Kanun- i Esasi*) geebnet. Im Sinne der vom Sultan proklamierten Ziele wurde die Herrschaftsgewalt durch ein demokratisches Element relativiert, sowie der Status der Untertanen, die bis dato nur einen festgestellten *status minoris iuris* genossen, neu geregelt.[402] Der Ausgangspunkt der Neuerungen war aber nicht auf eigene Bestrebungen zurückzuführen, sondern erfolgte durch den politischen Druck von Seiten der europäischen Großmächte. Mit ihrem wachsenden Einfluss, blockierten sie in der Folgezeit eine fortgesetzte Kapitalakkumulation im Reich und somit auch seine industrielle Entwicklung.[403]

Die Reformen im Osmanischen Reich kamen daher zu spät und führten durch die Rezeptionen auf den verschiedensten Rechtsgebieten zu einem Dualismus des Rechts, da das islamische Recht faktisch bis 1924 nicht außer Kraft gesetzt wurde.[404] Zumindest in der allgemeinen Wahrnehmung spielte die klassische islamische Jurisprudenz eine so tiefgreifende Rolle, dass die Herrscher des 19. Jahrhunderts immer wieder versuchten, diese Vorschriften durchzusetzen.[405]

Auch mit der Mecelle konnte der Durchbruch des islamischen Rechts nicht gelingen. Wie Neumayer/ Dopffel dazu ausführen:

> „Die zögernde Unentschlossenheit der osmanischen Reformgesetzgebung, die von einer wirklich durchgreifenden Neuordnung zurückwich und soviel Altes als nur irgendwie möglich mit so viel Neuem als nur eben notwendig zu kombinieren trachtete, fand ihren Ausdruck in der Vielfalt der befolgten Methodik: Den bereits erwähnten Kodifikationen folgte eine Neuordnung weiter Teile des islamischen Gewohnheitsrechts, namentlich des Personen- Sachen und Prozessrechts, durch die Mecelle. Diese den Digesten des Römischen Rechts nicht unähnliche, in ihrer Zielsetzung auch dem

401 Plagemann 2009, S. 126.
402 Rumpf 1996 I, S. 41.
403 Keskin 1981, S. 11.
404 Mumcu 1996, S. 35.
405 Meier 2008, S. 101.

nordamerikanischem Restatement vergleichbare Sammlung diente allerdings inhaltlich eher der Erhaltung und Festigung des islamischen Rechts, als deren Durchdringung."[406]

Weitere Versuche das Zivilrecht zu erneuern, können als „tastend" und „zögernd" bewertet werden. Erwähnenswert ist das Gesetz über die Immobiliarerbfolge vom 6. März 1913, das an Stelle des koranischen Erbrechts durch die Intestaterbfolge des deutschen BGB getreten ist und das später wieder aufgehobene provisorische Familienrecht vom 31. Oktober 1917, mit dem man sogar einen Versuch wagte, die sensiblen Bereiche des Familienrechts außerhalb des islamischen Rechts neu zu ordnen. Nichtsdestotrotz scheiterten aber auch diese Versuche und bestärkten nur den Dualismus zwischen den beiden Rechtssphären.[407]

Auch im Gerichtswesen war keine klare Linie zu erkennen, da die Reformen der Tanzimat eine neue Gerichtsorganisation und neue Institutionen erzwangen. Die in den Bereich des nicht kodifizierten islamischen Rechts und der Mecelle fallenden Streitigkeiten, wurden vor den Scharia-Gerichten ausgetragen, während daneben noch eine weltliche Gerichtsbarkeit eingeführt wurde. Der Kadi behielt weiterhin seine offizielle Eigenschaft als Einzelrichter, obwohl im Jahre 1860 zur Überprüfung seiner Entscheidungen ein Prüfungsrat hinzugefügt wurde. [408]

Die Eigenkodifikationen und die Übernahme fremden Rechtes konnten keine einheitliche Grundlage des Zivilrechts schaffen. Die unterschiedlichen historischen Ereignisse ziehen sich zudem wie ein roter Faden durch die Rechtsentwicklung. Die politische Dimension ist daher ab dem 19. Jahrhundert durch den Nationalismus, den Imperialismus und die verschiedenen Strömungen des Islams in bedeutender Form geprägt worden. Die Suche nach der inneren und äußeren Souveränität erzwangen die großen Rechtsreformen nach der Republikgründung und führten zu einer Genese eines neuen *Rechtsbewusstseins.*

406 Neumayer / Dopffel 1956, S. 57.
407 Pritsch 1927, S. 273–274.
408 Bilge 1964, S. 565.

2 Atatürk und die kemalistischen Reformen

2.1 Der politische Aufstieg Mustafa Kemal Atatürks

Die Reformen des 20. Jahrhunderts fußten auf einem Richtungswechsel in der Politik, initiiert von Mustafa Kemal – dem späteren *Atatürk*.[409] Jede Stadt der Türkei ist übersät mit seinen unzähligen Bildern und Statuen. Jedes Kind in der Türkei kennt seinen Namen.

Als Sohn eines Zollbeamten und einer Bäuerin 1881 in bescheidenen Verhältnissen in Saloniki (Griechenland) geboren, startete Mustafa Kemal[410] bereits in jungen Jahren seine Karriere beim Militär. Nachdem er in einem Gymnasium westlichen Vorbilds eingeschult worden war, unterzog er sich im Alter von 13 Jahren – zunächst gegen den Willen seiner Mutter – der Aufnahmeprüfung zur militärischen Vorbereitungsschule in Saloniki und wurde 1893 in die Infanterieklasse aufgenommen. Zu dieser Zeit soll bereits sein Interesse für politische Geschehnisse geweckt worden sein. Seinen militärischen Werdegang setzte er 1895 im westmazedonischen Monastir, dem heutigen Bitola, an der höheren Militärakademie fort.[411]

Zu Schulzeiten äußerte er sich so:

> „Ich arbeite gut für die üblichen Stunden. Darüber hinaus entwickelten einige Kameraden und ich neue Ideen. Wir entdeckten, dass in der Regierung und der Politik des Landes Missstände herrschten [...] Wir gründeten eine handgeschriebene Zeitung in der Schule, die von den Schülern gelesen wurde [...]."[412]

In jungen Jahren kam Mustafa Kemal mit der Bewegung der Jungtürken in Berührung, wandte sich dann jedoch von ihnen ab und gründete im Oktober 1906 während eines Einsatz in Damaskus, ein Komitee mit dem Namen: „Vatan ve Hürriyet" (dt. *Vaterland und Freiheit*).[413] Es dauerte nicht lange, bis sich die jungen Offiziere auch außerhalb der Kaserne trafen und sich aus diesem

---

409 Bedeutet „Vater der Türken".

410 Sein eigentlicher Name war nur Mustafa. Nachdem sein Lehrer in der Militärschule sein Namensvetter war, stellte dieser eines Tages fest: „[...] Mein Sohn, sowohl dein Name ist Mustafa als auch meiner...Das geht nicht. Wir müssen einen Unterschied finden. Von jetzt an soll dein Name Mustafa Kemal (der Vollkommene) sein [...]". Vgl. Türkische Nationale Kommission für Unesco: *Atatürk*, Istanbul 1963, S. 9.

411 Ebd., S. 7–10.

412 Ebd., S. 11.

413 Ebd., S. 13.

„Studienkreis“ ein politischer Geheimbund in der Hauptstadt entwickelte. Neben seinen politischen Aktivitäten versuchte Mustafa Kemal sich auch anderweitig zu bilden. Er verbesserte sein Französisch und las die Werke der großen Philosophen des revolutionären Zeitalters.[414] Besonders angetan hatte es ihm die Weltanschauung des türkischen Dichters und Schriftstellers Namık Kemal (1840–1888).

Im Ersten Weltkrieg erwies er sich als erfahrener Soldat, der an allen Fronten kämpfte: als politischer Propagandist im Jahre 1908 in Tripolis im Einsatz, meldete er sich nach der italienischen Invasion Libyens 1911 freiwillig zur Organisierung des Widerstandes gegen die italienischen Truppen und wurde zum „Experten für das Osmanische Afrika“.[415] Großes Ansehen erlangte er im Jahre 1915 als Kommandant bei der Führung zur Verteidigung der Halbinsel Gallipoli, im Thrakischen Meer. Die Schlacht an den Dardanellen zählte zu den wenigen gefeierten Kriegserfolgen, die das Reich im Ersten Weltkrieg für sich verbuchen konnte. Für diesen Verdienst wurde er vom Sultan mit dem Ehrentitel „Pascha“ ausgezeichnet und zum General befördert.[416]

Trotzdem war eine Niederlage im Ersten Weltkrieg nicht zu verhindern. Die Folge waren militärische Auseinandersetzungen mit den Siegermächten. Am 15. Mai 1919 eroberten die Griechen die Stadt Smyrna (Izmir) und drangen bis nach Anatolien vor. Innenpolitisch war die Lage auch nicht besser: das Reich bestand nur mehr in einer degenerierten Form und wurde von den verschiedenen Völkergruppen bedroht, aus denen es sich zusammensetzte. In Istanbul, der damaligen Hauptstadt, agierte ein machtloser Sultan als Marionette der Siegermächte, deren Rolle er mit diktatorischen Maßnahmen gegenüber dem Volk zu überwinden versuchte. In dieser Atmosphäre wurde Mustafa Kemal von Sultan Mehmed VI. mit der Aufgabe betraut, dem Land wieder zu Stabilität und Wachstum zu verhelfen. Im Mai 1919 bevollmächtigte er auf ausdrücklichen Wunsch der Alliierten, Mustafa Kemal zum Heeresinspektor und damit zum obersten Soldaten. Als Aufgabe wurde ihm die Durchführung der Waffenstillstandsbedingungen übertragen.[417]

Schon während des Krieges dürfte Mustafa Kemal erkannt haben, dass das Reich nicht mehr zu retten war und hielt sich dafür berufen, die Führung zu übernehmen. Ein Jahr vor Kriegsende bewarb er sich bereits vergeblich um den Posten des Kriegsministers im Kabinett von Ahmet Izzet Pascha (1867–1934) aus

---

414 Steinbach 1996, S. 98–99.

415 Kreiser 2008, S. 65–66.

416 Günay 2012, S. 125.

417 Moser / Weithmann 2002, S. 83.

dem Komitee für Einheit und Fortschritt.[418] Ihm war bewusst, dass die Befreiung des Landes nur mehr vom Volk ausgehen konnte und er versuchte daher die Massen für einen nationalen Widerstand zu mobilisieren. Im sog. „Rundschreiben von Amasya" rief er andere Führungspersönlichkeiten dazu auf, Renitenz gegen die Feinde zu zeigen und wies darauf hin, dass die territoriale Integrität des Landes und die Unabhängigkeit der Nation in Gefahr seien; die Regierung würde nur mehr „als Geisel der Besatzungsmächte" agieren.[419]

In Erzurum verlieh er der Bewegung in einem Treffen (23.7.-7.8.1919) die nötige Einheit und versammelte militärische Befehlshaber, um eine politische Basis für die Widerstandsbewegungen zu schaffen, deren Leitung er übernahm. Auf diese Weise wurde der Widerstandskampf sowohl durch Teile der Bevölkerung, als auch durch politische Führungspersonen vorbereitet. In Mustafa Kemal keimte bereits zu dieser Zeit die Idee, dass alle Gebiete, die zum Zeitpunkt des Waffenstillstandes in Mudros am 30. Oktober unter osmanischer Herrschaft standen, auch weiterhin im Territorialgebiet des unabhängigen, osmanischen Staates verbleiben sollten. Die Besatzung fremder Staaten, Mandate oder Protektorate müssten bekämpft werden.[420]

Seiner Ansicht nach gab es nur einen möglichen Ausweg, nämlich einen neuen Staat zu schaffen, der sich auf die nationale Souveränität stützen und ohne Einschränkungen agieren konnte.[421] Von der Schattenregierung in Istanbul, die faktisch nur mehr aus einer leeren Hülle bestand, hatte Mustafa Kemal wenig zu befürchten. Auf einem Kongress in Sivas gründete er die „Gesellschaft zur Verteidigung der nationalen Rechte von ganz Anatolien und Thrazien" als Ausführungsorgan der Widerstandsbewegung. Dies stellte zwar „noch keinen verfassungsmäßigen Bruch" dar, bewegte aber den Sultan zu Verhandlungen.[422]

Das Komitee, welches er aufstellte, war eine Art Regierung, mit dem Ziel, sämtliche von den Entente-Mächten nicht besetzten Territorien unter seine Kontrolle zu bringen. Nach abgehaltenen Wahlen konnte Mustafa Kemal die überwiegende Mehrheit der Sitze im Parlament für sich gewinnen und das Parlament zu einer Art „Außenvertretung der Widerstandsbewegung" nutzen. Die Forderungen und Ziele der Kemalisten wurden in einem sog. „Nationalen Pakt" zusammengefasst.[423]

---

418 Adanir, Fikret: *Geschichte der Republik Türkei*, Mannheim [u.a.] 1995, S. 24.

419 Günay 2012, S. 127.

420 Keskin 1981, S. 54.

421 Werner / Markov 1978, S. 238.

422 Steinbach 2000, S. 24–25.

423 Günay 2012, S. 128–129.

Nachdem die britische Besatzungsmacht das osmanische Parlament auflöste, konstituierte sich am 23. April 1920 die „Große Nationalversammlung" in Ankara mit 338 Abgeordneten, die Mustafa Kemal zu ihrem Präsidenten wählte.[424] Die Autorität des Sultans wurde zwar weiterhin nominell anerkannt, das Parlament verstand sich jedoch selbst „als Ausdruck des nationalen Willens" und damit auch als Vertreter des Volkes.[425]

Die Entente-Mächte waren währenddessen damit beschäftigt, ihre Ansprüche gegenüber dem Kriegsverlierer zu harmonisieren. Am 11. Mai 1920 präsentierten die Siegermächte einen Vertragsentwurf, welcher die Nachkriegsordnung bezüglich des Osmanischen Reiches regeln sollte. Zugeständnisse gegenüber britischen, französischen, italienischen und griechischen Interessen bildeten die Grundlage für den Vertrag von Sèvres, der das osmanische Imperium auf einen anatolischen Landstrich mit der Hauptstadt Istanbul dezimieren sollte. Auch sonst entzog der Vertrag dem Staat weitgehend seine Souveränität.[426] Ost-Thrazien und die Region um Izmir wurden Griechenland zugesprochen, die Meerengen internationalisiert und Mandate eingerichtet, die die Türkei als „Nachfolge-Staat" in eine politische, wirtschaftliche und militärische Abhängigkeit der Siegermächte treiben sollte.[427]

Inzwischen verstärkten die nationalen Streitkräfte den organisierten Widerstand und breiteten sich im Sommer 1920 an mehreren Fronten aus.[428] Im Winter 1920/21 gelang es unter Mustafa Kemals Leitung erste Erfolge gegen die griechische Invasion zu verbuchen.[429] Wenig später berief er die Nationalversammlung in Ankara zu einer Plenarsitzung ein und forderte sie auf, ein Grundgesetz anzunehmen, das auch gleichzeitig die osmanische Verfassung von 1876/1909 ablösen sollte. In diesem Dokument, einer Art Verfassung der Widerstandsbewegung, hieß es klipp und klar: *„die Grundlage des türkischen Staates ist die Souveränität des Volkes."*[430]

Mit diesem Gesetz Nr. 85 des Parlaments wurde am 20. Januar 1921 die Grundstruktur des neuen Staates als Republik festgesetzt. Dabei wurde sämtliche

424 Keskin 1981, S. 54–55.
425 Steinbach 2000, S. 25.
426 Günay 2012, S. 119–121.
427 Steinbach 1996, S. 104–105.
428 Adanir 1995, S. 27.
429 Ebd., S. 29–30.
430 Steinbach 2000, S. 26.

Staatsgewalt auf den Boden einer demokratischen Legitimation gestellt.[431] Die Hauptartikel beinhalteten Folgendes:

1- Die Souveränität steht der Nation uneingeschränkt zu. Das Verwaltungssystem wird vom Volk selbst geleitet.
2- Die vollziehende und gesetzgebende Gewalt treten in der Großen Nationalversammlung – als einziger und wahrer Repräsentant der Nation – in Erscheinung.
3- Der türkische Staat wird von der Großen Nationalversammlung geleitet.[432]

Zum ersten Mal in der Geschichte des Staates leitete das Parlament seine politische Macht vom Volk ab und nicht mehr von der Herrschaftsgewalt des Sultans.[433] Ziel war es, ein Staatsmodell zu schaffen, welches sich in seiner Natur grundlegend von dem bisherigen unterschied. Durch diese Vorgehensweise wollte man betonen, dass man unter keinen Umständen einem neuen autoritären Regierungschef zustimmen wollte, der quasi die Rolle des Sultans fortsetzte. „Unter diesen Umständen sind wir gezwungen, eine Regierung ohne Oberhaupt zu begründen", verkündete Mustafa Kemal.[434]

Im August 1922 gelang den türkischen Truppen endgültig der Sieg über die Griechen.[435] Mustafa Kemal wurde als Held der neuen Nation gefeiert und erhielt von der Nationalversammlung den ehrenhaften Titel „*Gazi*"[436] (dt. *Der Siegreiche*) verliehen.

2.2 Die Abschaffung des Sultanats

Durch den Sieg der Türken im Befreiungskrieg war die Führungsposition Mustafa Kemals unangefochten und es konnten in Mudanya, am Marmarameer, die Friedensverhandlungen mit den beteiligten Ländern erneut aufgenommen werden. Vereinbart wurde, dass sich Griechenland aus Ost-Thrazien und die Entente-Mächte aus den Meerengen zurückziehen sollten.[437]

---

431 Rumpf 1996 I, S. 59–60.
432 Unesco 1963, S. 114–115.
433 Steinbach 2000, S. 26.
434 Mustafa Kemal Atatürk, zit. n.: Kreiser 2008, S. 208.
435 Steinbach 2000, S. 26.
436 Bereits Osman I. (1258–1326) und Orhan I. (1281–1360) erhielten diesen Ehrentitel, der nur für einen besonderen Verdienst verliehen wird. Mustafa Kemal bekam diese besondere Auszeichnung nach der siegreichen Feldschlacht in Sakarya 1921.
437 Werner / Markov 1978, S. 249–250.

Die Verhandlungen waren eine Art Vorkonferenz, auf die im Sommer 1923 der Friedensvertrag von Lausanne folgen sollte. Zugleich stellte es die präjudizielle Frage in den Vordergrund, wer nun künftig das Land repräsentieren solle: die Nationalversammlung in Ankara oder der Sultan in Istanbul. Die Regierung unter Mustafa Kemal verbreitete schon seit längerem die Idee der Volkssouveränität und der islamischen Republik unter der Führung eines Kalifen - der ähnlich wie der Papst in der christlichen Kirche, die religiösen Angelegenheiten leiten sollte - lehnte aber die Institution des Sultanats strikt ab.[438] Der Umstand, dass zu den Verhandlungen in Lausanne auch die Vertreter der Regierung des Sultans geladen waren, führte zu Spannungen und veranlasste Mustafa Kemal schnell zu handeln.[439]

Um sich an die Spitze des neu forcierenden Staates zu stellen, entschied am 1. November 1922 die Große Nationalversammlung in Ankara mit breitem Konsens die Absetzung des Sultans. Mit dem „Gesetz über die Aufhebung des Sultanats" (türk. *Saltanatın kaldırılması*) wurde dem letzten osmanischen Oberhaupt, Mehmet VI., der mit britischer Hilfe ins französische Exil floh, das Amt entrissen.[440] Bei den Verhandlungen in Lausanne wurde die Türkei durch Außenminister Ismet Inönü, aus dem Kabinett von Mustafa Kemal vertreten, der die Revision des Vertrages von Sèvres geschickt durchzusetzen vermochte. Am 24. Juli 1926 legte man mit dem Vertrag von Lausanne die Grenzen für den neuen türkischen Staat fest und hypostatisierte einen Bevölkerungsaustausch[441] zwischen Griechenland und der Türkei, welcher sich als Symbol des schwierigen politischen Verhältnisses beider Länder eignete.[442]

2.3 Die Gründung der Türkischen Republik

Nur knapp ein Jahr nach dem militärischen Erfolg der türkischen Truppen wurde eine Partei gegründet, die sich anfangs „Volkspartei" (türk. *Halk fırkası*) und seit 1931 „Republikanische Volkspartei" (türk. *Cumhuriyet Halk Partisi*, kurz *CHP*) nannte.[443] Als Machtinstrument der kemalistischen Bewegung, sollte sie

438 Adanir 1995, S. 31.

439 Günay 2012, S. 133.

440 Werner / Markov 1978, S. 249.

441 Ca. 400.000 Türken mussten Griechenland verlassen, im Gegenzug wurden über ca. 1 Mio. Griechen aus der Türkei vertrieben.

442 Günay 2012, S. 135–139.

443 Guttstadt 2008, S. 75–76.

bald eine Einparteienherrschaft etablieren und zum Organ der „kemalistischen Kulturrevolution“ werden.[444]

Am 29. Oktober 1923 wurde mit dem Gesetz 364 die Türkische Republik ausgerufen.[445] Der neue Türkische Staat gründete sich auf dasselbe Territorium, das der „Nationale Pakt“ (türk. *Misak-i Milli*) bereits 1919 als unverzichtbares türkisches Kernland festgelegt hatte und das nach dem Befreiungskampf im Vertrag von Lausanne auch international anerkannt wurde.[446] Zugleich beendete dieser revolutionäre Akt auch die Existenz des 600-jährigen Osmanischen Reiches. Nachdem 40 Prozent der Abgeordneten das Parlament verlassen hatten, wurde Mustafa Kemal zum ersten Staatspräsidenten gewählt.[447] Seine Idee war es, die Türkei durch die sog. „kemalistischen Reformen“ zu einem modernen *Rechtsstaat* umzugestalten. Bereits am 8. April 1923 verkündete er „neun Prinzipien“, die sich aus allgemeinen Grundsätzen seiner Regierung zusammensetzten. Zu den Prinzipien gehörten Verlautbarungen wie:

> *„Die Souveränität liegt ohne Einschränkung bei der Nation. Das Gesetz zur Abschaffung des Sultanats vom 1. November 1922 ist unabänderlich. Das Rechtssystem wird vollständig reformiert und vervollständigt.“*[448]

Gleichzeitig wurde der Staat mit einer demokratischen Verfassung ausgestattet, die eine Gewaltenteilung beinhaltete. Der Präsident wurde aus der Mitte des Parlaments gewählt und ernannte den Ministerpräsidenten. Die Bürger wurden mit weitgehenden „Grundrechten der Türken“ ausgestattet, sodass der Genese des modernen Rechtsstaates nichts mehr im Wege stand.[449]

2.4 Der Kemalismus

Die Reformen der ersten Republik wurden geprägt von Mustafa Kemals persönlichen Wertvorstellungen, die er – falls notwendig – auch gegen den Willen der Bevölkerung bereit war durchzusetzen. Unterstützt wurde er von einer Gruppe von Anhängern, die genau wie er die militärische Akademie abgeschlossen hatten. Diese Gruppe wurde nach ihrem Führer als „Kemalisten“ bezeichnet.

---

444 Günay 2012, S. 143.

445 Dieser Tag ist heute noch der wichtigste Feiertag in der Türkei.

446 Dawletschin-Linder / Dietert 2010, S. 91.

447 Yazicioglu, Ümit: *Erwartungen und Probleme hinsichtlich der Integrationsfrage der Türkei in die Europäische Union* (zugl. Habil. Univ. Berlin 2005), Berlin 2005, S. 50.

448 Kreiser 2008, S. 209.

449 Vgl. http://www.verfassungen.eu/tr/tuerkei24-index.htm.

Die Ideologie, die sie verbreiteten, war demnach der „*Kemalismus*" (türk. *Atatürkçülük*).[450]

Die Bedeutung des Kemalismus für die spätere Türkei wird im ersten türkischen Rechtswörterbuch, aus dem Jahre 1944 ersichtlich. Darin wird er als „*als oberste Disziplin neben dem Nationalismus, dem Populismus, dem Etatismus, dem Laizismus und dem Revolutionismus*" bezeichnet. Eine Weisheit, die „*dem Volk als wichtigstes Gut Atatürks anvertraut wurde.*" Zudem soll er als Wegweiser dienen und „*für alle Prinzipien der Verfassung*" gelten.[451] Tatsächlich gibt es keine allgemein anerkannte Definition für den Kemalismus. Giritli schreibt dazu: „The most succinct definition of the goals and methods of the ‚Kemalist Revolution and Ideology' is that, using a rational and scientific approach, it strives to transform Turkish society in every field into a contemporary, modern society." Es sei also eine „Ideologie der Modernisierung".[452]

Hirsch führt dazu aus: „Kemalismus war ursprünglich mehr die Bezeichnung für eine politische Bewegung als für ein bestimmtes Regime. Von einer Ideologie konnte, jedenfalls anfangs, keine Rede sein. Es gab keine vorgefasste Idee oder Theorie, nach der man gehandelt hätte. Nur das Ziel war von Kemal Pascha klar umrissen worden: die türkische Gesellschaft auf die Höhe der zeitgenössischen Zivilisation westeuropäischer Prägung zu heben und den türkischen Staat aus den Klammern und Bindungen der islamischen Religion zu befreien."[453]

2.4.1 Die Kemalistischen Prinzipien

Bereits am 8. April 1923 wurden im Namen der Volkspartei neun Prinzipien verkündet, die zunächst noch ganz allgemein gehalten wurden, wie etwa die Abschaffung des Sultanats oder die Volkssouveränität der Nation.[454]

---

450 Dawletschin-Linder / Dietert 2010, S. 93–94.

451 Hirsch, Ernst E.: Devletçilik ve Ticaret Hukuku, in: *Doğumunun 100. Yılında Atatürk'e Armağan*, Cilt 54, Sayı 1[Der Etatismus und das Handelsrecht, in: Gedenkschrift zum 100. Geburtstag Atatürks, Bd. 54, Nr. 1, ü. a. d. T.], Istanbul 1954, S. 1. Im Jahr 1933 wurde das Schulfach „Geschichte der türkischen Revolution" eingeführt, „das den Kemalismus in den Köpfen und Herzen der Studenten verankern sollte". Der Unterricht wurde von der Republikanischen Volkspartei vorgeschrieben, welche die Institution der Universität für ihre Zwecke zu instrumentalisieren versuchte. Vgl. Strohmeier 2008, S. 72.

452 Giritli, Ismet: Kemalism as an Ideology of Modernization, in: *Annales de la Faculté de Droit d'Istanbul,* Bd.28, Nr. 44 Istanbul 1981, S. 397.

453 Hirsch 1982, S. 25.

454 Kreiser, 2008, S. 209.

Ihre Nachfolgerpartei, die Republikanische Volkspartei, arbeitete sechs Grundsätze aus, „die als Leitvorstellungen eines pragmatischen Denkens" 1937 in Form einer Doktrin festgehalten und in die Verfassung aufgenommen wurden.[455] Diese sechs Prinzipien wurden zum Symbol des Kemalismus und umfassten im Wesentlichen den Republikanismus (türk. *Cumhuriyetçilik*), den Nationalismus (türk. *Milliyetçilik)*, den Revolutionismus (türk. *Devrimçilik*), den Populismus (türk. *Halkçılık*), den Etatismus (türk. *Devletçilik*), und den Laizismus (türk. *Laiklik*).[456]

2.4.1.1 Der Nationalismus

Als unbestrittener Bestandteil des Kemalismus steht an erster Stelle das Prinzip des Nationalismus, welches die Einheit des türkischen Volkes als oberstes Gebot festsetzt. Grund dafür war, dass bis zur kemalistischen Revolution ein Nationalbewusstsein im Osmanischen Reich kaum oder gar nicht vorhanden war. Das türkische Volk hatte weder eine einheitliche türkische Sprache, noch Familiennamen welche es auszeichnete.

Als „*Osmanli*" bezeichneten sich die Bürokraten in den Städten. Die Frage nach einer ethnischen Zugehörigkeit stellte sich erstmals unter der Herrschaft der Jungtürken. Bis dahin wurde die Frage Türke oder Nicht-Türke mit „*Muslim*" oder „*Nicht-Muslim*" beantwortet.[457] Guttstadt spricht in dieser Entwicklungsphase der Türkei von einer Türkisierungspolitik mit der Absicht die muslimische Vorherrschaft zu etablieren.[458] Überzeugte Kemalisten sprechen in diesem Zusammenhang eher von einer „Erziehungsdiktatur". Kreiser äußert sich in diesem Zusammenhang so:

> „Das Regime Atatürks ging weit über die zu Recht beschworene Erziehungsdiktatur (‚von der Überzeugung zur Erzwingung') hinaus, lässt sich aber nicht leicht typologisch in die anderen Diktaturen der Zwischenkriegszeit Europas und Lateinamerikas einordnen. Der Jurist Hans Kelsen hat 1936 von einer Einparteiendiktatur gesprochen, wenn die für die Demokratie fundamentale Trennung von Staat und Parteiapparat aufgehoben wird. In diesem Sinne war die Türkei in den Jahren 1925 bis 1946 eine moderne Autokratie, an deren Spitze, [...] ein manchmal schüchtern auftretender ‚Oberlehrer' mit sorgfältiger, aber alles andere als hinreißender Diktion, stand."[459]

---

455 Atilgan, Dursun: *Die kemalistischen Leitvorstellungen*, in: http://www.ataturk.de/de_KEMALISTISCHE_LEITVORSTELLUNGEN.pdf, S. 1.

456 Dawletschin-Linder / Dietert 2010, S. 95–96.

457 Steinbach 1996, S. 69.

458 Guttstadt 2008, S. 77.

459 Kreiser 2008, S. 300.

Viel und oft diskutiert wird in diesem Zusammenhang auch der Leitsatz „Glücklich ist der, der sagen kann: ich bin Türke!" (türk. „*Ne mutlu Türküm diyene!*"), den Mustafa Kemal bei der Staatsgründung verkündete.[460] Der Spruch wurde zur Zeit der Verkündung als Teil der Nationalisierungsbewegung gesehen, der in erster Linie das Gemeinschaftsgefühl stärken sollte. Der neue Staat sollte sich durch eine *türkische Identität* auszeichnen und sich dadurch vom multinationalen Osmanenreich abgrenzen. Steinbach ist der Meinung, dass „der Stolz darauf, Türke zu sein, nicht mit dem Chauvinismus oder dem Rassismus verwechselt werden soll, vielmehr bedeutete es die Besinnung auf die türkische Nationalität und die Mobilisierung der türkischen Massen."[461] Wichtig ist, klar zu differenzieren. Das „Sich-Türke-Nennen" bezog sich nicht auf eine Blutsverwandschaft, sondern wurde vom sowjetischen Gedankengut beeinflusst. Es handelte sich daher um eine verfassungsmäßige Staatsangehörigkeit, die in Art. 66 der Türkischen Verfassung von 1982 zum Ausdruck kommt. Darin heißt es: „Jeder, der mit dem türkischen Staat das Band der Staatsangehörigkeit verbindet, ist Türke." Ein rassischer Leitgedanke kann dem Ausspruch daher nicht angehängt werden. Im positiven Sinne brachte der Nationalismus die Forderung nach einem unabhängigen Staat mit sich.

Nachdem Mustafa Kemal die Widerstandsbewegungen geleitet hatte, machte er klar, dass das Fundament des neuen Staates die Nation sei. Das Prinzip des

---

460 Meinungen, die darin eine Grundlage erkennen, Minderheiten zu unterdrücken, sind sicherlich nicht unbegründet. Dies rührt durch die Wahl der Terminologie, welche verwendet wurde und durch die sich etwa die kurdische Bevölkerung in die Gesellschaft nicht eingeschlossen fühlen kann. Festzuhalten ist allerdings, dass dieser Satz auf ganz unterschiedliche Weise übersetzt und interpretiert werden kann. Die Debatte um die Terminologie begann erstmals in den 1990ern, ausgelöst durch den damaligen Ministerpräsidenten Süleyman Demirel (1924–2015), der auf die Kurdenproblematik aufmerksam machen wollte. Der jetzige Staatspräsident Recep Tayyıp Erdoğan ging 2004 noch einen Schritt weiter und hat der türkischen Identität eine Art „Sub-Identität" verpasst, um das Nationalgefühl zu stärken und die Kurden in den Terminus mit einzuschließen. Das Wort „Türke" sollte in der Verfassung durch „türkischstämmig" (türk. *Türkiyeli*) ersetzt werden. Trotz vieler Diskussionen gibt es bis heute keine klare Linie zu dieser Thematik. Der Streit um die „türkische Identität", ausgelöst durch Atatürk, hält daher weiter an. Vgl. İnce, Başak: *Citizenship and Identity in Turkey. From Atatürk's Republic to the present Day*, London [u.a.] 2012, S. 2.

461 Steinbach, Udo: Politische Kultur, in: Grothusen, Klaus-Detlev (Hrsg.): *Türkei, Südosteuropahandbuch*, Bd. IV, Göttingen 1985, S. 317–318.

Nationalismus ist daher bis heute in Art. 2 der Verfassung von 1982 geregelt. Darin heißt es:

> „Die Republik Türkei ist ein im Geiste des Friedens der Gemeinschaft, der nationalen Solidarität und der Gerechtigkeit die Menschenrechte achtender, dem Nationalismus Atatürks verbundener und auf den in der Präambel verkündeter Grundprinzipien beruhender demokratischer, laizistischer *Rechtsstaat.*“[462]

2.4.1.2 Der Republikanismus

Das Prinzip des Republikanismus bezieht sich auf die Staatsform. Die Türkei wurde als Republik geschaffen, deren Souveränität alleine vom Volk ausgehen sollte. In Art. 1 der Verfassung von 1921 heißt es klipp und klar: „Die Staatsgewalt steht uneingeschränkt und bedingungslos der Nation zu. Das System der Verwaltung beruht auf dem Grundsatze, daß das Volk selbst und tatsächlich seine Geschicke lenkt.“[463] Im Grunde genommen wurde die Staatsform bereits vor der Gründung der Republik im Jahre 1921 durch eine vorläufige Verfassung mit dem Gesetz Nr. 85 angenommen.[464]

2.4.1.3 Der Revolutionismus

Das Prinzip des Revolutionismus oder auch Reformismus bezieht sich auf Mustafa Kemal und die Revolution, die von seiner Person ausging. Bis heute herrschen Meinungsverschiedenheiten darüber, ob man bei der Gründung der Türkischen Republik von einer Revolution sprechen kann oder nicht. Die kemalistische Interpretation auf der einen Seite, welche die Gründung der Türkischen Republik als Folge des Positivismus betrachtet, verneint diesen Gedanken, wohingegen die marxistische Interpretation, auf der anderen Seite, die türkische Revolution als eine *bürgerliche Revolution* bejaht.[465] Buhbe ist der Meinung, dass man den Revolutionsmus wohl eher als „die unbedingte Gefolgschaft für den kemalistischen Reformprozess ‚in Permanenz‘“ werten kann.[466]

Der Revolutionismus beinhaltet immer zwei unterschiedliche Phänomene: erstens die Umwandlung des Staates; eine Revolution stellt einen Akt der Nation

---

462 Vgl. Gesetz Nr. 2709 vom 09.11.1982, in: http://www.verfassungen.eu/tr/tuerkei82.htm.

463 Vgl. http://www.verfassungen.eu/tr/tuerkei21.htm.

464 Rumpf 1996 I, S. 59.

465 Dalaman, Cem: *Die Türkei in ihrer Modernisierungsphase als Fluchtland für deutsche Exilanten*, Diss. Univ. Berlin 1998, S. 35.

466 Buhbe, Matthes: *Türkei. Politik und Zeitgeschichte*, Opladen 1996, S. 47.

dar, der von Unabhängigkeitsbewegungen begleitet wird. Zweitens die gesellschaftlichen Umbrüche der nachfolgenden Jahre. Dass Mustafa Kemal eher Zweiteres als das Revolutionäre betrachtete, zeigt der Umstand, dass er das Wort „Revolution" in der Zeit zwischen 1919 und 1922 nicht verwendete; es war erstmals nach der Republikgründung im Jahre 1923 von einer Revolution die Rede, die sich auf die kulturelle Bewegung der Nation bezog.[467]

Im Hinblick auf die Neuerungen und Reformen, die während der kemalistischen Ära durchgeführt wurden, kann zweifelsohne auf eine Revolution geschlossen werden, da es zu keinem Stillstand der Entwicklungen kam. „Die Revolution ist nicht ein einmaliger Akt; sie ist ein fortdauernder Zustand, eine neue Ordnung der Dinge."[468]

Ernst Reuter, der 1935 als Wissenschaftler nach Ankara emigrierte, beschreibt die Revolution im Zusammenhang mit seinem Leben im türkischen Exil so: „Revolutionen kommen über Nacht und in dem ersten Eifer der Revolution denken viele Menschen: Nun wird alles ganz anders werden, nun wird morgen oder übermorgen ein volles, neues Leben erwachen. Ich habe zwölf Jahre unter einem Volk gelebt, das eine entscheidende *Revolution* durchgemacht hat, eine *Revolution* von viel größerer und kulturellerer und geistiger Bedeutung als wir sie selbst hier in Deutschland erlebt haben. Aber ich weiß zu genüge, dass zwölf Jahre in der Geschichte eines Volkes ein kleiner Abschnitt sind und dass die äußeren Vorgänge der Revolution keine Garantie dafür bieten, dass alles, was aus der Vergangenheit überwunden werden oder anders entwickelt werden muss, wirklich endgültig überwunden ist."[469]

2.4.1.4 Der Populismus

Das Prinzip des Populismus sicherte die Volkssouveränität und kann mit dem Demokratieprinzip gleichgesetzt werden. Die Staatsgewalt sollte sich volksnah geben und die Grundlage für eine klassenlose Gesellschaft bilden. Die Gleichstellung der Bürger unabhängig von der ethnischen Zugehörigkeit, der Sprache oder des Glaubens, sollte eine konfliktlose Gesellschaft erzeugen. Reformen zur Gleichberechtigung der Geschlechter[470] wurden etwa durch die

467 Rustow, Dankwart A.: Kemalism, in: Grothusen, Klaus-Detlev (Hrsg.): *Türkei, Südosteuropahandbuch*, Bd. IV, Göttingen 1985, S. 244.

468 Stahl, Friedrich Julius: *Was ist die Revolution?* Berlin 1852, S. 4.

469 Ernst Reuter, zit. n.: Bozay 2001, S. 108.

470 Meines Erachtens ist bis heute trotz Einführung zahlreicher Rechte für Frauen keine Gleichberechtigung der Geschlechter eingetreten.

Erlaubnis zur Entschleierung der Frau oder durch die Einführung des Wahlrechts für Frauen vorangetrieben. Als Ausdruck der Volksverbundenheit wurde das Prinzip des Populismus als eine ideologische Variante des Nationalismus gegen die Interessenspartikularität bereits im Ersten Weltkrieg eingeführt.[471]

2.4.1.5 Der Etatismus

Das Prinzip des Etatismus sicherte den wirtschaftlichen Aufbau des Staates nach der Weltwirtschaftskrise in den 1920er Jahren. Reformen sollten nach dem Krieg den wirtschaftlich schwachen Staat durch eine nationalstaatliche Industrialisierung und Binnenmarktförderung wieder aufbauen. Grund für die wirtschaftliche Not war der Befreiungskrieg. Das Land konnte sich kaum selbst erhalten. Private Investitionen, die aufgrund eines eigenen Industrieplans gefördert wurden, sollten den Staat unterstützen.[472]

Gegen Ende 1931 wird die Definition des Etatismus in türkischen Schulbüchern wie folgt wiedergegeben: „Unsere Etatismuspolitik sieht zwar die individuelle Betätigung als Grundlage vor, um aber in kürzester Zeit die Nation in den Wohlstand zu führen und das Land zu industrialisieren, ist das aktive Engagement des Staates in allen Angelegenheiten – besonders auf dem wirtschaftlichen Gebiet – erforderlich.“[473] Mit der Zeit verlor dieses Prinzip jedoch an Bedeutung. Bereits in der Verfassung von 1961 ist er als eigenständiger Begriff daher nicht mehr zu finden.[474]

2.4.1.6 Der Laizismus

Das vielleicht bedeutendste Prinzip des Kemalismus ist der Laizismus, also die Trennung von Staat und Kirche. Im Oktober 1928 wurde das laizistische Prinzip auf einem Parteikongress der CHP mit folgenden Worten ins Parteiprogramm aufgenommen: „Die Partei bekennt sich zu dem Prinzip, dass die Entstehung und Anwendung aller Gesetze, Verordnungen und Methoden auf der Grundlage des neuesten Standes von Wissenschaft und Technik und entsprechend den Bedürfnissen des Jahrhunderts zu erfolgen habe. Die Religion ist eine Gewissenssache. Daher sieht die Partei die Trennung der Religion von weltlichen und staatlichen Problemen und von der Politik als eine der entscheidenden Voraussetzungen für

---

471 Buhbe 1996, S. 47.
472 Yazicioglu 2005, S. 53.
473 Keskin 1981, S. 83.
474 Rumpf 1996 I, S. 115.

den Fortschritt unserer Nation auf dem Wege zu einer zeitgenössischen Zivilisation an.“[475]

Jahrhundertelang trat der Islam im öffentlichen Leben in Erscheinung und prägte sowohl die Rechtsentwicklung als auch die sozialen Belange der Gesellschaft. Bereits mit dem Edikt von Gülhane und der Gleichstellung der nichtmuslimischen Bevölkerung waren erste Anzeichen des Laizismus erkennbar, obwohl natürlich der Begriff des „*millet*“ seine politische und staatsrechtliche Bedeutung beibehielt. Durch die Ausschaltung des islamischen Dogmatismus, der durch die Übernahme im 6. Jahrhundert seinen Anfang nahm, sollte der türkische Staat als ebenbürtiges Mitglied in die Völkergemeinschaft aufgenommen werden.[476] Somit führte dieser Höhepunkt des revolutionären Prozesses zugleich auch zum Austritt aus der islamischen Völkervereinigung.[477]

Die Symbole der Tradition wurden ausgemerzt durch die Aufhebung des islamischen Rechts 1924 und durch die Einführung des Schweizer Zivilgesetzbuches 1926. Zeitgleich wurde aus Italien das Strafrecht Mussolinis übernommen, welches auch die Organisationen und Vereine religiöser Zielsetzungen verbot.[478] An Stelle des Şeyhülislam, als Vorsitzender der religiösen Angelegenheiten, wurde das „Amt für religiöse Angelegenheiten“ (türk. *Diyanet İşleri Başkanlığı*) als Organ der staatlichen Verwaltungskontrolle eingeführt. Damit kann festgestellt werden, dass das Laizismusprinzip in der Türkei weniger die Trennung von Staat und Kirche an sich bedeutete, als vielmehr die Trennung von Staat und religiösen Institutionen.[479]

Auch das Erziehungswesen wurde durch die Abschaffung des Kalifats und durch das Gesetz zur Vereinheitlichung des Unterrichts säkularisiert. An Stelle der theologisch ausgerichteten Medresen wurden moderne Ausbildungsstätten gegründet.[480] Dass die Türkische Republik eine laizistische ist, fand 1937 Eingang in die türkische Verfassung.[481]

475 Keskin 1981, S. 84.
476 Rumpf 1996 I, S. 107–108.
477 Dietrich 1998, S. 155.
478 Buhbe 1996, S. 48.
479 Dawletschin-Linder / Dietert 2010, S. 96.
480 Buhbe 1996, S. 48–49.
481 Rumpf 1996 I, S. 108.

2.5 Die Kulturrevolution

Im Sinne der kemalistischen Kulturrevolution sollte der neue Staat auf westlichen Prinzipien aufgebaut werden. Hirsch schreibt dazu: „Jede Revolution zerstört Werte und kämpft gegen überkommene Wertvorstellungen, die sie durch neue ersetzen muss. Die kemalistische Revolution hatte sich das Ziel gesetzt, die bisher dem orientalischem Lebensrhythmus und dem Islam verhaftete Türkei auf die Höhe der westeuropäischen Zivilisation zu heben und den Einfluss des Islam aus dem staatlichen Leben auszuschalten.“[482]

Die kemalistischen Reformen richteten sich an alle Teile der Bevölkerung und sollten durch verschiedenste Maßnahmen vorangetrieben werden. Ziel war es, einen neuen Staat zu schaffen, der nicht nur die Institutionen, sondern auch die Bildung, das Rechtssystem und die Kultur, aus der westlichen Welt übernehmen sollte. Das westliche Auftreten, die westliche Musik und der westliche Lebensstil, wie etwa das Händeschütteln zur Begrüßung, der lockere Umgang zwischen Mann und Frau, der Besuch von kulturellen Veranstaltungen etc., wurde zu einer Idealvorstellung der Türken und sollte die islamisch geprägten Alltagsgewohnheiten aus dem öffentlichen Leben verbannen.[483]

Nachdem Mustafa Kemal im Jahre 1924 alle schulischen Einrichtungen unter staatliche Kontrolle stellte und die religiösen Scharia-Gerichte abschaffte, folgte im selben Jahr die Einführung des Wochenendgesetzes. Gemeinden mit mehr als 10.000 Einwohnern mussten demnach den Sonntag zum gesetzlichen Ruhetag erklären. Man begründete diese Entscheidung wieder mit dem Prinzip des Laizismus und der Tatsache, dass die Festsetzung der amtlichen Arbeitsruhetage nichts mit der Religion zu tun haben dürfe.[484]

Im Jahre 1925 folgten Kleidervorschriften, die u.a. das Tragen eines *Hutes* vorschrieben. Im selben Jahr wurden die religiösen Bruderschaften verboten und die islamische Zeitrechnung durch die Übernahme des gregorianischen Kalenders ersetzt. Die arabischen Zahlenziffern wurden in Folge ausgetauscht und die Gewichts- und Maßeinheiten entsprechend dem europäischen Vorbild angepasst. Im Jahre 1926 wurde das Schweizer ZGB übernommen, was zugleich auch das Ende der Polygamie bedeutete und somit auch der osmanisch-muslimischen Werteordnung. Ab 1928 wurde das Freitagsgebet statt auf Arabisch auf Türkisch gesprochen. Die vielleicht radikalste Veränderung erlebte die türkische

---

482 Hirsch, Ernst E.: Die kemalistische Türkei, in: *Mustafa Kemal Atatürk 1881–1981. Vorträge und Aufsätze zu seinem 100. Geburtstag*, Heidelberg 1982, S. 33.

483 Günay 2012, S. 154–156.

484 Hirsch 1982, S. 31.

Gesellschaft aber durch die Umstellung von dem arabischen zum lateinischen Alphabet.[485]

2.5.1 Die Beseitigung des Kalifats und die Marginalisierung des Islams

Nach der Abschaffung des Sultanats, wurde mit der Aufhebung des Kalifats im Jahre 1924, der Wechsel von einem *theokratischen* in einen *laizistischen* Staat verwirklicht. Seit Beginn des 19. Jahrhunderts wurden im Osmanischen Reich zwar immer wieder Versuche unternommen, Reformen auf den verschiedensten Gebieten durchzuführen, aber wie Schlegel ausführt, war es der Islam, in seiner verkrusteten Form, der in Ausgestaltung des Kalifen als ‚Schatten Gottes auf Erden', der die Bemühungen immer wieder hemmte.[486]

Die Zeit vor der Republikgründung war von Bemühungen gekennzeichnet, den Islam weitgehenst aus dem sozialen und öffentlichen Leben zu verbannen. In ihrer politischen Dimension erwies sich daher die Institution des Kalifats als zunehmende Bedrohung der jungen Regierung. Die konservativen Befürworter waren der Ansicht, dass der Kalif als Nachfolger des Propheten das natürliche Oberhaupt der Volksvertretung darstelle und leiteten diese Ansicht aus dem Koran ab.[487] Als Machtinstrument, dem die religiösen Kreise noch immer zugetan waren, betrachtete die kemalistische Regierung jedoch die Institution als eine Gefahr für die Konsolidierung der Macht innerhalb des politischen Pluralismus. Es war daher vorhersehbar, dass Abdülmecid (1868–1944), der am 19. November 1922 das Amt des letzten Kalifen antrat, ein Gegengewicht zur liberalen Staatsführung darstellen würde und damit auch eine Gefahr für die ambitionierten Reformpläne der Regierung. Ihn als eine Art Staatsoberhaupt zu akzeptieren, wäre quasi ein Rückschritt in die konstitutionelle Monarchie gewesen, den Mustafa Kemal mit allen Mitteln verhindern wollte.[488]

Anfang 1924 wendet sich der Präsident mit folgenden Worten an Außenminister Inönü: „So wie die Franzosen heute noch, hundert Jahre nach der Revolution, der Ansicht sind, dass für ihre Unabhängigkeit und ihre Souveränität bedenklich wäre, den Mitgliedern der königlichen Familie und ihren Vertrauten die Einreise

---

485 Steinbach 1996, S. 128 ff.

486 Schlegel, Dietrich: Atatürks revolutionärer Schritt aus der islamischen Welt, in: *Mustafa Kemal Atatürk 1881–1981. Vorträge und Aufsätze zu seinem 100. Geburtstag*, Heidelberg 1982, S. 49–50.

487 Nagel 1981, S. 199. Vgl. Koran (Sure 42,38).

488 Kreiser 2008, S. 219–224.

nach Frankreich zu gestatten, so können wir in der Haltung, die wir einer Dynastie und ihren Vertrauten gegenüber einzunehmen haben, die begierig danach sind, am Horizont die Sonne der absoluten Gewalt wieder aufleuchten zu lassen, die Republik nicht Erwägungen der Höflichkeit und Spitzfindigkeiten opfern. Der Kalif muss genau wissen, was er ist und was sein Amt vorstellt, und sich mit der Lage zufrieden geben. Ich bitte Sie, so zu verfahren, dass die Regierung ernste und grundsätzliche Maßnahmen ergreift, und mich hierüber zu unterrichten."[489]

Die Abschaffung des Kalifats am 3. März 1924 durch das Gesetz Nr. 431, stellte einen Einschnitt in eine jahrhundertealte Modalität des Osmanischen Reiches dar und zeigt, wie radikal die Regierung bei der Durchsetzung ihrer Pläne vorging. In Art. 1 des Gesetzes heißt es:

> *„Der Kalif ist von der Institution des Kalifats abgelöst. Da das Kalifat ohnehin in der Bedeutung und dem Begriff von Regierung und Republik enthalten ist, wurde das Amt des Kalifen aufgelöst.“*[490]

Bis zum Erlass dieses Gesetzes, hatte man nach der islamischen Ansicht zwischen einem *wirklichen* und einem *formellen* Kalifat unterschieden. Ersteres sei dann sinnvoll, wenn der Kalif, die von den Staatstheoretikern vorgegebenen Bestimmungen erfülle und als Nachfolger des Propheten dessen Rolle einnehme. Als logische Reduktion hatte die kemalistische Regierung angenommen, dass sich aus diesem Grundsatz auch das Recht zur Aufhebung des Kalifats ableiten ließe.[491] Zugleich wirft die Entscheidung der Abschaffung die Frage auf, ob der Islam als Feindbild des modernen Rechtsstaates betrachtet wurde.

Wer den Islam als Hindernis für den Aufbau einer modernen säkularen Gesellschaft erklärt, unterstellt ihm nach Seufert „eine unabänderbare Essenz, die sich unabhängig von gesellschaftlichen Verhältnissen und politischen Konstellationen immer wieder durchsetze.“[492]

Zweifelsohne wurde die Religion auf dem Weg zur laizistischen Republik tendenziell als eine Art „Kulturgut“ behandelt, welches bei der Errichtung einer neuen Nation eher als Hindernis betrachtet wurde.[493]

---

489 Mustafa Kemal Atatürk, zit. n.: Kreiser 2008, S. 224.

490 Ebd., S. 225.

491 Nagel 1981, S. 198.

492 Seufert, Günter: *Staat und Islam in der Türkei*, in: http://www.swp-berlin.org/fileadmin/contents/products/studien/2004_S29_seufert_ks.pdf, S. 7.

493 Spuler-Stegemann, Ursula: Der Islam, in: Grothusen, Klaus-Detlev (Hrsg): *Türkei. Südosteuropahandbuch*, Bd. IV, Göttingen 1985, S. 592.

Über die tatsächliche Ansicht Mustafa Kemals zur Religion herrscht Uneinigkeit. Am meisten Zuspruch genießt die Meinung, Mustafa Kemal hätte den Islam mit brutalen Methoden aus dem öffentlichen Leben zurückdrängen wollen. In seiner Vorstellung vom modernen Staat, hätte der Islam nicht länger als allumfassendes ideologisches System gelten, sondern vielmehr auf seinen Kern reduziert werden sollen. Diese Tendenz spiegelt sich auch in der Verfassungsentwicklung wider. Der Islam wurde zwar zunächst in Art. 2 der Verfassung vom 20. April 1924 als Staatsreligion verankert, jedoch vier Jahre später, im Zuge einer Verfassungsänderung durch das Gesetz Nr. 1222[494] wieder aus dem Gesetz gestrichen.[495]

Mustafa Kemal betonte in seinen Reden immer wieder, dass der Islam eine tolerante Religion sei, sie aber aus der Öffentlichkeit und der Staatsführung zurückgedrängt werden müsse; die Angelegenheiten des alltäglichen Lebens, der Moral und des Gewissens könnten von der Religion gelenkt werden, nicht jedoch der Staat.[496] Eine seiner berühmtesten Aussagen ist, dass die Bedürfnisse der Menschen, alleine durch die Wissenschaft geleitet werden können. Seine Abneigung gegenüber der Religion soll er u.a. wie folgt zum Ausdruck gebracht haben:

> „Seit mehr als 500 Jahren haben die Regeln und Theorien eines alten Araber-Scheichs und die abstrusen Auslegungen von Generationen von schmutzigen und unwissenden Pfaffen in der Türkei sämtliche Zivil- und Strafgesetze festgelegt. Sie haben die Form der Verfassung, die geringsten Handlungen und Gesten eines Bürgers festgesetzt, seine Nahrung, die Stunden für Wachen und Schlafen, den Schnitt der Kleider, den Lehrstuhl in der Schule, Sitten und Gewohnheiten und selbst die intimsten Gedanken. Der Islam, diese absurde Gotteslehre eines unmoralischen Beduinen, ist ein verwesender Kadaver, der unser Leben vergiftet.“[497]

Steinbach ist hingegen der Ansicht, dass Mustafa Kemal sich von der französischen Aufklärung und von Rousseaus Konzept der Souveränität inspirieren ließ. Seine Ideologien stützte er auf den Positivismus und auf die Ideen Auguste

494 Vgl. Art. 2 Verfassung der Türkei vom 20.4.1924, in: http://www.verfassungen.eu/tr/tuerkei24-index.htm.

495 Rumpf 1996 I, S. 62–63.

496 Vgl. Ucar, Bülent: Die kemalistischen Reformen in der Türkei und ihre Hintergründe, in: Kieser, Hans L.(Hrsg.) / Meier, Astrid (Hrsg.) / Stoffel, Walter (Hrsg.): *Revolution islamischen Rechts: 80 Jahre schweizerisches ZGB in der Türkei,* Zürich 2008, S. 60.

497 Mustafa Kemal Atatürk, zit. n.: Schweizer 2008, S. 40.

Comtes, dessen Ansichten er für die Analyse des künftigen Entwicklungsweges der Türkei heranzog.[498]

> „Nach Comtes positivistischer Philosophie folgte dem anfänglich theologischen das unbefangenere metaphysische Denken, bis sich der menschliche Geist schließlich im technischen Denken, das auch Politik und Moral mit einbezog, von allem wirklichkeitsfremden Ballast und Aberglauben befreite."[499]

Ein weiterer Grund für Mustafa Kemals radikale Vorgehensweise, war seine Ansicht, dass die Kultur und die Religion untrennbar miteinander verknüpft seien, weshalb der islamische Glaube ein Hindernis für die Annäherung an die westliche Welt gewesen wäre.[500] Immer wieder stellte er klar, dass der Islam eine arabische Religion sei und nur der *Kemalismus* die türkischen Wertevorstellungen verkörpern könne. Hanıoğlu geht sogar noch einen Schritt weiter und schreibt: „In other words, regardless of his intentions, Mustafa Kemal had become not just an ideologue but a twentieth-century prophet preaching the new combination of scientiscm and nationalism, the twin pillars of a *new religion* – Kemalism."[501]

Die Maßnahmen, die durchgeführt wurden, um den islamischen Glauben aus der Öffentlichkeit zu verbannen, können zweifelsohne als brutal bezeichnet werden: mit dem Gesetz Nr. 430 von 3. März 1924 über die Vereinheitlichung des Unterrichts wurden alle Religionsangelegenheiten, Belange religiöser Stiftungen und Angelegenheiten des Erziehungswesens in den staatlichen Aufgabenbereich übertragen.[502]

Erweitert wurde diese Kontrolle – welche von nun an das Parlament ausübte – durch die Einführung eines neugeschaffenen Präsidiums für Religionsangelegenheiten (türk. *Diyanet İşleri Başkanlığı*). Am 8. April 1924 schaffte man die im Kompetenzbereich des Justizministeriums gestandenen Scharia-Gerichte ab, die vor allem in privatrechtlichen und familienrechtlichen Angelegenheiten gewirkt hatten.[503] Mit dem Gesetz Nr. 2845 wurde schließlich die Schließung der Moscheen angeordnet.[504]

---

498 Steinbach 1996, S. 126.

499 Ebd., S. 126.

500 Mango 2002, S. 15 ff.

501 Hanıoğlu, Şükrü: *Atatürk. An Intellectual Biography*, Princton 2011, S. 193.

502 Seufert, Günter / Kubaseck, Christopher: *Die Türkei – Politik, Geschichte, Kultur*, München 2006, S. 88.

503 Kramer / Reinkowski 2008, S. 122.

504 Im Jahre 1927 soll es in der Türkei noch 28.705 Moscheen gegeben haben. Im selben Jahr wurde diese Zahl um die Hälfte reduziert Vgl. http://blog.milliyet.com.tr/ataturk-ve-inonu-doneminde-camiler/Blog/?BlogNo=360502.

2.5.2 Das Hutgesetz

Die islamische Kultur und Tradition wurden von Mustafa Kemal noch vor Beginn seines Amtsantrittes als unzeitgemäß und obsolet betrachtet. Bereits am 24. August 1924 reiste er nach Kastamonu und richtete sich an das Volk, barhäuptig und mit einem Panamahut in der Hand mit folgenden Worten:

> „Wir müssen in jeder Hinsicht zivilisierte Menschen werden [...]. Unsere Anschauung, unsere Gesinnung muss von Kopf bis Fuß zivilisiert werden [...]. Die zivilisierte und internationale Kleidung ist eine unserer Nation würdige Kleidung. Wir werden diese anziehen. Am Fuße werden wir Halbschuhe oder Schuhe tragen, darüber eine Hose, eine Weste, ein Hemd, eine Kravatte, eine Jacke und natürlich zum Abschluss des Ganzen auf dem Kopfe eine Sonnenschutz-Kopfbedeckung. Ich möchte es offen sagen: Diese Kopfbedeckung nennt man Hut."[505]

Am 21. Februar 1925 haben die Studentinnen in der privaten Krankenschwesterschule in Istanbul damit begonnen, an Stelle eines Schleiers einen *Hut* zu tragen. Später folgten Richter, Gerichtsdiener und Offiziere. Am 25. November 1925 wurde mit dem Gesetz Nummer 671 die osmanische, traditionelle Kopfbedeckung, der Fes (türk. *Fez)* verboten und das sog. „Hutgesetz" (türk. *Şapka kanunu*) erlassen.[506]

In vielen Reden wird deutlich, dass Mustafa Kemal nicht nur dem Hut westeuropäischer Prägung zugetan war, sondern eine generelle Abneigung gegen die traditionelle osmanische Kleidung, wie etwa die Pluderhose (türk. *Şalvar)* hatte.[507] Die Reformen in Bildung und Kultur wurden wie Dalaman meint, gegen den Willen der Bevölkerung mit „diktatorischen Mitteln" aufoktroyiert.[508]

Dass die Gesellschaft den neuen Reformen gegenüber missmutig war, zeigte sich durch mehrere Auflehnungen und Proteste. So wurden allein am 24./25. November in Kayseri 300 Personen festgenommen, die sich nicht an das Hutgesetz hielten. In Maraş wurden fünf Personen verhaftet, weil sie in der Umgebung einer Moschee „Wir wollen keinen Hut!" gerufen haben sollen. Auch in anderen Städten gab es Aufstände von Seiten der Bevölkerung.[509] Das Hutgesetz war für die kemalistische Regierung der Anfang, eine neue türkische *Gesellschaft* zu schaffen.

505 Unesco 1963, S. 229.
506 https://www2.tbmm.gov.tr/d24/2/2-1427.pdf.
507 Kreiser 2008, S. 239 ff.
508 Dalaman 1998, S. 39.
509 https://www2.tbmm.gov.tr/d24/2/2-1427.pdf.

2.5.3 Erneuerung der Sprache

Im Jahre 1928 wurde ohne Abstriche mit der Umstellung von dem arabischen auf das lateinische Alphabet und der Übernahme der international üblichen Ziffern begonnen. Die türkische Sprache wurde in einer Reformbewegung erneuert, indem arabische und persische Wörter durch solche aus Turksprachen ersetzt wurden. Ab 1929 mussten die staatlichen Behörden die neuen Buchstaben verwenden.[510]

Die Änderung des Schriftwesens war nur in zeitlichen Etappen möglich und führte de facto dazu, dass durch die Umstellung eine ganze Generation plötzlich zu Analphabeten wurde (allerdings muss an dieser Stelle gesagt werden, dass die Analphabetenrate zu jener Zeit ohnehin bei 80 Prozent lag!).[511]

Ziel der neuen Ausspracheregelungen war im Sinne des nationalistischen Prinzips die „Säuberung" der Sprache von fremden Einflüssen.[512] Zur Erlernung des neuen Alphabets wurden landesweit obligatorische Schreib- und Lesekurse, in sogenannten „Nationalschulen", eingerichtet. An die Spitze dieser Aktion stellte sich Mustafa Kemal persönlich und leitete über Wochen hindurch, an einer Schultafel stehend, derartige Kurse. In Art.1 des „Gesetzes über die Nationalschulen" wurde festgelegt: „Der erste Lehrer der Nationalschulen ist der Präsident der Republik, seine Exzellenz Gazi Mustafa Kemal Pascha."[513]

Welche Schwierigkeiten mit dem Erlernen der neuen Sprache verbunden waren, schildert Hirsch im Zusammenhang mit der Herausgabe des türkischen Rechtswörterbuches so: „Die Übersetzer haben sich zwar zum Teil bemüht, aus dem arabischen stammende Rechtsausdrücke durch reine türkische zu ersetzen, soweit diese im Volk gebräuchlich waren. Aber die eigentliche Spracherneuerung und Sprachreform setzte erst später ein und wurde von den Juristen erst ernst genommen, als der Verfassungstext von 1924 im Jahre 1945 ins neue oder *echt* Türkische übertragen wurde."[514]

Probleme bei der Umsetzung der Sprachreform ergaben sich auch im Zusammenhang mit der Verfassung von 1934, die durch ein Gesetz am 10.01.1945 ins

---

510 Kreiser, Klaus: *Geschichte der Türkei. Von Atatürk bis zur Gegenwart*, München 2012, S. 52.

511 Kreiser 2008, S. 269. Vgl. Seufert / Kubaseck 2006, S. 87.

512 Auf die „Sonnentheorie", mit der die Ursprünge und Eigenarten der türkischen Sprache wissenschaftlich belegt werden sollten, kann an dieser Stelle nicht näher eingegangen werden.

513 Kral, August Ritter von: *Das Land Kamal Atatürks*, Wien 1937, S. 76–77.

514 Hirsch 2008, S. 208.

„Reintürkische" übersetzt wurde. Acht Jahre später wurde sie ohne sachliche Begründung wieder in ihre Ursprungsform zurückversetzt, da keine einheitliche Rechtsterminologie existierte.[515] Innerhalb weniger Monate verbannte man die arabische Schrift aus dem öffentlichen Leben, ohne auf die Bedürfnisse der Bürger Rücksicht zu nehmen. Hirsch führt dazu weiter aus:

> „Die bisher geübten und gewohnten Lebensweisen und Vorstellungen von vielen Millionen Menschen konnten nicht von heute auf morgen durch bloße Akte der Gesetzgebung beseitigt oder geändert werden. Es bedurfte nicht nur einer tiefgreifenden Bewusstseinsänderung eines jeden, sondern auch praktischer Umschulung für die Bewältigung der Ansprüche, die das tägliche Leben stellte. Auch wenn der Prozentsatz der Analphabeten sehr hoch war, so verursachte allein die Änderung der arabischen Schrift auf das neue türkische Alphabet eine Umstellung, von deren Schwierigkeiten sich ein Außenstehender keine Vorstellung machen kann. Der Zwang, an Stelle der arabischen Schrift die türkische Lateinschrift zu erlernen und praktisch zu gebrauchen, war umso drückender, als der Weitergebrauch der bisherigen Schrift im öffentlichen Leben, z.B. Buchdruck, Zeitungen, Behördenverkehr, kaufmännische Buchführung und Korrespondenz verboten war und die arabische Schrift nur noch als eine Art Kurzschrift im privaten Gebrauch geduldet wurde."[516]

Vier Jahre nach der Einführung des lateinischen Alphabets, wurde die arabische Schrift endgültig verboten. Dieser Schritt sorgte besonders in konservativen Kreisen für Unmut, da diese ihn als einen Triumph der europäischen Mächte in der islamischen Welt werteten.[517] Auch heute noch wird die Vorgehensweise von Seiten der kemalistischen Regierung kritisch betrachtet. Der Sprachwissenschaftler Lewis geht sogar noch einen Schritt weiter und spricht von einem „katastrophalen Erfolg".[518] Der Grund dafür ist, dass für viele Wörter bis heute kein adäquater Ersatz gefunden werden konnte.

2.5.4 Frauenrechte

Die kemalistische Modernisierungspolitik zielte darauf ab, jedes mit traditionellen Werten behaftete System zu brechen und dehnte sich bald auch auf die Gesellschaftsstrukturen aus. Die mit dem 19. und 20. Jahrhundert fortschreitenden Reformen in der Gesellschaft führten zur Aufhebung der starren Gesellschaftsstrukturen. Schriftliche Zeugnisse und Quellenangaben geben darüber Auskunft,

515 Hirsch 1976, S. 241.

516 Hirsch 1982, S. 27–28.

517 Kreiser 2008, S. 264–266.

518 Vgl. Lewis, Geoffrey: *The Turkish Language Reform: A Catastrophic Success*, Oxford 2002.

dass die geschlechtsspezifische Separierung der Gesellschaft im Osmanischen Reich bereits seit dem 16. Jahrhundert stetig voranschritt.[519] Während aber die gesellschaftlichen Strömungen im Osmanischen Reich die Frauen in der Rolle als Mütter und Ehepartnerinnen festlegten, stärkten die republikanischen Erneuerungen ihre Funktion als „patriotische Bürgerinnen".[520] Die Emanzipationsbemühungen der kemalistischen Regierung wurden daher genützt, die obsoleten Strukturen vergangener Zeit abzuschaffen und waren gleichzeitig ein Zeichen für die Anerkennung der türkischen Frau, die im Befreiungskrieg der letzten Jahrzehnte erhebliche Lasten zu tragen hatte.[521]

Zur Gleichstellung der Geschlechter wurde zunächst die ideologische Prägung des öffentlichen Lebens durch die Abschaffung des Kalifats und der Vereinheitlichung des Unterrichtswesens abgeändert, um vorab den Einfluss der konservativen Kräfte einzudämmern. Die religiös ausgerichteten Schulen sowie die Schulen der Minderheiten wurden zudem unter staatliche Aufsicht gestellt.[522]

Im Jahre 1929 wurde ein generelles Verhüllungsverbot für alle staatlichen Einrichtungen erwirkt, welches das Tragen von religiös konnotierter Kleidung sanktionierte.[523] Im seinem Tagebuch äußert sich Mustafa Kemal zu diesem Vorhaben wie folgt:

> *„Seien wir in dieser Frauenfrage mutig, lasst uns Misstrauen und Argwohn beenden. Sie (die Frauen) sollen sich öffnen und den Schleier ablegen. Lasst uns ihre Köpfe mit Bildung und Wissenschaft schmücken."*[524]

Nach kemalistischer Ansicht sollten sich Frauen an das Image europäischer Geschlechtsgenossinnen halten und das Land zu einer „modernen, laizistischen und patriotischen" Nation erziehen.[525] Mit dem Zugang zu Bildung gelang den Frauen auch der Eintritt ins Arbeitsleben und eine gewisse Form der Unabhängigkeit

---

519 Borchers, Çiğdem: *Frauenstudium und Hochschulkarrieren in der Türkei. Historische Entwicklungen vom 19. Jahrhundert bis heute mit vergleichendem Blick auf Deutschland*, Münster 2013, S. 73.

520 Kadıoğlu, Ayşe: Die Leugnung des Geschlechts. Die türkische Frau als Objekt in großen Gesellschaftsentwürfen, in: Pusch, Barbara (Hrsg.): *Die neue muslimische Frau*, Beiruter Texte und Studien, Bd. 85, Würzburg 2001, S. 39.

521 Steinbach 1996, S. 130.

522 Borchers 2013, S. 108.

523 Wiebke, Walther: Die Situation von Frauen in islamischen Ländern, in: Ende, Werner (Hrsg.) / Steinbach, Udo (Hrsg.): *Der Islam in der Gegenwart. Entwicklung und Ausbreitung – Staat, Politik und Recht, Kultur und Religion*, München 1996, S. 656.

524 Mustafa Kemal Atatürk, zit. n.: Borchers 2013, S. 108.

525 Kadıoğlu 2001, S. 39.

zu erlangen. 1922 immatrikulierten sich die ersten Frauen an der medizinischen Fakultät.[526]

1930 wurde durch das Recht an Stadtgemeindewahlen teilzunehmen, die türkische Frau auch in die politischen Geschehnisse des Landes mehr eingebunden. Am 5. Dezember 1934 wurde ihnen das aktive und passive Wahlrecht zuerkannt. Die erste Abgeordnetenwahl fand am 8. Februar des darauffolgenden Jahres statt. 18 weibliche Abgeordnete schafften den Sprung ins Parlament. Damit waren sie mit 4,5% vertreten.[527] Im unmittelbaren Vergleich zu Europa besaßen - beispielsweise Französinnen - zu jener Zeit noch kein Wahlrecht. In England waren Frauen zwischen 1918 und 1935 nur mit einem äußerst geringen Anteil von 0,1–2,4 % im Parlament vertreten.[528]

2.5.5 Einführung der Familiennamen

Eine weitere Reform der Kulturrevolution war die Einführung der Familiennamen[529] und die Aufhebung bestimmter Titel und Anreden. Bis zum Jahre 1934 begnügte man sich mit Rufnamen, die sich auf den Namen des Vaters oder einen sonstigen Beinamen, wie etwa *Herr* oder *Frau* (türk. *Bey / Hanım*) stützten. Personenstand- und Steuerregister, Adress- und Telefonbücher, Bibliothekskataloge und sonstige Personenverzeichnisse waren alphabetisch nach dem Rufnamen der Person, an zweiter Stelle nach dem Namen des Vaters oder des Künstlernamens geordnet.[530] Die Synthese dieser nationalistischen und kulturellen Maßnahmen, sollte die ethnischen Unterschiede innerhalb der Bevölkerung aufheben, führte auf lange Sicht jedoch zu Unzufriedenheit der Minderheiten.[531]

Mit welchen Schwierigkeiten die Umstellung für die Bevölkerung verbunden war, schildert Hirsch so: „Nach dem Gesetz über die Einführung der Familiennamen war jeder Türke verpflichtet, außer seinem Rufnamen einen Familiennamen zu führen und im Verkehr in der Weise zu verwenden, dass der Rufname vor dem

---

526 Bozkurt 2007, S. 32.

527 Şıpka, Şükran: Der Revolutionscharakter des Zivilgesetzes von 1926 aus frauenrechtlicher Perspektive, in: Kieser, Hans-Lukas (Hrsg.) / Meier, Astrid (Hrsg.) / Stoffel, Walter (Hrsg.): *Revolution islamischen Rechts. Das Schweizerische ZGB in der Türkei*, Zürich 2008 (Schriftenreihe der Stiftung Forschungsstelle Schweiz-Türkei, 2),S. 77.

528 Kadıoğlu 2011, S. 38.

529 Mit der Namensreform kam auch Mustafa Kemal zu seinem Nachnamen „Atatürk“- Vater der Türken.

530 Hirsch 1982, S. 29.

531 So war die Einführung der Familiennamen nicht minder mitverantwortlich für das Kurdenproblem der 1970er Jahre. Vgl. Steichbach 2000, S. 106.

Familiennamen zu stehen hatte [....]. Ich hatte mich trotz der kurzen Zeitspanne, zwischen meiner Ankunft in der Türkei und dem Erlass des Namensgesetzes, so sehr an das alte System gewöhnt, dass ich noch heute, wenn von Personen aus der damaligen Periode die Rede ist, stets nach dem oder den Vornamen frage, weil der später angenommene Familienname mir gar nichts sagt."[532]

Neumark erinnert sich, dass die Einführung der Familiennamen besonders für Fremde eine Erleichterung darstellte, da es bis dahin „erst nach langen, komplizierten Hinweisen auf Vater, Großvater, Onkel usw. möglich war, herauszubekommen, um welchen der Tausende von *Osmans*, *Hassans* und *Hayris* es sich handelte."[533]

2.6 Die Rechtsrevolution

Zu den nachhaltigsten Reformen, die während der Regierungszeit Atatürks durchgeführt wurden, zählt die Modernisierung des Rechtswesens. Die Kemalisten sahen das Recht als Instrument zur Durchführung dringend notwendiger Maßnahmen für Staat und Gesellschaft[534], die nur durch die sukzessive Verdrängung der islamischen Einflüsse und daher folglich durch die *Rezeption* fremden Rechts erfolgreich umgesetzt werden konnten.

Neben den zahlreichen Veränderungen im gesellschaftlichen Bereich wurde der endgültige Bruch mit dem Religionsstaat durch die Aufhebung des islamischen Rechts am 4.3.1924 verwirklicht und in Folge eine Neuorientierung des Rechtswesens vorgenommen.

Zur Eröffnung der juristischen Hochschule in Ankara am 5.11.1925 soll Mustafa Kemal bereits verkündet haben: *„Wir sind schon dabei, völlig neue Gesetze anzunehmen, um das alte Recht von Grund auf abzuschaffen."*[535]

Der Unterschied zwischen der osmanischen Rechtsrezeption des 19. Jahrhunderts – auf die im ersten Abschnitt dieser Arbeit bereits eingegangen wurde – und jener nach der Republikgründung, ist, dass letztere aus einer „Neuvereinigung

---

532 Hirsch 2008, S. 145–146.

533 Neumark 1980, S. 59.

534 Meier, Astrid: Wie islamisch muss islamisches Recht sein? Der Reformprozess in der Türkei- aus Indien und Ägypten gesehen, in: Kieser, Hans-Lukas (Hrsg.) / Meier, Astrid (Hrsg.) / Stoffel, Walter (Hrsg.): *Revolution islamischen Rechts. Das Schweizerische ZGB in der Türkei*, Zürich 2008 (Schriftenreihe der Stiftung Forschungsstelle Schweiz-Türkei, 2), S. 108.

535 Mumcu 1996, S. 44.

der Rechtsordnung auf einer säkularen Grundlage" innerhalb kürzester Zeit entstand.[536]

Eine zentrale Rolle bei der Fortbildung des Rechts spielte Mahmud Esad[537], der von 1926–1930 türkischer Justizminister war und als „*spiritus rector*"[538] nicht bloß eine *Rechtsreform*, sondern eine *Rechtsrevolution* (türk. *Hukuk devrimi*) anstrebte.[539]

Mustafa Kemals zentralstes Anliegen war die Einführung eines westeuropäischen Familien- und Erbrechts, zu deren Ausführungen ausländische Richter an den Gerichten beschäftigt werden sollten. Für diesen Entschluss gab es essentielle Gründe: Die Übernahme des westlichen Rechts stellte eine völkerrechtliche Verpflichtung aus dem Friedensvertrag von Lausanne vom 24. Juli 1923 dar, die als Gegenleistung für die Aufhebung der Kapitulationen, der Türkei aufgebürdet wurden.[540] Nichtsdestotrotz war aber auch die türkische Regierung daran interessiert dieser Verpflichtung nachzukommen, da sie die Säkularisierung des Staats- und des Rechtswesens als wesentliches Element eines zeitgenössischen Staates erklärt hatten.In erster Linie regelte man den *statut personnel* der nichtmuslimischen Minderheiten durch einen staatspolitischen Akt neu. Die von ethnisch nicht-türkischen Volksgruppen bewohnten Gebiete der Türkei, wurden unter Aufsicht des Völkerbundes gestellt. Nach Wiederaufnahme der Friedensverhandlungen diente die sog. *Montagna-Formel* als Grundlage für die spannungsgeladenen Verhandlungen mit den Alliierten.[541]

Unter Berücksichtigung der zu erfüllenden Verpflichtungen hat die politische Führung schließlich auf Vorschlag des Justizministers das Schweizer Zivilgesetzbuch angenommen und es am 4.10.1926 in Kraft gesetzt. Die Einführung des Schweizer Rechtes legitimierte Mahmud Esad mit folgenden Worten: „Das Leben ist in permanenter Bewegung und die Bedürfnisse [der Menschen] ändern sich ständig. Religiöse Gesetze haben vor dem Hintergrund des unabweichlich fortschreitenden Lebens keinen Wert und keine Bedeutung

---

536 Baysal Erman 2008, S. 159.

537 Seit 1934 mit dem Nachnamen „Bozkurt".

538 Krüger, Hilmar: *Ringvorlesung „Türkei"* der UzK, Entwicklung und gegenwärtiger Stand des türkischen Privatrechts, Wintersemester 2014/2015, in: http://tuerkeiwoche.uni-koeln.de/fileadmin/home/fjung1/Focus_Turkey/Vortrag_Krueger_Endversion.pdf, S. 8.

539 Ebd., S. 9.

540 Hirsch, Ernst E.: Vom schweizerischen Gesetz zum türkischen Recht, in: *Zeitschrift für schweizerisches Recht*, N. F. 95, Halbband 1, Basel 1976, S. 225–229.

541 Hirsch 1976, S. 224–225.

[….]. Die Unwandelbarkeit ist für Religionen eine Notwendigkeit. Gesetze, die auf Religionen basieren, binden [die Gesellschaft] an die primitive Zeit, in der sie praktiziert wurden [und entstanden sind, B.U.]und sind ein Hindernis für den Fortschritt [….].“[542] Damit vertrat Mahmud Esad die Meinung, dass alle zwischenmenschlichen Fragen von der Religion unabhängig werden müssen.

Warum aber gerade das Schweizer ZGB und nicht etwa der französische Code civil, das deutsche BGB oder das österreichische ABGB angenommen wurde, könnte darin liegen, dass es „als hervorragend gelungen im allgemeinen Ansehen stand, die Forderungen nach einem von religiösen Grundlagen abgelösten rein staatlichen Gesetz erfüllte und – last but not least – den Umfange nach das kürzeste Gesetzbuch schon allein deshalb war, weil es die Regelung zahlreicher Materien der kantonalen Gesetzgebung überließ.“[543]

Schwarz hat darauf hingewiesen, dass das Schweizer ZGB im Gegensatz zum BGB keinen kasuistischen Charakter aufweist. In einer Rede an der juristischen Fakultät erinnert sich sein Schüler Azrak an einen Vortrag von Schwarz zur Rezeption des schweizerischen Gesetzes: „Die Langlebigkeit eines Gesetzes hängt davon ab, dass es keine steifen und bis in alle Einzelheiten gehenden, sondern flexible Vorschriften enthält. Die Gesetzeslücken sind keine negativen Erscheinungen, wie man es üblicherweise annimmt. Ein überzeugender Beweis dafür ist das Schweizerische Zivilgesetzbuch. Es hat große Ähnlichkeit mit dem Schweizerischen *Gruyère-Käse*, der große und kleine Löcher hat. Deshalb war es zutreffend, dass die Türkei das Schweizerische Zivilgesetzbuch übernommen hat.“[544]

Wahrscheinlich spielten daneben aber auch noch persönliche Gründe eine Rolle. Der damalige Justizminister Mahmud Esad hatte in Freiburg, der Schweiz studiert; der Schweizer Professor G. Sauser Hall war zu jener Zeit als *conseiller légiste* für die Türkei tätig und zudem gab es viele türkische Juristen, die der französischen Sprache mächtig waren.[545]

Als Begründung des Gesetzesentwurfes führte Mahmud Esad weiter aus: „Das Grundmerkmal der Staaten, die zur zeitgenössischen Zivilisation gehören, ist die Trennung zwischen Religion und Welt. Das Gegenteil bedeutet eine Unterdrückung des Gewissens derjenigen, welche die Grundsätze der Staatsreligion nicht annehmen [….]. Wenn die Gesetze auf der Religion beruhen, muss der Staat, wenn er die Gewissensfreiheit akzeptiert hat, für die Staatsangehörigen der verschiedenen Bekenntnisse gesonderte Gesetze erlassen [….]. Ferner war vor

542 Mahmud Esad Bozkurt, zit.n: Ucar 2008 S. 66.

543 Hirsch 1976, S. 231.

544 Andreas B. Schwarz, zit.n.: Azrak 2005, S. 26.

545 Krüger 1985, S. 222.

allem diese religiöse Situation die Ursache für die seit der Epoche des Sultans Mehmet II. (›des Eroberers‹) bis in die jüngste Zeit zugunsten der nichtmohammedanischen Staatsangehörigen angewandten Ausnahmevorschriften.“[546]

Angesichts des Friedensvertrages von Lausanne wurde die Justizreform daher als eine dringende Verpflichtung angenommen und musste in kürzester Zeit umgesetzt werden, um eine Einmischungspolitik der siegreichen Westmächte zu verhindern. Für die unter der völkerrechtlichen Garantie des Völkerbundes stehenden Minderheiten wurden zunächst Sonderbestimmungen erlassen, um ihren Status zu sichern. Da Mustafa Kemal an dem laizistischen Element konstitutiv festhielt, wurden die von der Kommission zur Vorbereitung neuer Gesetzesbücher erlassenen Bestimmungen nach der Aufhebung des Kalifats vereinheitlicht.[547] Die radikale Europäisierung des Rechtswesens beruhte daher auf einem staatspolitischen Akt, „von oben“, der eine kulturelle Umwälzung in der Gesellschaft zur Folge hatte.

2.6.1 Rechtsrezeption

In erster Linie diente zur Umgestaltung des Rechtswesens die Übernahme fremden Rechts. Hirsch, der an dem türkischen Rezeptionsprozess selbst beteiligt war, erklärt die Rezeption als sogenannten „Wandel des Rechts, d.h. einen sozialen Prozess, dessen Faktoren und Wirkungen empirischen Forschungen zugänglich sind und Gesetzmäßigkeiten enthüllen, und bestätigen, die anderenorts durch entsprechende Vorgänge und soziologische Untersuchungen gewonnen worden sind.“[548]

Rheinstein ist wiederum der Meinung, dass Rezeption die „Transplantation eines rechtlichen Phänomens“ darstellt.[549] Die Übernahme des Gesetzes stellt also keinen „einmaligen Akt“ dar, sondern einen gesellschaftlichen Prozess, dessen Erfolg noch von verschiedenen anderen Faktoren abhängig gemacht wird.[550]

Ihre Erscheinungsformen lassen sich darlegen in erzwungene Rezeptionen, wie etwa durch die Eroberungen von Kolonisationen; freiwilligen Rezeptionen; Rezeptionen im Wege des Gewohnheitsrechtes; vollständige, partielle oder

546 Hirsch 1976, S. 226–227.

547 Ebd., S. 230.

548 Hirsch 1984, S. 10.

549 Rheinstein, Max: Types of Receptions, in: *Annales de la Faculté de Droit d'Istanbul*, Bd. 5, Nr. 6, Istanbul 1956, S. 34.

550 Hirsch 1960, S. 124–125.

punktweise Rezeptionen – um nur einige Arten zu erwähnen.[551] Wichtig ist, dass es sich um einen „Import rechtlichen Gedankengutes“ handelt, das heißt die „Einfuhr rechtlicher Vorstellungen, Ideen, Ideale und Gedanken aus dem Ausland“.[552]

„Für das Gelingen einer Rezeption ist infolgedessen entscheidend, inwieweit dieses importierte rechtliche Gedankengut seinen Charakter als Fremdes verliert und als Bestandteil oder Wirkungsfaktor im nationalen Recht aufgeht.“[553] Es muss also durch die Akzeptanz der Gesellschaft Bestandteil der eigenen Rechtsordnung werden und nicht bloß *totes Recht* darstellen.[554] Daraus ergibt sich die Folgerung, dass der Rezeption eine „erzieherische Funktion“ zukommt.[555]

Im Gegensatz zur Rezeption durch das Gewohnheitsrecht handelt es sich bei der Rezeption im Wege der Gesetzgebung – wie sie auch in der Türkei erfolgte – um eine schlagartige Veränderung. Mit der Übernahme fremden Rechts erfolgte ein merklicher Einschnitt in den Lebensalltag und Gebräuche der Bevölkerung, der ihr erneut „von oben“ aufoktroyiert wurde.[556] Schwarz schreibt in diesem Zusammenhang von „einer plötzlichen Verpflanzung von einem Tag auf den anderen, eine wahre juristische Revolution“, deren Anpassung „unter größten Schwierigkeiten“ erfolgte.[557]

Bemerkenswert ist dabei, mit welcher Konsequenz die kemalistische Regierung die neuen Gesetze implementierte, um das alte Recht von Grund auf abzuschaffen. So heißt es beispielsweise in Art. 3 des Schweizer ZGB: „Er (der Richter) folgt dabei bewährter Lehre und Überlieferung.“ Im türkischen Gesetz heißt es hingegen: „der Richter macht sich bei seinen Urteilen die wissenschaftlichen Forschungen und richterlichen Entscheidungen zunutze.“ Pritsch geht

551 Schwarz, Andreas: Rezeption und Assimilation ausländischer Rechte, in: Thieme, Hans (Hrsg.) / Wieacker, Franz (Hrsg.): *Rechtsgeschichte und Gegenwart*, Bd. 13, Karlsruhe 1960, S. 150.

552 Hirsch, Ernst E.: Das Schweizerische Zivilgesetzbuch in der Türkei, in: *Schweizerische Juristenzeitung 1954*, Jg. 50, Zürich 1954, S. 337.

553 Hirsch 1954, S. 337.

554 Rumpf, Christian: *Rezeption und Verfassungsordnung*, in: http://www.tuerkei-recht.de/downloads/rezeption.pdf, S. 3.

555 Bülent, Davran: Bericht über die Änderungen im türkischen ZGB, gegenüber dem schweizerischen, verbunden mit einigen Bemerkungen über den Sinn der Rezeption, in: *Annales de la Faculté de Droit d'Istanbul*, Bd. 5, Nr. 6, Istanbul 1956, S. 133.

556 Krüger 1985, S. 221–223.

557 Schwarz 1960, S. 153.

davon aus, dass man das Wort „Überlieferung" durch die „Präjudizien" ersetzte, um unter allen Umständen einen Rückfall auf das alte Recht zu vermeiden.[558]

Im Gegensatz zu den meisten europäischen Staaten, in denen der Modernisierungsprozess „natürlichen Ursprungs" war, wurde die türkische Gesellschaft auf Anordnung der Staatsführung quasi über Nacht als „imaginäre Kopie der westlichen Normen und Werte" umgestaltet.[559] Scholler geht deswegen davon aus, dass der Erfolg der Rechtsrezeption eine moderne Implementationsforschung darstelle, deren Ausgang auch nach über 70 Jahren nicht abzusehen sei.[560]

Ein zentrales Problem bei der Umsetzung der neuen Regeln war im Hinsicht auf die Einführung des Schweizer Gesetzes die Anpassung an die sozio-kulturellen Gegebenheiten. Die Einführung der Einehe, das Scheidungsrecht und die Gleichstellung von Mann und Frau wurden zwar in das Gesetz verankert, die dafür nötigen sozialen Voraussetzungen waren zur damaligen Zeit faktisch jedoch noch nicht gegeben.[561] Die Einführung der neuen Gesetze erforderte daher in der Praxis ein genaues Studium des positiven Gesetzesinhaltes, hinsichtlich der Rechtssystematik und der Methodik. Darüber hinaus musste der Rechtsanwender an Stelle der kasuistisch-scholastischen Auslegung des religiösen Rechts die Begriffstechnik der europäischen Jurisprudenz verinnerlichen.[562]

Tatsächlich ist es so, dass das übernommene Zivilrecht bis dato in der Türkei teilweise immer noch nicht angewendet wird und daher *totes Recht* darstellt. Skeptiker hatten von Anfang an Zweifel, ob sich die neuen familienrechtlichen Bestimmungen auf Grund der kulturellen Gegebenheiten auf lange Sicht in der Türkei durchsetzen lassen würden oder nicht.

In der Praxis sieht es so aus, dass auch neunzig Jahre, nachdem das islamische Recht abgeschafft wurde, Ehen vor dem *Imam* geschlossen werden und die Polygamie – wenn auch nur in relativ geringem Umfang – weiter fortbesteht.[563] Gerade die Übernahme der familienrechtlichen Bestimmungen führte lange Zeit zu Problemen. Auf Grund der Nichtbeachtung der neuen Vorschriften hatten Kinder, die aus einer bigamen Ehe stammten, plötzlich mit rechtlichen

558 Pritsch 1927, S. 275.

559 Küçük, Bülent: *Die Türkei und das andere Europa. Phantasmen der Identität im Beitrittsdiskurs*, Bielefeld 2008, S. 75.

560 Scholler / Tellenbach 1996, S. 9.

561 Krüger 1985, S. 223.

562 Pritsch 1927, S. 278.

563 Krüger, Hilmar: Fragen des Familienrechts. Osmanisch-islamische Tradition versus Zivilgesetzbuch, in: *Zeitschrift für schweizerisches Recht*, N. F. 95, Halbband 1, Basel 1976, S. 287–288.

Nachteilen zu kämpfen. Ein Entwurf für ein neues Zivilgesetzbuch wurde erst 1986 erlassen.[564]

Grundsätzlich, wie auch als Folgeproblem des gerade angeführten, führte die Feststellung der Vaterschaft und die erbrechtliche Stellung dieser bona Fide-Kinder in der Praxis zu vielen Schwierigkeiten. Der Staat hat dieses Problem im Wege des Verwaltungsrechts durch Sondergesetze versucht zu lösen und alle paar Jahre ex post eine pauschale Legitimierung dieser Kinder vorgenommen.[565] So wurde etwa durch die Einführung des Gesetzes Nr. 2576 im Jahre 1934 erstmals die Möglichkeit geschaffen, eine nachträgliche Registrierung vorzunehmen. Später folgten die Gesetze Nr. 4727 (1948) und 5524 (1950) zur Lösung des Problems.[566] Nach der Meinung der Kommission entsprach diese Vorgehensweise den sozialen Verhältnissen und war gesetzeskonform.[567] Trotzdem lässt sich festhalten, dass das vom Gesetzgeber angeordnete Inkrafttreten der neuen Gesetze unter Aufhebung des alten islamischen Rechts zunächst ohne Wirkung blieb, da das außer Kraft getretene Recht de facto weiter galt und die neuen Gesetze nicht angewendet wurden.[568]

Ein weiteres Problem bei der Änderung der Gesetzeslage ergab sich auch aus der Kürze der Zeit, in der viele Regelungen ad hoc übersetzt wurden. „Das Sprachwerk des TZGB enthielt die *Idealordnung*, nach welcher die *Realordnung* der zwischenmenschlichen Beziehungen und Verhältnisse sich in Zukunft umgestalten und entwickeln *sollte*. Dies war aber nur möglich durch die *Handhabung*, d.h. durch das, was die Bevölkerung und die Juristen aus diesem Gesetzbuch machten“.[569]

Es genügt also für eine erfolgreiche Rezeption nicht, das fremde Gedankengut in die heimischen Gesetze bloß zu *transportieren*, vielmehr hat der Gesetzgeber dafür Sorge zu tragen, dass „die künftige Juristengeneration im Geist der neuen Gesetze erzogen und ausgebildet wird“ und insbesondere den Richtern, den

---

564 Vgl. Öztan, Bilge: *Das zukünftige türkische Familienrecht*, Vortrag vor dem Europa-Institut der Universität des Saarlandes, Saarbrücken 1986 in: http://europainstitut.de/fileadmin/schriften/nr80.pdf.

565 Gören-Ataysoy, Zafer: Die Fortbildung rezipierten Rechts, in: *Zeitschrift für schweizerisches Recht*, NF 95, Halbband 1, Basel 1976, S. 280.

566 Lipstein, Kurt: The Reception of Western Law in Turkey, in: *Annales de la Faculté de Droit d'Istanbul,* Bd. 5, Nr. 6, Istanbul 1956, S. 18.

567 Gören-Ataysoy 1976, S. 280.

568 Hirsch 2008, S. 72.

569 Hirsch 1976, S. 233.

Verwaltungsbeamten, den Rechtsanwälten und den Notaren das neue Recht in geeigneter Weise nahe gebracht werden kann.[570]

Faktisch wurden nicht für alle Rechtsbegriffe und Institute entsprechende türkische Termini gefunden, weshalb mit der Zeit viele der früher üblichen Begriffe verloren gingen. Die Übersetzungsfehler versuchte man mit der Zeit durch Auslegung zu überwinden.[571] Die Konfusion in der Rechtssprache führte schließlich in weiterer Folge dazu, dass lediglich das rezipierte schweizerische Recht kommentiert wurde und in Folge zu einem „*law in books*" statt zu einem „*law in action*" avancierte.[572]

Erst 1951 betraute das Justizministerium eine Kommission damit, die Fehler des TZGB zu bereinigen. Zentrale Anliegen waren die Ergänzungsgesetze der letzten 25 Jahre zu revidieren und einen Vorentwurf auszuarbeiten. Die Vereinheitlichung sollte aber nicht so weit gehen, dass die Grundprinzipien des Schweizer Rechts in Frage gestellt werden würden,[573] sodass man im Großen und Ganzen auf eine gelungene Rechtsübername schließen kann.

2.6.2 Übernahme europäischer Gesetze

Im März 1924 äußerte sich Mustafa Kemal zur Übernahme des westlichen Rechts so: „Die Grundlinie für das Zivil- und Familienrecht sollte keine andere als die westliche Zivilisation sein."[574] Noch vor Beginn der parlamentarischen Beratungen beschäftigte sich daher das Parlament mit dem Antrag des Justizministers zur Übernahme des Schweizer ZGB und OR.[575] Über die vorangehende Debatte liegen keine Protokolle vor, jedoch lassen sich aus authentischen Unterlagen von Justizminister Bozkurt die Beratschlagungen nachskizzieren. Im Wesentlichen sollte die Mecelle außer Kraft treten, da sie sich nicht an die Gegebenheiten der Zeit anpassen ließe; das Nachschlagen in den *Fiqh-Werken* sei nicht mehr zeitgerecht und hätte zu widersprüchlichen Entscheidungen in der Vergangenheit geführt. Die Mecelle sei daher schlicht „unvereinbar mit der modernen Zivilisation."[576] Neben dieser Begründung der Großen Nationalversammlung, spielte auch der politische Leitgedanke eine zentrale Funktion, da man durch die Übernahme des

570 Hirsch, Ernst E.: Vier Phasen im Ablauf eines zeitgenössischen Rezeptionsprozesses, in: *ZvglRewiss*, Bd. 69, Stuttgart 1968, S. 183.

571 Hirsch 1976, S. 241.

572 Krüger 1976, S. 291.

573 Gören-Ataysoy 1976, S. 266.

574 Mustafa Kemal Atatürk, zit. n.: Kramer / Reinkowski 2008, S. 122.

575 Hirsch 1976, S. 234.

576 Davran 1956, S. 131–132.

Schweizer ZGB auch die Rechtshoheit im Bezug auf das Personalstatut der Minderheiten neu regeln wollte.[577]

Eine aus 26 Juristen bestehende Kommission wurde daher mit der Ausarbeitung des neuen Zivilrechts und mit den erforderlichen Richtlinien betraut. Die Kommission legte entsprechend dem Schweizer Vorbild zwei Entwürfe vor, die durch einen 16-gliedrigen Justizausschuss der Großen Nationalversammlung von deren Plenum ad hoc angenommen wurden.[578] Dies waren die beiden schweizerischen Gesetzbücher (Schweiz. ZGB mit dem Gesetz Nr. 743 und OR mit dem Gesetz Nr. 818), auf die eine Fülle fremder Rechtsrezeptionen folgte.[579]

Im Gerichtsverfahren erzwangen die neu eingeführten europäischen Rechtsgrundsätze die Ausarbeitung einer neuen Zivilprozessordnung (1927), die ebenfalls aus der Schweiz stammte und sich in erster Linie auf das schweizerische (Neuchâtel), daneben aber auch auf das französische und das deutsche Recht stützte.[580]

Aus der Schweiz stammte weiters das Gesetz über die Zwangsvollstreckung sowie des Konkurses (1932). Nicht aus der Schweiz stammte das Handelsgesetzbuch (1926), ein *mixtum compositum*, bestehend aus einer Vielzahl ausländischer Gesetze (etwa Marokko und Chile) und das Seehandelsgesetzbuch aus Deutschland (1929).[581]

Die Auswirkungen der Rechtsübernahmen waren gravierend, da das islamische Glaubensdogma durch die vernunftsgelenkten Belange der Gesellschaft ersetzt werden sollte.[582] Krüger äußert sich zu den Auswirkungen wie folgt: „Da die Übernahme dieser Gesetzbücher gleichsam schlagartig erfolgte, blieb anscheinend für die durchaus vorhandenen konservativen Kräfte im Lande, insbesondere für die islamische Geistlichkeit (die Ulema) keine Möglichkeit, gegen diese rechtspolitischen Entscheidungen Widerstand zu leisten. Sie wurden mehr oder minder vor vollendete Tatsachen gestellt. Damit erreichte Mustafa Kemal in kürzester Zeit sein Ziel: innenpolitisch den völligen Bruch mit dem überkommenen osmanisch-islamischen Rechtssystem und außenpolitisch die Befreiungen von den Beschränkungen des Lausanner Vertrages, soweit sie

---

577 Ebd., S. 132.

578 Pritsch 1927, S. 274.

579 Mit dem Inkrafttreten dieser beiden Gesetze wurde durch Art. 48 die *Mecelle* – mit Ausnahme der Provinz Hatay, welche erst 1939 von Frankreich an die Türkei abgetreten wurde – außer Kraft gesetzt. Vgl. Krüger 2008, S. 330.

580 Kral 1937, S. 46.

581 Krüger 2014, S. 10.

582 Davran 1956, S. 132–133.

die nicht-muslimischen Minderheiten betrafen. Diese verzichteten nämlich schon vor Inkrafttreten des ZGB auf die Anwendung der Lausanner Schutzbestimmungen. Das Ergebnis der Rechtsreform, die im Wesentlichen zwischen 1926 und 1932 vollzogen wurde, war ein einheitliches Privatrecht für alle Türken unabhängig ihrer Religionszugehörigkeit."[583]

Knapp zehn Jahre nach Beginn der Rezeptionsbewegungen wurde mit der Erneuerung des Schul-, Erziehungs- und Bildungswesens in der Türkei begonnen. Das Ziel der Kemalisten war, ein Hochschulwesen nach westlichem Vorbild zu schaffen, welche das Heranbilden eines europäisch-rechtsdenkenden Juristenstandes im Hinblick auf die neuen Gesetze für die nächsten Jahrzehnte garantieren sollte.

583 Krüger, Hilmar: *Ringvorlesung „Türkei"* der UzK, Entwicklung und gegenwärtiger Stand des türkischen Privatrechts, Wintersemester 2014/2015, in: http://international.uni-koeln.de/sites/international/aaa/94/94pdf/94pdf_Vortrag_Krueger_Endversion.pdf, S. 10–11.

3 Bildungsreformen und die deutsch-türkische Emigration

3.1 Die deutsch-türkischen Beziehungen nach dem Ersten Weltkrieg

Die deutsch-türkischen Beziehungen können im Laufe ihrer Geschichte als langes und wechselhaftes Verhältnis bezeichnet werden, deren Anfänge bis ins Mittelalter zurückreichen. Erwähnenswert sind die Militärreformen im 19. Jahrhundert, die das Osmanische Reich mit Hilfe deutscher Offiziere durchführte.[584] Ende des 19. Jahrhunderts und Anfang des 20. Jahrhunderts intensivierten sich die diplomatischen und politischen Beziehungen zunächst durch die Einweihung der ersten deutschen Botschaft in Konstantinopel (1877) und später durch gemeinsame Bauprojekte, wie etwa die von der deutschen Firma Holzmann errichteten Bahnhöfe von Haydarpascha in Istanbul.[585]

Nach dem Ersten Weltkrieg war von deutscher Seite ein Interesse am ehemaligen Bündnispartner Türkei kaum mehr vorhanden. Obwohl Mustafa Kemal entschieden gegen den Eintritt in den Ersten Weltkrieg war, führte die Niederlage im Krieg im positiven Sinne dazu, dass sich Deutschland und die Türkei gegenüber den Siegermächten in derselben Position befanden und sich eine gewisse „Sympathie" zwischen den ehemaligen Partnern ergeben hatte. Die Türkei war zu jener Zeit jedoch mehr mit sich selbst und dem Aufbau der neuen Republik beschäftigt.[586]

Im März 1924 nahm die Türkei die diplomatischen Beziehungen zu Deutschland erneut auf und ein deutsch-türkischer Freundschaftsvertrag wurde unterzeichnet.[587]

Mit dem Amtsantritt von Rudolf Nadolny (1873–1953) als deutscher Botschafter intensivierte sich das deutsch-türkische Verhältnis auch auf freundschaftlicher Ebene und erlebte einen Aufschwung. Mit größtem Engagement widmete sich Nadolny dem Aufbau deutscher Institutionen in der Türkei, wie

584 Vgl. Helmuth von Moltke: *Unter dem Halbmond. Erlebnisse in der alten Türkei 1835 bis 1839*, Stuttgart [u.a.] 1997.

585 Möckelmann, Reiner: *Wartesaal Ankara. Ernst Reuter – Exil und Rückkehr nach Berlin*, Berlin 2013, S. 48.

586 Adanir 1995, S. 55.

587 Dietrich 1998, S. 147.

etwa der Gründung der deutschsprachigen Zeitung „Türkische Post", der Restaurierung deutscher Kirchen und der Übernahme des deutschen Krankenhauses.[588]

Auf wirtschaftlichem Gebiet florierten die deutsch-türkischen Beziehungen dank des kemalistischen Wirtschafts- und Entwicklungsmodells, des *Etatismus.* Deutschland avancierte zu Beginn der 30er Jahre durch seine Agrarprodukte und natürlichen Rohstoffe zu einem favorisierten Handelspartner der Türkei. Fischer-Defoy geht davon aus, dass im Jahre 1938 42 % des türkischen Exportes nach Deutschland gingen und im Gegenzug der deutsche Anteil an türkischen Importen bei 47 % lag.[589] Möckelmann schreibt hingegen, dass bereits 1933 Deutschland der wichtigste Import- und Exportpartner der Türkei gewesen sei. 1939 bezog die Türkei 70 % ihres Eisen- und Stahlbedarfs, 60 % der Maschinen sowie 55 % der Chemikalien aus Deutschland.[590] Von der zunehmenden Konkurrenz zwischen England und Deutschland profierte die Türkei sowohl im wirtschaftlichen, als auch im politischen Sinne. Für das Eisen- und Stahlwerk in Karabük etwa, gewährte England nur einen Monat nach dem Besuch des deutschen Finanzministers im November 1936 einen großzügigen Kredit in Höhe von rund drei Millionen Pfund.[591]

Auch auf dem wissenschaftlichen Gebiet kam es nach Kriegsende zu einer verstärkten Zusammenarbeit. So sollen im Jahre 1937 von 234 türkischen Staatsstipendiaten 133 im Deutschen Reich eine Ausbildung genossen haben.[592]

Politisch gesehen pflegte die Türkei bis kurz vor dem Eintritt in den Zweiten Weltkrieg eine strategische Friedenspolitik, die sie mit fast allen Nachbarstaaten pflegte. Zwischen den politischen Leitfiguren Mustafa Kemal und Adolf Hitler dürfte es wohl keinen größeren Gegensatz gegeben haben. Wenige Jahre nach

---

588 Ebd., S. 150.

589 Fischer-Defoy, Christine: Prolog-Exil Türkei, in: *Haymatloz-Exil in der Türkei 1933–1945*, Ausst. Kat. Akademie der Künste, Berlin 8.1.-20.2.2000; Haus der Wissenschaft, Bremen 26.7. -30.8.2011 (Schriftenreihe des Vereins Aktives Museum, 8), S. 14–15.

590 Möckelmann 2013, S. 49–50.

591 Dietrich 1998, S. 165.

592 Möckelmann 2013, S. 49. Namal geht von insgesamt 204 türkischen Studenten aus, die in den Jahren 1937/1938 im Ausland studierten. Davon 97 in Deutschland, 44 in Frankreich, 21 in Belgien, 15 in Amerika, 13 in der Schweiz und 14 in Österreich, Italien, England, Ungarn und Russland. Vgl. Namal, Yücel: *Türkiye'de 1933–1950 Yılları Arasında Yükseköğretime Yabancı Bilim Adamlarının Katkıları* [Die Auswirkungen der ausländischen Wissenschaftler im höheren Bildungswesen zwischen 1933–1950 in der Türkei, ü. a. d. T.] in: Yükseköğretim ve Bilim Dergisi Cilt 2, No. 1 [Zeitung für höhere Bildung und Wissenschaft, Bd. 2, Nr. 1, ü. a. d. T.], Zonguldak 2012, S. 16.

Hitlers Machtergreifung soll Mustafa Kemal gewarnt haben: „Vorsicht vor diesen Größenwahnsinnigen! Sie werden vor nichts Halt machen, um ihre politischen Ambitionen zu befriedigen. Es wird ihnen nichts ausmachen, wenn dabei ihre eigenen Länder, wie auch der Rest der Welt zerstört werden."[593]

Adolf Hitler soll sich am 10. November 1938 nach Atatürks Tod hingegen wie folgt geäußert haben: „Mustafa Kemal hat bewiesen, dass ein Land alle seine Ressourcen, die es verloren hat, für die Befreiung wieder erschaffen kann. Sein erster Schüler ist *Mussolini*, der zweite bin *ich*."[594]

3.2 Der Nationalsozialismus und die deutschen Hochschulen

Der Nationalsozialismus hat nicht über Nacht die deutschen Universitäten heimgesucht. Schon vor der Machtergreifung Adolf Hitlers zum Reichskanzler am 30. Jänner 1933 wurde an den Hochschulen der Weimarer Republik systematisch der Grundstein für die Etablierung der neuen Ideologie gelegt: 1925 forderte der deutsche Akademikertag einen Einstellungsstopp für Juden an den Universitäten, um eine „Überfremdung" zu verhindern.[595] Als eine der ersten Bildungsanstalten soll Tübingen dieser Anweisung gefolgt sein und keine jüdischen Ordinarien mehr vergeben haben.[596] 1930 folgte an der Universität Jena der erste Lehrstuhl für „Rassenkunde". Zu ihrer Antrittsvorlesung soll kein geringerer als „der Führer" persönlich erschienen sein.[597] Nur drei Jahre später schloss sich ihr die Universität Berlin an und lehrte „Staatsforschung", „allgemeine Wehrlehre", „Volkskunde" sowie „Völkerbiologie" nach neuen Lerninhalten.[598]

Der Einzug des Nationalsozialismus an den deutschen Universitäten erfolgte dabei fast widerstandsfrei. Die Selbstverwaltung, wie sie noch in der Weimarer Republik gegeben war, wich in kürzester Zeit der neuen Ideologie, deren Lernmethoden systemgerecht zugeschnitten wurden.[599] Thomas Manns düstere

593 Möckelmann 2013, S. 50.

594 Ebd., S. 50.

595 Conermann, Stephan: Die Lage jüdischer Hochschullehrer und die Einschätzung wissenschaftlichen Arbeitens während der NS-Zeit, in Kubaseck, Christopher (Hrsg.) / Seufert, Günter (Hrsg.): *Deutsche Wissenschaftler im türkischen Exil: Die Wissenschaftsemigration in die Türkei 1933–1945*, Würzburg 2008, S. 53.

596 Ebd., S. 53.

597 Brunner, Josè (Hrsg.): *Demographie- Demokratie- Geschichte. Deutschland und Israel*, Göttingen 2007, S. 149.

598 Grüttner, Michael: *Studenten im Dritten Reich*, Paderborn 1995, S. 161.

599 Seier, Hellmut: Die nationalsozialistische Hochschulpolitik und die Rolle von Technik und Technischen Hochschulen im Führerstaat, in: König, Helmut (Hrsg.) /

Prophezeiung vom 27. Dezember 1937, die er gegenüber seinem Freund, dem Kölner Germanisten Ernst Bertram äußerte, sollte sich als bittere Wirklichkeit herausstellen: „*Glauben Sie mir, die Tage ihrer Universitäten sind auch gezählt.*“[600]

Ein Wandel bei den Studenten war schon vor dem Untergang der Weimarer Republik zu erkennen. Seit 1931 hatte der NS-Studentenbund bei Astra-Wahlen als stärkste Kraft zunehmende Erfolge gefeiert.[601] Ab 1933 forderte der Ungeist der Zeit unter der Führung Adolf Hitlers schließlich die Säuberung der „Reichsuniversitäten“, die schon bald als Zeichen des nationalsozialistischen Rassenwahns keine Juden mehr erlauben sollten. Konsequenterweise wurde zu dieser Zeit der Begriff „Universität“, parteioffiziell durch den Ausdruck „Hochschule“ ersetzt.[602]

Ab dieser Zeit wurden zum „Schutz von Volk und Staat“ fast alle demokratischen Grundrechte der Weimarer Verfassung außer Kraft gesetzt und der Reichstag mit dem Entmächtigungsgesetz entmachtet. Ziel des Gesetzes war die schnellstmögliche Durchsetzung der neuen Ideologie im Staatsapparat sowie im Schul- und Hochschulwesen. Zu diesem Zweck wurde die Gleichstellung der Länder bewirkt, welche zur Folge hatte, dass die Kultusministerien von „altgedienten Nationalsozialisten“ übernommen wurden. In Folge ergab sich folgendes Szenario: Bernhard Rust übernahm das preußische Kultusministerium, Hans Schemm das Bayrische, Christian Mergenthaler das Württembergische, Otto Wacker das Ministerium in Baden und Fritz Wächtler das thüringische Ministerium.[603]

Zum Auftrag der neuen Universitäten äußerte sich der 1933 zum bayrischen Kulturminister aufgestiegene „Parteigenosse“ Hans Schemm in einer Rede vor Münchner Professoren so: „Von jetzt an kommt es für Sie nicht darauf an festzustellen, ob etwas wahr ist, sondern ob es im Sinne der *nationalsozialistischen Revolution* ist.“[604]

Einige Lehrende teilten diese Meinung durchaus von Anfang an. Grundsätzlich waren die Professoren in zwei Gruppen zu unterteilen: die erste Gruppe unter ihnen war weitgehend „unpolitisch“. Zu ihnen zählten Lehrende, „die sich

Kuhlmann, Wolfgang (Hrsg.) / Schwabe, Klaus (Hrsg.): *Vertuschte Vergangenheit. Der Fall Schwerte und die NS-Vergangenheit der deutschen Hochschulen*, München 1997, S. 62.

600 Hildebrand 2008, S. 13.

601 Seier 1997, S. 63.

602 Hildebrand 2008, S. 14.

603 Grüttner 1995, S. 62.

604 Hildebrand 2008, S. 14.

häufig für Angelegenheiten außerhalb des eigenen Fachgebietes nur mäßig oder gar nicht interessierten".[605] Die zweite Gruppe unter ihnen reagierte durchaus positiv auf die nationalsozialistische Wende und unterstützte sie von Anfang an.[606]

In der Rechtswissenschaft war es die *„Kieler Schule"*[607], die aus einem Kreis junger Professoren (darunter z.B. Ernst Rudolf Huber, Karl Larenz, Franz Wieacker) unter dem Lichte der NS-Ideologie neue Maßstäbe entwickelte.[608] Es gab jedoch auch Hochschulprofessoren, die parteilos waren oder den Nationalsozialismus gar nicht unterstützten. Unter den „Türkei-Emigranten" zeichnete sich der Deutsche Curt Kosswig (1903–1982)[609] besonders für sein Engagement aus. 1936 trat er aus der SS aus und flüchtete schließlich nach Istanbul, wo er von 1937–1955 als Professor für Zoologie an der Universität Istanbul lehrte.[610] Spätestens aber ab 1933 kam es im Wege der Gesetzgebung zur radikalen Umstrukturierung aller deutschen Universitäten und akademischen Lehranstalten. Das wichtigste Hilfsmittel stellte dabei das „Gesetz zur Wiederherstellung des Berufsbeamtentums" vom April 1933 dar, welches wie Seier anführt, gleich zu Beginn des Erlasses zur Vertreibung von 1500 Wissenschaftlern, darunter 11 % Ordinarien – größtenteils jüdischer Abstammung – sorgte. Unter den Emigranten werden 15 Nobelpreisträger gezählt.[611]

Über die Zahl der aus rassisch und politischen Gründen Vertriebenen gibt es keine präzisen Angaben. Geschätzt wird, dass allein aus Deutschland ab 1933 und Österreich ab 1938 bis zum Ausreiseverbot 1941 350.000 bzw. 120.000 deutschsprachige Juden Zuflucht im Ausland suchten. Zählt man die politischen Emigranten hinzu, wird angenommen, dass rund eine halbe Million Emigranten

---

605 Grüttner 1995, S. 43.

606 Ebd.,S. 43–44.

607 Vgl. zur Entwicklung der „Kieler Schule" Hagemann, Harald (Hrsg.): Zerstörung eines innovativen Forschungszentrums und Emigrationsgewinn. Zur Rolle der „Kieler Schule" 1926–1933 und ihrer Wirkung im Exil, in: *Zur deutschsprachigen wirtschaftswissenschaftlichen Emigration nach 1933,* Marburg 1997, S. 293–342.

608 Olechowski, Thomas: *Rechts- und Verfassungsgeschichte,* Wien [u.a.] 2012, S. 345.

609 Vgl. dazu Kapitel 3.5.1.

610 Hoss, Christiane: Verfolgung und Emigrationswege der von Scurla benannten Flüchtlinge und ihrer Familie, in: Şen, Faruk (Hrsg.) / Halm, Dirk (Hrsg.): *Exil unter Halbmond und Stern. Herbert Scurlas Bericht über die Tätigkeit deutscher Hochschullehrer in der Türkei während der Zeit des Nationalsozialismus,* Essen 2007, S. 147.

611 Seier 1997, S. 64.

während der NS-Zeit Zuflucht im Ausland suchten.[612] Zum Wegfall der vielen emigrierten deutschen Wissenschaftler äußerst sich Nagel so:

„Insbesondere jüdische Gelehrte verloren nach 1933 ihre Positionen, egal wie exzellent sie waren und wie tief sie in der deutschen Kultur wurzelten, einerlei auch, ob man sie ersetzen konnte oder nicht. Es greift vielleicht zu weit, ihre Vertreibung als intellektuellen ‚Aderlass' zu interpretieren, der mit den vorhandenen Personalressourcen nicht kompensiert werden konnte und darum die Wissenschaft in Deutschland auf Jahrzehnte zurückgeworfen habe [....] Es betraf vielfach junge, noch im Aufbau befindliche Disziplinen, denen mit der jüdischen Emigration die innovativen Köpfe verloren gingen. Der Protest unter den deutschen Kollegen blieb weitgehend aus."[613]

Bei der heranwachsenden Radikalisierung der Vertreibung spielten mehrere Faktoren eine tragende Rolle. Zum einen existierte eine vermeintlich „unpolitische", jedoch stark konservative Einstellung der Hochschullehrer, die bereits aus dem wilhelminischen Kaiserreich in die Weimarer Republik übernommen wurde, zum anderen waren jüdische Gelehrte seit 1918 überproportional an Hochschulen vertreten.[614] Mit der „Umstrukturierung" der Universitäten sank die Arbeitslosigkeit der „arischen" Akademiker daher drastisch. Durch die Einführung eines Numerus-Clausus-Systems ab 1933 wurden fast 60 % der Studenten – Nichtarier, ferner Frauen – von vornherein vom Studium ausgeschlossen und machten somit direkt „Platz" für arische Studenten.[615] Die ergriffenen Maßnahmen rechtfertigte Reichsminister Rust bei einer Rede anlässlich des Heidelberger Universitätsjubiläums vor einem internationalen Gelehrtenkreis so:

„Den Nationalsozialismus trifft der Vorwurf der Wissenschaftsfeindlichkeit dann mit Recht, wenn Voraussetzungslosigkeit und Wertfreiheit tatsächlich Wesensmerkmale der Wissenschaft sind. Wir befreiten das. Der Nationalsozialismus hat erkannt, dass Wissenschaft ohne Voraussetzungen und ohne wertmäßige Grundlagen überhaupt nicht möglich ist."[616]

612 Möckelmann 2013, S. 41.

613 Nagel, Anne C.: *Hitlers Bildungsreformer. Das Reichsministerium für Wissenschaft, Erziehung und Volksbildung 1934–1945*, Frankfurt am Main 2012, S. 281–282.

614 Höpel, Stefan: Die Säuberung der deutschen Rechtswissenschaft – Ausmaß und Dimensionen der Vertreibung nach 1933, in: *Kritische Justiz*, Vol. 36, No. 4, Berlin 1993, S. 438–439.

615 Seier 1997, S. 64.

616 Rust, Bernhard / Krieck, Ernst: *Das Nationalsozialistische Deutschland und die Wissenschaft*, Hamburg 1936, S. 14.

Für das Studium der Rechtswissenschaften, welches bis 1933 noch Ländersache war, wurden 1934/1935 erstmals reichsweit Richtlinien zur Vereinheitlichung eingeführt. Im Großen und Ganzen blieb die Ausbildung bis auf einige Veränderungen gleich. Mit der Ausarbeitung eines neuen Studienplanes wurde der nationalsozialistisch zugewandte Jurist Karl August Eckhardt beauftragt. Im Januar 1935 wurde der neue Studienkurs mit dem Titel „Richtlinien für das Studium der Rechtswissenschaften" in Kraft gesetzt. In einem Aufruf hieß es: „Begnügt euch nicht vorhandene Gesetze zu erläutern oder auswendig zu lernen, sondern kämpft um ihre Überwindung durch ein wirklich *deutsches Recht*!"[617] Im Klaren wurde die Differenzierung zwischen dem öffentlichen und dem privaten Recht aufgehoben, der Begriff des „bürgerlichen Rechts" abgeändert und die Tradition des Römischen Rechts dem Grunde nach abgeschafft.[618] Eine ähnlich düstere Zukunft drohte auch der österreichischen Wissenschaftslandschaft nach 1938.[619]

3.2.1 Das deutsche Hochschulrecht nach 1933

Wie bereits erörtert wurde, war schon vor 1933 der Antisemitismus an deutschen Hochschulen deutlich spürbar. Die Lage wurde von den meisten jüdischen Professoren jedoch noch nicht als ganz „hoffnungslos" betrachtet. Die Ziele der nationalsozialistischen Hochschulpolitik waren jedoch klar erkennbar: die Schaffung eines parteitreuen Lehrkörpers sowie die Unterstützung von Studentenschaften als nationalsozialistische Avantgarde.[620]

Nach der Machterlangung der Nationalsozialisten wurde die rasche Zentralisierung des Reiches durch das „Gesetz über den Neuaufbau des Reiches"[621] erreicht und führte zu einer Zusammenführung der Reichsministerien für Wissenschaft, Erziehung und Volksbildung im Mai 1934. Das Gesetz hob die Souveränität der Länder auf und förderte dadurch auch die Schaffung einer einheitlichen, organisatorischen deutschen Hochschulpolitik.[622]

617 Grüttner 1995, S. 178–179.

618 Ebd., S. 179.

619 Vgl. Stadler, Friedrich (Hrsg.): *Vertriebene Vernunft I und II. Emigration und Exil österreichischer Wissenschaft 1930–1940*, Wien 1987 und 1988.

620 Conermann 2008, S. 54.

621 Vgl. Gesetz vom 30.1.1934, Reichsgesetzblatt I., S. 75.

622 Kahl, Wolfgang: Die Geschichte der bayerischen Hochschulen, in: Geis, Max-Emanuel (Hrsg.): *Hochschulrecht im Freistaat Bayern. Handbuch für Wissenschaft und Praxis*, Heidelberg 2009, S. 15.

In einem Erlass 1935 hieß es: „Führer der Hochschule ist der Rektor. Er untersteht dem Reichswissenschaftsminister unmittelbar und ist ihm allein verantwortlich."[623] Dem Führerrektor wiederum, der nach 1935 aus den nationalsozialistisch zugewandten Reihen kam, unterstanden die Dekane, Studenten und Dozentenschaften. Letztere wurden von einem „Dozentenführer" geleitet, der gelegentlich als eine Art „Gegenrektor" ein Vetorecht einlegen konnte und de facto als Parteigenosse handelte.[624] Damit machte das „Führerprinzip" auch vor der Wissenschaft keinen Halt, da die Hochschulen nicht mehr das Recht hatten, selbst ihre Rektoren nach einem Abstimmungsverfahren im Senat zu wählen. „Die überlieferte Form der Universität als eine öffentlich-rechtliche Körperschaft wurde nie ausdrücklich beseitigt, sie wurde vielmehr umgedeutet in das Schema der Führerverfassung von Führer und Gefolgschaft".[625]

Ebenso waren die Studentenschaften dem nationalsozialistischem Regime unterworfen. Am 22. April 1933 erließ die Regierung das „Gesetz über die Bildung von Studentenschaften an den wissenschaftlichen Hochschulen".[626] Ziel war es reichsweit Studentenschaften mit nationalsozialistischen Werten systematisch einzuführen und zu fördern.[627] Wie ernst diese ihre Aufgabe nahmen, schildert der Türkei-Emigrant Fritz Neumark kurz vor seiner Ausreise so:

„Ich laß an diesem Tage mit tiefster Erschütterung am Schwarzen Brett einen Anschlag des NS-Studentenbundes, in dem unter anderem die Forderung erhoben wurde, künftig alle Publikationen von jüdischen Professoren als ‚Übersetzungen aus dem Hebräischen' zu kennzeichnen (eine Sprache die mir unbekannt war)".[628]

Gleichzeitig wurde durch „das Gesetz gegen die Überfüllung deutscher Schulen und Hochschulen"[629] der Anteil nicht-arischer Neuzugänge an allen Schulen und Universitäten begrenzt.[630] Die Quote der jüdischen Studenten unter den bereits Immatrikulierten durfte nach der gesetzlichen Regelung nicht höher als 5 % liegen.[631] Später folgten weitere Einschränkungen: ab April 1933 wurden

623 Seier 1997, S. 68.

624 Ebd., S. 68–69.

625 Abelein Manfred: *Die Kulturpolitik des Deutschen Reiches und der Bundesrepublik Deutschland*, Wiesbaden 1968, S. 36.

626 Vgl. Gesetz vom 22.4.1922, Reichsgesetzblatt I., S. 215.

627 Abelein 1968, S. 34.

628 Neumark 1980, S. 44.

629 Vgl. Gesetz von 25.4.1933, Reichsgesetzblatt I., S. 225.

630 Kahl 2009, S. 15.

631 Grüttner 1995, S. 214.

jüdische Studenten nicht mehr zum Medizinstudium zugelassen. Ab Sommer 1934 konnte es für Nicht-Arier zu einer Aberkennung der Staatsbürgerschaft und der Doktorwürde kommen und ab Dezember 1934 war gemäß der „Reichshabilitationsordnung" eine Hochschulkarriere nur mehr für „arische" Wissenschaftler möglich.[632]

3.2.2 Das deutsche Berufsbeamtengesetz

Der Aufbau des Bildungswesens in der Türkei unter der Mitwirkung der deutschen Emigranten konnte erst durch den Erlass des „Gesetzes zur Wiederherstellung des Berufsbeamtentums" vom 7. April 1933 realisiert werden. Diese Regelung führte zur Entlassung von schätzungsweise 1500 Wissenschaftlern aus dem Deutschen Reich.[633] Es gründete auf Vorarbeiten aus dem preußischen Innen- und Finanzministerium sowie den Reichsministerien unter Vorsitz von Wilhelm Frick.[634] Der endgültige Entwurf wurde vom Staatssekretär des Reichsministerium Hans Pfundtner und dem preußischen Finanzminister Johannes Popitz am 6. April den Staatsministern zur Beratung vorgelegt und am Tag darauf verabschiedet.[635] „Das Ziel des Berufsbeamtengesetzes war es, die nationalsozialistischen Personalmaßnahmen in der öffentlichen Verwaltung in gesetzliche Bahnen zu lenken und zentral zu steuern. Kommunisten waren ausnahmslos, Juden bis auf wenige Fälle zu entlassen."[636]

Im Konkreten sollten nach

> § 3 „Beamte die nicht arischer Abstammung sind, in den Ruhestand (§§ 8 ff.) versetzt..."
> und nach

> § 4 „Beamte, die nach ihrer bisherigen politischen Betätigung nicht die Gewähr dafür bieten, dass sie jederzeit zurückhaltlos für den nationalen Staat eintreten..."

aus dem Dienst entlassen werden.

Gem. § 6 konnte jederzeit ein Beamter „zur Vereinheitlichung der Verwaltung" oder „im Interesse des Dienstes" willkürlich in den Ruhestand versetzt werden. Gem. § 8 stand nur Beamten, die bereits zehn Jahre im Dienst waren,

---

632 Conermann 2008, S. 56.

633 Seier 1997, S. 64.

634 Wilhelm Frick (1877–1946) war von 1933 bis 1943 Reichsminister und wurde im Zuge des Nürnberger Prozesses 1946 auf Grund seiner Kriegsverbrechen hingerichtet.

635 Nagel 2012, S. 52.

636 Ebd., S. 52.

gesetzlich ein Ruhegeld zu.[637] Der Geltungsbereich des Gesetzes (§1 Abs. 2) erstreckte sich durch die „Dritte Durchführungsverordnung“ (DVO) vom 6. Mai 1933 bald auch auf alle nicht-beamteten Hochschullehrer.[638] Als „nicht-arisch“ wurde gem. Nr. 2 zu § 3 Abs. 1 der 1. DVO zum Berufsbeamtengesetz vom 11. April 1933 jemand definiert, der „von jüdischen Eltern oder Großelternteil abstammte bzw. der jüdischen Religion angehörte“.[639] Damit verschärfte sich die Regelung, da im Reichsbürgergesetz von 1935, nur die Entlassung von „Volljuden“ zwingend vorgesehen war.[640]

Die Gestaltung zur Umsetzung des Gesetzes erwies sich als ein kompliziertes und kostspieliges Verfahren. Die Entscheidung auf wen das Gesetz schließlich anzuwenden war, lag bei den Ressortchefs. Bis auf eine Ausnahme wurden die Behörden des Landes mit einem „Generalreferat für die Anwendung des Berufsbeamtengesetzes“ ausgestattet. An die betroffenen Mitarbeiter wurde nach einem Verfahren ein obligatorischer Fragebogen ausgeteilt, der „wahrheitsgemäß“ und binnen acht Tagen auszufüllen war.[641]

Am 19. April 1933 forderte der Führer der Deutschen Studentenschaft, Gerhard Krüger, in einem Rundschreiben die Studentenschaften dazu auf, Material zum Aufschluss über die politische Gesinnung der Hochschullehrer einzuholen:

> „a. Aufzählung der Hochschullehrer, die unter das Gesetz vom 7.4.1933 fallen, d.h. Hochschullehrer, die Juden sind oder kommunistischen Organisationen bzw. dem Reichsbanner u.ä. angehört haben; ebenso die Hochschullehrer, die nationale Führer, die Bewegung der nationalen Erhebung oder das Frontsoldatentum beschimpft haben. Hierfür sind genaue Zeugenaussagen notwendig (eidesstattliche Versicherung).
>
> b. Aufstellung sämtlicher Hochschullehrer, deren wissenschaftliche Methode ihrer liberalen bzw. insbesondere pazifistischen Einstellung entspricht, die daher für die Erziehung des deutschen Studenten im nationalen Staat nicht in Frage kommen. Auch hier ist eine genaue Quellenangabe (Schriften, Äußerungen in Kollegs oder Übungen usw.) erforderlich.“[642]

---

637 Vgl. Gesetz zur Wiederherstellung des Berufsbeamtentums vom 7.4.1933, Reichsgesetzblatt 1933, Teil I., Nr. 34, S. 175 ff. Vgl. Münch, Ingo von: *Gesetze des NS-Staates*, Paderborn 1994, S. 26.

638 Grüttner, Michael / Kinas, Sven: *Die Vertreibung von Wissenschaftlern aus den deutschen Universitäten 1933–1945*, in: http://www.ifz-muenchen.de/heftarchiv/2007_1_5_gruettner.pdf, 2007, S. 134.

639 Vgl. § 2 Abs. 1 Verordnung zur Durchführung des BBG, Reichsgesetzblatt I., vom 11.4.1933, S. 195.

640 Grüttner / Kinas 2007, S. 134.

641 Nagel 2012, S. 53.

642 Grüttner 1995, S. 66–67.

Welches Ziel das Berufsbeamtengesetz verfolgte, beschreibt Strauss so: „Das Gesetz zur Wiederherstellung des Berufsbeamtentums verwirklichte einen traditionellen Programmpunkt des bürgerlichen Antisemitismus, widerrief die Gleichstellung aller Bürger unabhängig von Religion oder Kaste und bedeutete das Ende der fast 200 Jahre zuvor eingeleiteten Emanzipation der Juden in Gesellschaft und Staat."[643]

Grüttner geht davon aus, dass auf Grund dieser gesetzlichen Regelung das Deutsche Reich zwischen 15 % und 39 % personelle Verluste einzubüßen hatte.[644] 18,6 % des deutschen Lehrkörpers verlor zwischen 1932/33 seine Zulassung. Werden in diese Statistik auch die aus politischen Gründen verfolgten Wissenschaftler miteinbezogen, ergibt dies eine Verlustquote von 19,3 %. Besonders betroffen von der Maßnahme waren weibliche Dozentinnen, deren Quote mit 43,8 % fast doppelt so hoch lag, wie jene der männlichen Kollegen. [645] Conermann geht von 1684 Wissenschaftlern aus, die in den Jahren zwischen 1933/1934 – also etwa 13 % der gesamten Dozentenschaft – ihre Anstellung verloren.[646]

Nur zwei Jahre nach dem Erlass des deutschen Berufsbeamtengesetzes erfolgte eine zweite „Säuberungsaktion" durch das „Gesetz zum Schutz des deutschen Blutes und der deutschen Ehre" vom 15. September 1935.[647] Bis zu diesem Zeitpunkt waren rechtlich noch vier Ausnahmeregelungen im Gesetz vorgesehen, durch die eine größere Zahl jüdischer bzw. nicht-arischer Beamter zunächst vor einer Entlassung verschont werden konnten. Im Konkreten „ehemalige „Frontkämpfer", „Söhne, Väter, Mütter oder Witwen von im Ersten Weltkrieg Gefallenen", „Beamte, die vor dem 1. August 1914 bereits planmäßige Beamte waren", und „Personen, denen bei Vorliegen aller Voraussetzungen für ihre erste

643 Strauss, Herbert A. (Hrsg.): Wissenschaftsemigration als Forschungsproblem, in: *Die Emigration der Wissenschaften nach 1933*, München [u.a.] 1991, S. 9.

644 Grüttner, Michael: Die „Säuberung" der Universitäten: Entlassungen und Relegationen aus rassistischen und politischen Gründen, in: Scholtyseck, Joachim (Hrsg.) / Studt, Christoph (Hrsg.): *Universitäten und Studenten im Dritten Reich*, Berlin 2008, S. 29.

645 Grüttner / Kinas 2007, S. 147.

646 Conermann 2008, S. 56.

647 Vgl. Reichsgesetzblatt I. 1935, S. 1146, sowie Reichgesetzblatt I., vom 14.11.1935, S. 1333–1334.

planmäßige Anstellung am 1. August 1914 und bei 'hervorragender Bewährung' ein Verbleiben im Amt durch die entscheidende Behörde zugebilligt wurde".[648]

Mit der Einführung des zweiten Gesetzes vom 15. September 1935, eines der „Nürnberger Rassengesetze", wurde auch die Entlassung der bis dato letzten, jüdischen Beamten durchgesetzt, um eine regimetreue Beamtenschaft zu garantieren.[649] Das Jahr 1933 stellte damit das letzte Jahr dar, in dem eine jüdische Organisation die Regierung noch dazu bewegen konnte, ein antisemitisches Reichsgesetz vor seinem Inkrafttreten zu modifizieren.[650] In Zahlen ausgedrückt, schied auf Grund der Gesetzesänderungen bis 1938 mehr als ein Drittel der deutschen Hochschullehrer – 39 % des Lehrkörpers, darunter 28 % der Ordinarien und 37 % der habilitierten Nichtordinarien – aus dem Amt aus.[651] Diese Entwicklung sollte sich schon bald die türkische Wissenschaft zu ihrem Vorteil machen. Nur zwei Monate nach dem Höhepunkt der jüdischen Verfolgungsmaßnahmen in Deutschland, verkündete ein türkischer Regierungserlass eine Hochschulreform. Vorgesehen waren die Schließung der osmanischen Hochschulen und die Gründung einer modernen Universität.[652]

3.3 Die osmanischen Bildungsanstalten

Da der politische Kontext der Emigration vor allem die Situation der türkischen Hochschulen beeinflusst hat, sollen zunächst in einigen Leitlinien die osmanischen Bildungsanstalten umrissen werden, um im Anschluss die Reformen im Bildungswesen nach der Republikgründung zu skizzieren.

Bevor das westliche Schulwesen in die türkische Bildungslandschaft Einzug fand, waren die *Medresen*[653] der Ort, an dem Wissen vermittelt wurde. Die ersten Medresen wurden zur Prophetenzeit in Medina errichtet und hatten zunächst die Aufgabe den Gefährten des Propheten die koranischen Verse

---

648 Grüttner / Kinas 2007, S. 134.

649 Szabó, Anikó: *Vertreibung, Rückkehr, Wiedergutmachung. Göttinger Hochschullehrer im Schatten des Nationalsozialismus*, Göttingen 2000, S. 32.

650 Strauss 1991, S. 9.

651 Conermann 2008, S. 56.

652 Guttstadt 2008, S. 212.

653 Etymologisch kommt der Begriff aus dem Arabischen und bedeutet so viel wie „lesen", „lernen", oder „studieren". Vgl. Brandenburg, Dietrich: *Die Madrasa. Ursprung, Entwicklung, Ausarbeitung und künstlerische Gestaltung der islamischen Moschee-Hochschule*, Graz 1978, S. 1.

näherzubringen.[654] Im 10. Jahrhundert verbreiteten sie sich als Lehranstalten im gesamten islamischen Raum. Während der Besuch in der Moschee auf freiwilliger Basis erfolgte, war der Unterricht in den Medresen von einer „gewissen Regelmäßigkeit des Lehrbetriebes gekennzeichnet", der sich durch einen festen Stundenplan, bestimmte Lehrfächer und eine Art Abschlussprüfung, auszeichnete.[655]

Die ersten osmanischen Hochschulen wurden zur Gründungszeit des Osmanischen Reiches (ca.1299) unter der arabischen Bezeichnung „*Medaris-i Semaniye*" eingerichtet. Ihr Hauptaufgabengebiet war die Vermittlung von Grundkenntnissen der islamischen Religion.[656] Hinsichtlich ihrer Architektur unterschied sie sich von einer Moschee jedoch gänzlich und wird im Buch zum 50. Jubiläum der Universität Istanbul als eine religiöse Einrichtung bezeichnet, die in ihrer Bauweise eher einem buddhistischen Kloster ähnelt.[657]

Später wurden in den Medresen Lehrer, Professoren, Richter und Geistliche ausgebildet.[658] Für die Osmanen war Bildung sehr wichtig. Sie tradierten damit religiöse und politische Ziele und nutzten sie zum Schutz der osmanischen Kultur. In ihrer Organisation war die Medrese eine Art Internatschule, in der die Schüler kostenlos übernachten konnten, eine Mahlzeit und Kleidung bekamen.[659]

Ihre Blütezeit erlebte die Ausbreitung der Medrese nach der Eroberung Istanbuls (1453) unter der Regierungszeit von Fatih Sultan Mehmet (1432–1481), der den Wissensexodus maßgeblich vorantrieb.[660] Als bedeutender Initiator der Modernisierung ließ er während seiner Regierungszeit acht Kirchen und Klöster in Medresen umbauen, in denen 15 Lehrer und 2 Assistenten in 19 größeren Hörsälen die Studenten ausbildeten.[661] Knapp ein Jahrhundert nach der Errichtung unter Mehmed II. wurde die *Şahn-i Süleymaniye Medrese* unter Sultan Süleyman

---

654 Demir, Hüseyin: *Die osmanischen Medresen*, Frankfurt am Main 2005 (Leipziger Beiträge zur Orientstiftung, 17), S. 17.

655 Prenner 2001, S. 109.

656 Tekindağ, Şehabettin: *Cumhuriyetin 50. Yılında İstanbul Üniversitesi* [Im fünfzigsten Jahr der republikanischen Universität Istanbul, ü. a. T.], Istanbul 1973, S. 3, 12.

657 Ebd., S. 3.

658 Gencer, Mustafa: *Bildungspolitik, Modernisierung und kulturelle Interaktion. Deutsch-türkische Beziehungen (1908–1918)*, Münster [u. a.] 2003 (Konfrontation und Kooperation im Vorderen Orient, 8), S. 60.

659 Kurt, Cahit: *Die Türkei auf dem Weg in die Moderne*, Frankfurt am Main 1989, S. 38.

660 Widmann 1973, S. 28–29.

661 Tekindağ 1973, S. 12–13.

I. fertiggestellt. Als Fächer wurden Naturwissenschaften und Medizin auf höchstem Niveau gelehrt.[662]

Durch die strikte Rangordnung und Klassifikation war die Medrese bis zur Tanzimat Ära die einzige höhere Bildungsanstalt für das Volk.[663] Erst im 19. Jahrhundert kam es unter westlichem Einfluss zu einer grundlegenden Änderung des osmanischen Bildungssystems. Durch die militärischen Niederlagen in Folge verheerender Kriege sahen sich die osmanischen Staatsmänner gezwungen, zur Beratung und Unterstützung westliche Offiziere und Ingenieure heranzuziehen und übernahmen schließlich auch ihre Institutionen.[664] Im Anschluss an die Reformbestrebungen der Sultane wurde während der Tanzimat Ära die *Darülfünun*[665] als Nachfolger der Medrese ins Leben gerufen.

3.3.1 Die Darülfünun

Die erste Initiative, eine *Universität* westlichen Vorbilds zu gründen, wurde in der Tanzimat Ära durch eine offizielle Mitteilung des Bildungsministeriums im Jahre 1846 unternommen.[666] Der Grund für die Erneuerungen im Bildungssektor war die Rückständigkeit der Hochschulen im europäischen Vergleich. Die Erkenntnisse Leonardos, Keplers, Galileis und Newtons haben Europa die positive Lehre näher gebracht, während es in der ganzen östlichen Welt noch keine Renaissance oder Reformation gab.[667] Ein akademisches Wirken fand daher nur einem mittelalterlichen Sinne nach statt. Die Entwicklung der akademischen Freiheit begann erst zu Anfang des 19. Jahrhunderts.[668]

Erste Bestrebungen zur Gründung moderner Hochschulen erfolgten unter der Regierungszeit Sultan Abdulhamid II. im Jahre 1773 durch den Bau der „Mektebi Bahriyeyi Şahane“ (dt. *Militärische Ingenieurschule für Marine*) und

662 Demir 2005, S. 13.
663 Gencer 2003, S. 60.
664 Ebd., S. 61.
665 Bedeutet „Haus der Wissenschaften“.
666 Hirsch, Ernst: *Dünya Üniversiteleri ve Türkiye'de Üniversitenin Gelişmesi* (Cilt1) [Die Universitäten der Welt und die Entwicklung der Universitäten in der Türkei, Bd.1, ü. a. d. T.], Ankara 1998, S. 310.
667 Irmak, Sadi: *Cumhuriyetin 50. Yılında İstanbul Üniversitesi* [Im fünfzigsten Jahr der republikanischen Universität Istanbul, ü. a. d. T.] Istanbul 1973, S. 100.
668 Mumcu, Ahmet / Rumpf, Christian: *Das türkische Hochschulgesetz und die Forschungsfreiheit als Voraussetzung akademischer Freiheit*, in: http://www.bzh.bayern.de/uploads/media/1-2-1990-mumcu-eskisehir-rumpf.pdf, S. 71–72.

1796 durch eine Anstalt für die osmanische Flotte (türk. *Mühendishane-i Berri-i Hümayun*).[669]

Gegen Ende der Regierungszeit von Abdulhamid II. entstand die kurzlebige Darülfünün-i Osmani (dt. *Osmanisches Haus der Wissenschaften*), eine aus den drei Medresen Theologie, Literatur und Naturwissenschaften zusammengesetzte Hochschule.[670] Eine dritte Initiative zur Gründung einer Universität erfolgte unter Bildungsminister Saffet Pascha (1814–1883), durch den Bau von sog. Sultansschulen (türk. *Mekteb-i Sultani*). In diesen Hochschulen, die zeitweise auch als Darülfünun-i Sultani bezeichnet wurden, bot man den Studierenden den Unterricht neben Türkisch auch auf Französisch und Arabisch an.[671] Die Aufnahme der Studenten an die Darülfünun erfolgte durch eine Prüfung. Der Großteil von ihnen waren Absolventen der Medresen, von denen nach Kurt, die meisten nicht im Stande waren, dem Unterricht zu folgen. Die Lehrenden versuchten den Dogmatismus durch die Wissenschaft zu ersetzen und den Unterricht auf ein neues Niveau zu heben. Durch Aktionen von Anhängern der alten Medrese wurde aber ihre Arbeit diffamiert, sodass sie 1882 ihren Lehrbetrieb wieder einstellen musste.[672]

Erst die Darülfünun-i Şahane (dt. *Kaiserliche Hochschule*) wurde zum tragenden Bildungsmodell des 19. Jahrhunderts. Unter der Regierungszeit von Sultan Abdulhamid II. wurden Anstalten gegründet, die aus einer Reihe von Hochschulen für Ingenieurwesen, Geometrie und Recht sowie aus Hochschulen des Militärs hervorgingen. Das Komitee für Einheit und Fortschritt übernahm dieses Modell nach der Absetzung des Sultans und beschloss, zu Bildunsgzwecken fremde Experten ins Land zu bringen[673] und Studenten ins Ausland zu entsenden.[674]

Diese Art von Wissenstransfer hatte bereits in früheren Perioden stattgefunden. Als Beispiel kann die im Jahre 1839 im Stadtteil Galatasaray eröffnete

669 Irmak 1973, S. 59.

670 Hirsch 2008, S. 53–54.

671 Seufert, Günter: Kritische Einschätzung der Wissenschaftsemigration durch die türkische Zeitgeschichtsschreibung: Bahnbrechende Aufsätze Mete Tunçays und Haldun Özens, in: Kubaseck, Christopher (Hrsg.) / Seufert, Günter (Hrsg.): *Deutsche Wissenschaftler im türkischen Exil: Die Wissenschaftsemigration in die Türkei 1933–1945*, Würzburg 2008, S. 159.

672 Kurt 1989, S. 71.

673 Als Beispiel kann Fritz Arndt (1885–1969) genannt werden, der 1915 dem Ruf an die Darülfünun folgte und dort bis 1918 am ersten Chemieinstitut lehrte.

674 Seufert 2008, 159–160.

Medizinschule genannt werden, die sich das Josephinum in Wien als Vorbild nahm. Als Lehrkräfte wurden die österreichischen Mediziner Dr. Karl A. Bernhard, Dr. Jackob A. Neuner und Dr. Sigmund Spitzer angestellt.[675]

Einen weiteren Aufschwung erlebte die Bildungswissenschaft während der Zeit der Jungtürken, in der es zur Verselbstständigung der Fachschulen kam.[676] Zwischen 1869 und 1923 schossen dann die technischen Hochschulen aus dem Boden, darunter eine Schule für Finanzwesen (1876), eine Schule für Handel (1882), daneben eine zivile Veterinärakademie (1889) und eine Schule zur Steuereintreibung (1911).[677] 1908 wurden erstmals die literatur- und naturwissenschaftlichen Fakultäten neu gestaltet und der Darülfünun angegliedert.[678]

Im Jahr 1914 sollen in den verschiedenen Fakultäten bereits 93 Professoren unterrichtet haben und 3019 Studenten immatrikuliert gewesen sein.[679] Ihre rechtliche Stellung stützte die Darülfünun auf das Gesetz von 1922, in dem ihr die geistige Autonomie zuerkannt wurde. Im Gesetz vom 21. April 1924 wurde sie als juristische Person erklärt.[680]

Intern hatte sie jedoch mit großen Schwierigkeiten zu kämpfen. Zu Anfang des 20. Jahrhunderts wurde vor allem kritisiert, dass „neben einer Reihe durchaus qualifizierter türkischer Gelehrter auch viele Professoren und andere Lehrkräfte, die aufgrund schlechter, aus der osmanischen Zeit stammender Bräuche kaum oder gar nicht mehr ihren akademischen Verpflichtungen nachkamen, sondern lediglich einmal im Monat erschienen, um ihr — sehr bescheidenes — Gehalt abzuholen."[681]

Die Jungtürken betrachteten die Institution der Universität schon lange als Teil ihrer Revolution, die für den türkischen Nationalaufbau unerlässlich war und forderten Reformen. Die Neuorganisation des Bildungswesens wurde zu einem Teil des Modernisierungsprogrammes erklärt und bekam schon bald

675 Gerabek, Werner (Hrsg.) / Haage, Bernhard (Hrsg.) / Keil, Gundolf (Hrsg.) / Wegner, Wolfgang (Hrsg.): *Enzyklopädie Medizingeschichte* (Bd. 1 A-G), Berlin 2007, S. 347.

676 Widmann 1973, S. 31.

677 Reisman, Arnold: *Turkey's Modernization. Refugees from Nazism and Atatürk's Vision*, Washington 2006, S. 20.

678 Borchers 2013, S. 94.

679 Ergün, Mustafa: *İkinci Meşrutiyet Devrinde Eğitim Hareketleri (1908–1914)*, Ankara 1996, S. 390.

680 Widmann 1973, S. 44.

681 Neumark 1980, S. 16.

einen staatspolitischen Charakter. 1909 erfolgte bereits die erste „Säuberung" des Hochschulpersonals hinsichtlich seiner politischen Gesinnung.[682]

Um einem Qualitätsverlust entgegenzuwirken, wurde 1915 ein Bildungshilfeabkommen zwischen dem Osmanischen Reich und Deutschland abgeschlossen.[683] Unter der Leitung von Dr. Franz Schmidt, Geheimer Regierungsrat, der für das kaiserliche osmanische Unterrichtsministerium tätig war,[684] wurden 20 deutsche Professoren und fünf Assistenten während des Ersten Weltkrieges angestellt, um die Darülfünün in einem letzten Versuch auf die Augenhöhe der westlichen Universitäten zu heben. Gleichzeitig griff man auf deutsche Unterrichtsmethoden und Lehrbücher zurück. Um die Jahrhundertwende initiierte man einen Wissenstransfer durch den deutschen Arzt Rieder von der Universität Bonn, der beauftragt wurde, die Leitung des Krankenhauses in Gülhane zu übernehmen.[685] In den Rechtswissenschaften wurden zudem Dr. Erich Nord (Europäisches Bürgerliches Recht), Dr. Walther Schönborn (Öffentliches Recht) und daneben Dr. Anton Fleck (Finanzwissenschaft) vom türkischen Ministerium zu Lehrzwecken betraut.[686]

Schnell zeichnete sich jedoch ab, dass sich die Mehrheit der Professoren an der Darülfünün nicht für die Ideologien der Jungtürken funktionalisieren ließ. Trotz gewisser organisatorischer Erneuerungen war die Lage unbefriedigend. Die zur Modernisierung letzte extra ausgearbeitete Satzung blieb ebenfalls erfolglos und wurde schon bald torpediert.[687] Die „alteingesessenen" Professoren bestritten die Vorwürfe damit, dass die Studierendenzahl in den letzten Jahren gestiegen sei und sich der Bibliothekenbestand auf 200.000 Bücher erhöht habe.[688] Äußere Umstände, die Balkankriege und der Erste Weltkrieg haben wohl ebenso eine Rolle bei dem schleichenden Verfall der Darülfünun gespielt. Im

---

682 Borchers 2013, S. 94.

683 Ebd., S. 94.

684 Kreiser, Klaus: Im Dienste ist der Fes zu tragen – Türkische Vorlesungen deutscher Professoren am Istanbuler Darülfünun (1915–1918), in: Kubaseck, Christopher (Hrsg.) / Seufert, Günter (Hrsg.): *Deutsche Wissenschaftler im türkischen Exil: Die Wissenschaftsemigration in die Türkei 1933–1945*, Würzburg 2008, S. 22.

685 Gerabek / Haage / Keil / Wegner 2007, S. 347.

686 Kreiser 2008, S. 25.

687 Dölen, Emre: *Deutsche Hochschullehrer an der Darülfünun während des Ersten Weltkrieges (1915–1918)*, in: http://www.maxweberstiftung.de/fileadmin/user_upload/upload/Pressemeldungen/goec_yolu_brosur_web.pdf, S. 3.

688 Yalçın, Gülşan: *Entwicklungstendenzen im türkischen Hochschulwesen am Beispiel der Stiftungsuniversitäten*, in: https://kobra.bibliothek.uni-kassel.de/bitstream/urn:nbn:de:hebis:34-2006070313877/1/wb59.pdf, S. 20.

Jahr 1915 konnte der Unterricht gar nicht mehr abgehalten werden, da sämtliche Studierende zu Kriegszwecken einberufen wurden.[689]

Mit der Machterlangung der Kemalisten nahm die jährliche Debatte um die Darülfünun ihr vorläufiges Ende. Denn die Umgestaltung der Universitäten wurde zum wesentlichen Programmpunkt des Kemalismus erklärt.[690]

3.3.1.1 Die Bestandsaufnahme der Darülfünun

Um eine Universität europäischen Vorbilds zu gründen, wurde 1931 der Schweizer Pädagoge Prof. Albert Malche[691] von der türkischen Regierung beauftragt, eine Bestandsaufnahme der Darülfünün vorzunehmen und Reformnotwendigkeiten und -möglichkeiten zur Verbesserung der Universitäten in einem Gutachten zusammenzutragen.[692] Die Bedeutung von Malches Bericht lag weniger in seinem Umfang, als vielmehr in der Person des Verfassers, da die türkische Regierung davon ausging, dass ein ausländischer Wissenschaftler effektiver und unbefangener an die Sache herantreten würde.[693]

Anfang 1932 reiste Malche in die Türkei, um Fakten zu sammeln. Er besuchte Fakultäten, Kliniken, Labore und Seminare und legte Fragebogen auf, mit der Bitte um Auskunft. Er gewinnt den Eindruck: „dass weitverbreitet das Gefühl besteht, dass zur Verbesserung der Universitäten etwas getan werden muss."[694] Seine Vorschläge über die Umgestaltung der Universität fasste Malche innerhalb von zwei Jahren in seinem Gutachten (*Rapport sur l'université d'Istanbul*) zusammen. Der Bericht umfasst laut Widmann drei Teile. Im ersten Teil erläutert Malche die Methode und das Ziel seiner Untersuchungen. Im zweiten Teil finden sich kritische Beobachtungen zu dem Stand der Darülfünun und im letzten Teil widmet sich Malche seinen Reformvorschlägen. Diese Vorschläge gruppiert er

---

689 Kurt 1989, S. 131.

690 Widmann 1973, S. 48.

691 Albert Malche war ordentlicher Professor für Pädagogik an der Universität in Genf am Institut Jean-Jacques-Rousseaus und zwischen 1912–1930 Rektor der Genfer Primarschulen. Von 1932–1934 war Malche für die türkische Regierung tätig.

692 Cremer / Przytulla 1991, S. 20–21.

693 Strohmeier, Martin: Der zeitgeschichtliche und politische Rahmen der türkischen Universitätsreform und die Rolle der deutschen Wissenschaftsemigranten, in: Kubaseck, Christopher (Hrsg.) / Seufert, Günter (Hrsg.): *Deutsche Wissenschaftler im türkischen Exil: Die Wissenschaftsemigration in die Türkei 1933–1945*, Würzburg 2008, S. 70.

694 Widmann 1973, S. 43.

um die drei Stichworte: Arbeitsmittel, Arbeitsorganisation und Ausstrahlung der Universität.[695]

Im Einzelnen bemängelte er, dass die Unterrichtsmethoden veraltet seien; an der Darülfünun kein wirkliches wissenschaftliches Arbeiten stattfinden würde; die Fremdsprachenkenntnisse der Studenten bis auf wenige Ausnahmen unzureichend seien; die Professoren unterbezahlt wären, sodass sie gezwungen seien Nebenbeschäftigungen nachzugehen; die Lage der medizinischen Fakultät in Haydarspascha auf der asiatischen Seite von Istanbul unzweckmäßig sei; Unterrichtsveranstaltungen nutzlos wären; Hochschullehrer ihre Ausbildung noch immer überwiegend im Ausland absolvieren müssten; die Studenten nicht in der Lage seien selbstständig zu arbeiten; und es außerdem an wissenschaftlichen Publikationen mangeln würde.[696]

Abschließend kommt Malche zu dem Ergebnis, dass „die Lage ernst, aber nicht hoffnungslos" sei.[697] Seine Meinung fällt im Hinblick auf den Fortbestand der Darülfünun daher vernichtend aus: „Die Universität Istanbul ist ein weitverzweigter Organismus, der nur mit geringem Ertrag arbeitet. Das zu lösende Problem besteht darin: Vielfacher Kräfteverlust muss durch Vereinfachung der Maschine vermieden werden, nämlich durch Konzentration ihrer Arbeit und durch Vergabe von Mitteln zur Anwendung geeigneter Methoden an diejenigen, die die Maschine in Gang halten."[698]

Ausgehend von Malches Bericht hat am 01.08.1933 Bildungsminister Reşit Galip einen Zeitungsartikel veröffentlicht und u.a. folgende Defizite der Darülfünun beigemerkt: „1. Die Fakultäten und die Institutionen der Darülfünun haben keine wissenschaftliche Verbindung zueinander. 2. Das Unterrichtswesen mancher Fakultäten ähnelt der von Berufsschulen."[699]

Die akademische Arbeit gestaltete sich besonders in den Rechtswissenschaften als schwierig, da es es zu den türkischen Reformgesetzen kaum und zu dem Schweizer Gesetz noch gar keine Literatur gab. Auch Hirsch stellte fest, dass es für die Mehrzahl der Studierenden unmöglich war, Kenntnisse außerhalb der Lehrveranstaltungen zu erwerben, da es schlicht an Bibliotheken und Lernmaterial gefehlt habe.[700] Weiters erinnert er sich, dass zwischen 1923 und 1932 kein anderes Thema die türkische Gesellschaft so sehr beschäftigte, wie das

695 Ebd., S. 46.
696 Ebd., S. 45.
697 Ebd., S. 47.
698 Ebd., S. 47.
699 Hirsch 1998 [ü. a. d. T.], S. 313–314.
700 Hirsch 1976, S. 236.

Bildungsproblem.[701] Dalaman schreibt wiederum, dass Mustafa Kemal bereits während des Unabhängigkeitskrieges die Darülfünun als „verlorene und identitätslose Institution verachtete." Die Ereignisse der Zeit müssen daher in einer Verkettung betrachtet werden, in der „die Umgestaltung der Istanbuler Hochschule das letzte Glied einer organischen Kette sein sollte – der Schlag gegen die von Mustafa Kemal verstoßene religiöse intellektuelle Elite von Istanbul."[702]

Tatsächlich könnte diese Ansicht der Wirklichkeit ensprechen, wenn man sich das Gesetz zur Gründung der neuen Universität im nachfolgenden Abschnitt näher ansieht. Dem Malchischen Bericht wurde bis auf einige wenige Ausnahmen Folge geleistet und in einer „Nacht und Nebenaktion" mehr als die Hälfte der wissenschaftlichen Lehrkräfte von der Darülfünun entlassen, um sie schließlich ganz zu liquidieren.[703] Am 30. Juli 1933 verloren von 240 Hochschullehrern 157 ihre Anstellung an der Darülfünün. 71 davon hatten den Rang eines ordentlichen Professors. In den Rechtswissenschaften wurden 14 Lehrkräfte fristlos entlassen. Insgesamt nahmen 83 von ihnen in den 40er Jahren ihre wissenschaftliche Arbeit wieder auf, für 71 Ordinarien und Professoren endete die akademische Laufbahn aber mit der Eröffnung der *Istanbul Universität.*[704]

3.4 Die Gründung der Universität Istanbul

Nur etwa ein Jahr nach der Berichterstattung Malches wurde am 31. Mai 1933 das Gesetz Nr. 2252 zur Umgestaltung der Universitäten veröffentlicht. Seine beiden wichtigsten Regelungen legten fest, dass nach

> § 1 „Die Istanbuler Darülfünun mit samt ihrer Einrichtungen und Lehrkörper aufgelöst wird" und nach
>
> § 2 „Das Unterrichtsministerium beauftragt wird, unter dem Namen *İstanbul Üniversitesi*[705] eine neue Anstalt zu gründen."[706]

---

701 Hirsch 1950, S. 312.

702 Dalaman 1998, S. 91–92.

703 Bozay 2001, S. 33.

704 Bilsel, Cemil: *Istanbul Üniversitesi Tarihi* [Die Geschichte der Universität Istanbul, ü. a. d. T.], Istanbul 1943, S. 37. Vgl. auch Dalaman 1998, S. 97.

705 Da der türkische Sprachverein keine „reintürkische" Bezeichnung für die neue Bildungsanstalt finden konnte, nannte man sie kurzerhand „İstanbul Üniversitesi". Das Wort „Universität" als Bezeichnung für den Zusammenschluss mehrerer wissenschaftlicher Bereiche erscheint erstmals 1933 im Gesetz Nr. 2252 über die Schließung der Istanbuler Darülfünun. Vgl. Hirsch 2008, S. 53.

706 Widmann 1973, S. 50.

Eine eigens eingerichtete Kommission unter der Leitung von Professor Malche sollte die Eröffnung der neuen Universität vorbereiten[707], die sich aus vier Fakultäten[708] sowie aus acht Instituten[709] zusammensetzen sollte.[710]

Ziel war es, eine Universität nach *deutschem Vorbild* zu gründen. Die Kommission, die sich aus dem Mathematiker Kerim Erim, Staatssekretär Salih Zeki, Inspektor Avni Başman und Rüştü Üzel zusammensetzte, beschloss daher, dass sich auch das Lehrpersonal der neuen Hochschule aus einem gemischten Professorenkreis formieren sollte:

1- Aus den Professoren und dem Lehrpersonal der alten Darülfünun.
2- Aus Lehrkräften, die nicht an der Darülfünun, sondern etwa zu Zeiten der Republikgründung im Ausland studiert und dann wieder in die Türkei zurückgekehrt sind.
3- Sowie aus ausländischen Professoren.[711]

Der Wille zum grundlegenden Neubeginn wurde in diversen Maßnahmen unterstrichen. Sowohl im Gründungsgesetz, wie auch im Organisationsgesetz war vorgesehen, dass das Haushaltsbudget vorläufig vom Unterrichtsministerium bewältigt werden sollte. 1934 wurde jedoch durch ein weiteres Gesetz der Universitätshaushalt in den allgemeinen Staatshaushalt miteinbezogen und durch eine Verordnung des Ministerrates die Verwaltung der Fakultäten, Institute und die Rechtsstellung des Lehrkörpers neu geregelt.[712]

Als erster Rektor der neuen Universität wurde der Mediziner Neşet Ömer ernannt, der kurze Zeit später durch den Juristen Cemil Bilsel abgelöst wurde.[713] Alle Befugnisse der neuen Universität konzentrierten sich bei ihm bzw. beim Erziehungsminister. Sämtliche Funktionsträger wurden nicht mehr gewählt, sondern ernannt.[714] Ein Universitätsrat, der ausschließlich aus dem Rektor, dem Generalsekretär und Dekanen bestand, hatte zwar gewisse

---

707 Dalaman 1998, S. 97.

708 Medizin, Naturwissenschaften, Literatur und Rechtswissenschaften.

709 U. a. Geografie, Chemie, Islamwissenschaften und Turkologie. Vgl Möckelmann 2005, S. 6.

710 1943 soll die Univerisität bereits 45 Institute aufgewiesen haben. Vgl. dazu Widmann 1973, S. 66–67.

711 Namal 2012, S. 15.

712 Bozay 2001, S. 35.

713 Ebd., S. 35.

714 Strohmeier 2008, S. 71.

Verwaltungsbefugnisse, ansonsten kam der Universität aber keine weitreichende Autonomie zu, da Beschlüsse des Universitätsrates nur als Vorschläge zu werten waren und vom Ministerium gebilligt werden mussten.[715] Die Universität entsprach daher auch dem „autoritäten Einparteiensystem“ bis 1946.[716]

Am 18.11.1933 erfolgte die feierliche Einweihung der Universität Istanbul durch Galips Nachfolger Hikmet Bayur in Anwesenheit von Studenten, Professoren, Politikern und Journalisten am Beyazit-Platz. Hirsch erinnert sich, dass alle Professoren einzeln dem Publikum vorgestellt wurden und „jeder von den Studenten mit Händeklatschen begrüßt“ wurde, die Professoren der geschlossenen Darülfünun jedoch mehr Zuspruch erhielten.[717]

Bei der Einweihung der neuen Universität verkündete Mustafa Kemal: „Um die Existenz der Nation zu erhalten, haben sich die jahrhunderte alte Form und der Charakter der gemeinsamen Bindungen zwischen den Menschen geändert. Das heißt, die Nation hat an Stelle der religiösen und konfessionellen Bindungen, Menschen durch das Band der türkischen Nation vereinigt.“[718] Die Dimensionen der Reformen waren gewaltig, da sie sich nicht nur auf die Gründung einer neuen Universität beschränkten, sondern den gesamten Bildungsapparat betrafen. Akribisch geregelt wurde die Zusammensetzung des Lehrpersonals, die Aufteilung der Institute und die Veröffentlichung von wissenschaftlichen Arbeiten. In den Rechtswissenschaften wurden auf diese Weise zwischen 1934–1943 über 56 rechtsliterarische Bücher veröffentlicht. Davon sechs von Hirsch, eines von Crozat, vier von Schwarz, drei von Honig und eines von Von Aster.[719]

Das Fazit zur Notwendigkeit der Neugründung der Universität Istanbul bringt Malche am Schluss seines Gutachtens zum Ausdruck: „Wenn eine Zivilisation ohne Wissenschaft oder gar im Gegensatz zur Wissenschaft sich entwickeln und entfalten könne, dann könne man durch die Schließung der Anstalt große Einsparungen erzielen. Aber wenn eine Zivilisation sich nur in dem Maße entwickeln könne, in dem sich die Wissenschaft entwickle, dann gebe es keinen Zweifel, und man müsse alles aufwenden, um die Universität zu einem guten Instrument einer Zivilisation zu machen.“[720]

---

715 Hirsch 2008, S. 215.
716 Ebd., S. 215–217.
717 Ebd., S. 52–53.
718 Unesco 1963, S. 201.
719 Bilsel 1943, S. 78–80.
720 Hirsch 2008, S. 54.

Nur zwei Jahre nach Malches Bericht entsandte die Rockefeller Stiftung Dr. Robert A. Lambert nach Istanbul, um sich einen Überblick über die Lage zu verschaffen. In einem Tagebucheintrag vom 16. Februar 1934 stellte dieser fest:

> „[T]here is no doubt, that Mustapha Kemal [Atatürk] and his Ministers of Hygiene and Education are determined to have in Istanbul, in the shortest possible time, a first class University with a Med. School that will command the respect of the West [...].“[721]

Eine zweite Universität sollte schon in Kürze in der Hauptstadt Ankara folgen, wobei auch bei diesem Projekt der klare politische Wunsch im Vordergrund stand, ausländische Professoren für die Aufbauphase zu gewinnen. 1941 wurde auch hier die juristische Fakultät unter dem Namen „Ankara Hukuk Fakültesi“ (dt. *Rechtsfakultät Ankara*) eröffnet. Anlässlich einer Rede in Ankara soll sich Mustafa Kemal so geäußert haben: „Ich bin der Ansicht, dass die bis jetzt verfolgten Unterrichts- und Erziehungsmethoden ein sehr wichtiger Moment für den allmählichen historischen Verfall unserer Nation sind. Wenn ich deshalb von einem *nationalen Erziehungsprogramm* spreche, so meine ich hiermit den Aufbau einer Kultur, die unserem nationalen Charakter und unserer Geschichte entspricht, die weit entfernt ist von den religiösen Fabeln früherer Zeiten [...].“[722]

Maßgeblich betroffen von den Umstrukturierungen waren die Rechtswissenschaftliche und die Medizinische Fakultät. Die größten Probleme gab es diesbezüglich an den fünf Krankenhäusern, die zu dieser Zeit existierten. Die Gegebenheiten der Zeit machten zudem deutlich, wie schwierig die Durchsetzung von Veränderungen war. Schwartz erinnert sich, dass im Zuge dessen „ein radiologisches Institut durch die Rekonstruktion der Ruine eines vor vielen Jahren im Stich gelassenen, noch gesunden Gebäudes errichtet werden konnte“.[723] Diskutiert wurde auch die Übersiedelung der alten medizinischen Fakultät von Haydarpascha auf das europäische Festland.[724] Um den Lehrbetrieb überhaupt aufnehmen zu können, musste in den Jahren 1933/1934 zuerst der „Mangel an jeder Art von erforderlichen Instrumenten und Geräten“ beseitigt werden.[725]

Ausgehend von einem Bericht von Philipp Schwartz, welcher ab 1933 als neuer Direktor das Pathologische Institut in Istanbul leitete, wird festgestellt, dass zu

721 Robert A. Lambert, zit. n.: Reisman 2006, S. 27.

722 Unesco 1963, S. 209.

723 Schwartz 1995, S. 53.

724 Ebd., S. 52.

725 Arslan, Mehmet: Beiträge deutscher Wissenschaftler zur Medizinausbildung in der Türkei, in: *Uluslararası Sosyal Araştırmalar Dergisi,* in: http://www.sosyalarastirmalar.com/cilt1/sayi3/sayi3_pdf/arslan_mehmet.pdf, S. 85.

dieser Zeit „nur etwa dreißig extrem veraltete Mikroskope“ für alle Fachbereiche existierten und sich die Klinik „in einem sehr schlechten Zustand“ befand. Daher war es auch notwendig, dass die Universitäten Harvard und Yale frühere Ausgaben ihrer Zeitschriften dem neuen Institut zur Verfügung stellten.[726]

Zu Schwierigkeiten anderer Art kam es an der Rechtswissenschaftlichen Fakultät. Hier ging es vor allem darum, „eine juristische Medrese islamischer Prägung durch eine laizistische Rechtswissenschaftliche Fakultät zu ersetzen.“[727] Um ein wissenschaftliches Fundament zu erreichen, sahen sich die Professoren vor allem vor einem „Sprachproblem“, welches zu Beginn ihrer Tätigkeit nur mit Übersetzer zu bewältigen war. Ein anderes Problem ergab sich aus dem Prüfungswesen und der neu eingeführten Lehrmethoden. Das alte französische Modell – „Der Professor lese sitzend sein zuhause vorbereitetes Manuskript vor. Fragen an die Studenten oder Zwischenfragen seien unstatthaft“ – hatte Hirsch in den Rechtswissenschaften durch ein europäisches Modell ersetzt. Die ausländischen Professoren sollten den Studenten nicht nur neue Unterrichtsmethoden und Kenntnisse vermitteln, sondern auch die türkischen Professoren zur Nachahmung anregen.[728]

Daneben kam es zu Anfangsschwierigkeiten bei der Verteilung der Fächer und der Festlegung des Stundenplans, da zunächst aus einer Rechtswissenschaftlichen Fakultät eine Fakultät für Rechts-, Wirtschafts- und Sozialwissenschaften geworden war. Man bereinigte dieses Problem im Nachhinein, indem man sich dafür entschied, die Nichtjuristen in einem besonderen Institut für Wirtschaftswissenschaften und Soziologie im Rahmen der Rechtswissenschaftlichen Fakultät zusammenzufassen.[729] Damit begann eine neue Ära für das akademische Studium in der Türkei und der Grundstein für die wissenschaftliche Emigration in die Türkei war gelegt.

3.4.1 Die Notgemeinschaft deutscher Wissenschaftler

Bildungsminister Galip betrachtete Malches Bericht als einzigartige Chance das türkische Bildungswesen zu reformieren. Zur Umsetzung der universitären Pläne, d.h. Gründung und Aufbau einer neuen, modernen Universität in Istanbul und später in Ankara – sollten dem Malchischen Bericht folgend also Wissenschaftler aus dem europäischen Ausland angestellt werden.

726 Reisman 2006, S. 28.
727 Hirsch 2008, S. 71.
728 Ebd., S. 96–98.
729 Ebd., S. 74–75.

Unabhängig von der politischen Entwicklung der Türkei, welche sich dank des „Durchbruchs der kemalistischen Wende“[730] in einer Hochblüte befand, stellte das Jahr 1933 in Deutschland mit der Machterlangung der Nationalsozialisten, für viele aus politischen oder ethnischen Gründen diffamierte und verfolgte Wissenschaftler ein Schicksalsjahr dar: Fanatiker störten Vorlesungen und Seminare und forderten die Universitäten zu einer Revolution auf.[731] Nach Erlass des „Gesetzes zur Wiederherstellung des Berufsbeamtentums“ vom April 1933 entstanden daher mehrere Hilfsorganisationen in Westeuropa, um vertriebenen Wissenschaftlern eine Anstellung zu vermitteln. Eine von ihnen war die „Notgemeinschaft deutscher Wissenschaftler im Ausland“, unter der Leitung des Frankfurter Pathologen Philipp Schwartz (1894–1977). Dieser erinnert sich an die Aufbauphase wie folgt: „Kaum 8 Wochen nach meiner Ankunft in Zürich verfügten wir also über ein imposantes Büro, hatten freiwillige und bezahlte Hilfen, die bis zu 14 Stunden am Tag arbeiteten, besaßen eine fast komplette Kartothek der aktuellen und der prospektiven Opfer des Rassenwahns auf wissenschaftlichem Gebiet und waren fast jedem bekannt geworden, der Hilfe und Hoffnung suchte.“[732]

Nachdem Malche auf die Organisation aufmerksam wurde, reiste Schwartz im Juli 1933 in die Türkei, wo ihm Prof. Kerim, ein Mitglied der türkischen Reformkommission in Ankara mitteilte, dass zwischen 30 und 40 Lehrstühle durch ausländische Wissenschaftler zu besetzen seien.[733] Sobald Schwartz zurück in Zürich war, begann er mit der Suche für geeignete Kandidaten. Registriert wurden dabei nur Wissenschaftler, die sich selbst auf die Anzeige meldeten.[734] Viele von ihnen erfuhren von Schwartz‘s Projekt durch einen Artikel, der Mitte April in der „Neuen Zürcher Zeitung“ veröffentlicht wurde.[735] Einer der unzähligen qualifizierten Wissenschaftler, die sich auf diese Anzeige hin meldeten, war der deutsch-jüdische Chirurg Rudolf Nissen:

> „[….] Schwartz hatte in Zürich eine ‘Notgemeinschaft deutscher Wissenschaftler im Ausland’ gegründet und von wohlhabenden Schweizer Gelehrten und Bankiers die Mittel zur Eröffnung eines Büros erhalten. An Schwartz hatte sich Malche aus Genf gewandt, der von der türkischen Regierung eingeladen war, einen Plan zur Reorganisation der Istanbul Universität auszuarbeiten. Ursprünglich war es die Absicht des türkischen

730 Bozay 2001, S. 17.
731 Hildebrand 2008, S. 13.
732 Schwartz 1995, S. 42.
733 Ebd., S. 44.
734 Ebd., S. 43.
735 Ebd., S. 41.

> Präsidenten Atatürk, die Erneuerung des Lehrkörpers innerhalb von fünf bis zehn Jahren durchzuführen. Die Hitlersche Universitätspolitik veranlasste ihn, daraus sofort Nutzen zu ziehen [....]. Mit leichter Verzögerung durch einen Autounfall traf ich am nächsten Vormittag in Zürich ein, fand eine größere Zahl von deutschen Professoren, die sich in der gleichen Lage befanden, in der Wohnung von Schwartz' Schwiegervater Tschulok vor und erhielt erstaunliche Aufklärungen über den Zweck der Versammlung [....]. Ungefähr 40 Ordinariate aller Fakultäten sollten – nach Malches Vorschlag – mit entlassenen deutschen Professoren besetzt werden."[736]

Warum bei der Neugestaltung der türkischen Universitäten gerade Gelehrte aus Deutschland herangezogen wurden, hing zum einen mit den Gegegebenheiten der Zeit zusammen, zum anderen aber auch mit der Tatsache, dass die deutschen Methoden ein Garant für den Erfolg des Projektes darstellen sollten. Nissen erklärt dieses Phänomen wie folgt: „50 Jahre hat die deutsche Wissenschaft durch die große Zahl von tüchtigen, erfolgreichen und selbstständig denkenden Männern, die Aufmerksamkeit des Landes auf sich gezogen. Diese Entwicklung hat ehrgeizigen Regierungen und wissenschaftlichen Institutionen des Auslandes den Gedanken nahegelegt, die Methoden deutscher Forschungsarbeit auf geeignete Weise ins eigene Land zu *verpflanzen*. Es war kein Zufall, dass eine nordamerikanische Studienkommission, geleitet von A. Flexner, hauptsächlich die deutschen Verhältnisse untersuchte, als es sich darum handelte, die Methoden von Unterricht und Forschung im eigenen Land zu verbessern."[737]

Die Vermittlung der deutschen Wissenschaftler, die Schwartz der türkischen Regierung vorschlug, erfolgte durch die Minister und etwa zwanzig Mitarbeiter sowie Galip Ende August 1933 in Ankara. Die Verhandlungen wurden auf Französisch geführt. Schwartz erinnert sich:

> „[....] Können Sie uns einen Professor für...vorschlagen? Diese Frage wurde im Laufe des Nachmittags dreißigmal gestellt und unter zunehmender Anspannung beantwortet. [....] Unsere Verhandlungen gestalteten sich zu einem Geben und Nehmen zweier solidarischer Organismen. [....] Zum Schluss einigten wir uns über Gehälter und allgemeine Vertragsbedingungen. In einer Unterbrechung der regulären Verhandlungen wurde das Ergebnis der Besprechungen urkundlich festgehalten. [....] Ich telegraphierte nach Zürich: 'Nicht drei, sondern dreißig'."[738] Diese unbürokratische und rasche Verhandlungsweise hat dazu geführt, dass im Jahr 1933/34 in Zahl 42 deutsche Professoren ihre Arbeit an der Universität Istanbul aufnehmen konnten.[739]

---

736 Nissen, Rudolf: *Helle Blätter – dunkle Blätter. Erinnerungen eines Chirurgen*, Stuttgart 1969 S. 191.

737 Ebd., S. 194–195.

738 Schwartz 1995, S. 45–47.

739 Möckelmann 2005, S. 6.

Nur zwei Monate nach den Verhandlungen wandte sich am 17. September 1933 ein herausragender Wissenschaftler aus Paris mit einer erstaunlichen Bitte an den Ministerpräsidenten Ismet Inönü: „Als Ehrenvorsitzender der jüdischen Gesundheitsgesellschaft »OZE«, bitte ich Sie, eure Exzellenz, 40 deutsche Wissenschaftler und Ärzte in der Türkei anzustellen. Die eben genannten sind auf Grund der rechtlichen Grundlagen in Deutschland nicht mehr in der Lage zu praktizieren. [....] Diese Wissenschaftler sind willig ein Jahr ohne Entlohnung zu arbeiten." Unterzeichnet wurde der Brief von Prof. Albert Einstein höchstpersönlich. Eine Liste von gewünschtem Lehrpersonal wurde beigelegt.[740]

Im Auftrag Inönüs hat Hikmet Bayur auf den Brief geatwortet und zwar Verständnis für die Bitte Einsteins gezeigt, jedoch darauf hingewiesen, dass in jüngster Zeit 40 deutschsprachige Wissenschaftler in der Türkei bereits aufgenommen wurden und eine Integration weiterer Wissenschafter schwer realisierbar sei.[741]

3.5 Die Ankunft der deutschen Professoren in der Türkei und die Regelung ihrer Beschäftigung

Die meisten der vor dem Nationalsozialismus geflohenen Wissenschaftler versuchten in Europa eine sichere Zuflucht zu finden. Für viele erfüllte sich dieser Wunsch nicht und endete in einer Irrfahrt. Schütte-Lihotzky schildert ihre Erinnerungen wie folgt: „Mein Mann arbeitete in derselben Architektengruppe in Moskau. Im August 1937 liefen unsere deutschen Pässe ab. Die Nazi-Botschaft in Moskau verlängerte damals Pässe nur für ein halbes Jahr und mit Gültigkeit für Deutschland und die Sowjetunion. Schon herrschte Vorkriegsstimmung. Hätten wir mit solchen Pässen die Sowjetunion verlassen, hätten wir damals nur nach Hitler-Deutschland zurückkehren können. Das kam aber für uns nicht in Frage. Wir beschlossen daher die Sowjetunion zu verlassen, ehe die Pässe abliefen. Wo sollten wir die Pässe erneuern lassen? Wo konnten wir gleichzeitig Arbeit finden? Und wo konnten wir im Ausland Anschluss gewinnen an die Widerstandsbewegung?"[742]

---

740 Albert Einstein an Ministerpräsident Ismet Inönü, 17.9.1933. Für die Zurverfügungstellung der Dokumente bedanke ich mich bei Mesut Ilgım. Vgl. Abb. 1–3.

741 Hikmet Baynur an Albert Einstein, 7.11.1933. Auf Verlangen von Staatspräsident Atatürk wurde der Brief von Einstein im Jahre 1933 von Samy Gunzberg (Atatürks Privatzahnarzt) auf Türkisch erörtert. Vgl. Abb. 4.

742 Schütte-Lihotzky, Margarete: *Erinnerungen aus dem Widerstand*, Wien 1994, S. 33.

Sogar für renommierte und bekannte Professoren aus Deutschland war es schwer, nach 1933 eine Anstellung im europäischen Ausland zu finden. Es ist daher bemerkenswert, dass die Türkei bis kurz vor dem Ende des Zweiten Weltkrieges eine strategische Friedenspolitik verfolgte, die sie mit fast allen Nachbarländern pflegte. Unter anderem machte diese „Schaukelpolitik" das Vorhaben der kemalistischen Regierung überhaupt erst möglich, im ersten Jahr nach der Machtübernahme Hitlers 30[743] Wissenschaftler aufzunehmen.

Atatürk und die kemalistische Regierung initiierten einen Wissenschaftstransfer, der darauf abzielte, das gesamte Universitätswesen neu zu regeln, um die türkische Wissenschaft auf ein internationales Niveau universitärer Forschung und Lehre zu heben.[744] Die Besonderheit des Schaffens der deutschen Wissenschaftler während ihres Aufenthaltes resultiert also nicht minder durch die optimale Ausgangssituation, die von der türkischen Regierung geschaffen wurde. Viele von ihnen fühlten sich nicht als Fremde in der Türkei, sondern von Staat und Gesellschaft akzeptiert und herzlich aufgenommen. Es verwundert daher nicht, wenn Hirsch sich an seine ersten Tage in Istanbul wie folgt erinnert:

> „Da stand ich nun, ein in deutscher Heimat als Jude missachteter, wegen seiner ‚minderwertigen' Rasse aus seinen Ämtern verjagter, unter Aufgabe von Heim und Herd ins ausländische Exil emigrierter ‚Refugie', ‚weit hinten in der Türkei' inmitten eines von Kristall, Alabaster, Marmor, Porphyre, Intarsien strotzenden, mit kostbaren Möbeln, Teppichen und Gemäden ausgestatteten Thronsaals als einer zu den oberen Tausend gerechneter deutscher Professor!"[745]

Neben Hirsch hat sich beispielsweise auch Alexander Rüstow (1885–1963) vermocht in der Türkei heimisch zu fühlen. So soll ihm der Aufenthalt in der Türkei die nötige Muße gegeben haben, sein großes, kurz nach Kriegsende in der Schweiz veröffentlichtes dreiteiliges Werk „Ortsbestimmung der Gegenwart" zu verfassen.[746]

Etwas kritischer äußert sich Nissen über seine Anfangszeit in Istanbul: „Die Einführung, die ich bei den türkischen Universitätsmitgliedern erhielt, eröffnete fragwürdige Perspektiven: die Zeitungen berichteten über meine Ankunft mit dem Zusatz, dass ich der erste einer großen Reihe von ausländischen Professoren sei, die zum Einsatz der türkischen Professoren bestimmt seien. Vorsorglich sei allen türkischen Hochschullehrern gekündigt worden. [....] Man

743 Erichsen 1991, S. 80.
744 Ebd., S. 80.
745 Hirsch 2008, S. 52.
746 Neumark 1980, S. 76.

braucht aber keine Phantasie dazu, um sich die Atmosphäre vorzustellen, in die ich hineingeriet."[747] Nissen spricht hier das angespannte Verhältnis zwischen den ausländischen und den einheimischen Professoren an. Nicht zuletzt, waren viele der übernommenen Lehrkräfte der alten Darülfünun gegen eine „Europäisierung" der Bildungseinrichtungen. Zudem bestand eine Spannung zwischen den alteingesessenen und zum Teil sehr konservativen Mitgliedern des Lehrkörpers und den Anhängern der Ideologie Atatürks.[748]

Viele unter den Emigrierten hatten zusätzlich auch mit kulturellen, klimatischen und sprachlichen Problemen zu kämpfen. So soll Wilhelm Röpke (1899–1966), der in Istanbul an der Wirtschaftswissenschaftlichen Fakultät lehrte, heilfroh gewesen sein, als er 1937 Istanbul wieder verlassen konnte, weil er schlicht mit dem „orientalischen Lebensstil" nichts anzufangen wusste.[749]

Ganz unbürokratisch hat der Österreicher Clemens Holzmeister den Weg in die Türkei gefunden, als er von dem türkischen Gesandten Hamdi Bey nach einem Spezialisten für die Errichtung von Kriegsministerien gefragt wurde. Holzmeister erinnert sich wie folgt: „Einige Monate nach dieser Audienz erhielt ich die Einladung des türkischen Kriegsministers in Ankara zu einer Vorsprache an Ort und Stelle. Keiner fremden Sprache mächtig, stand ich eines Tages vor ihm, nachdem mich eine Eskorte Soldaten am Bahnhof in Ankara in Empfang genommen hatte. Mit Hilfe eines Offiziers, der in Deutschland studiert hatte, begannen die Verhandlungen, die mich ungefähr zwei Monate in dieser Stadt hielten. [....] Im Februar fiel die Entscheidung. Atatürk persönlich hatte mein Projekt von den drei im Vordergrund stehenden als das geeignetste bezeichnet [....]. Ahnungslos reiste ich damals nach Ankara, um erst nach Jahren mein armes Österreich wieder zu sehen."[750]

Neben Holzmeister aus Österreich flüchteten aber auch Wissenschaftler aus anderen Ländern auf Grund der Kriegserfolge der Nationalsozialisten in die Türkei. Insgesamt geht man von der Annahme aus, dass sich die Türkei als fairer Vertragspartner erwies, der die Wissenschaftler während der gesamten Zeit ihres Aufenthaltes vor Repressionen der Nationalsozialisten schützte.[751]

---

747 Nissen 1969, S. 192.

748 Bozay 2011, S. 54.

749 Neumark 1980, S. 74.

750 Clemens Holzmeister, zit. n.: Hambrusch, Horst (Hrsg.): *Clemens Holzmeister. Ankara. Eine Hauptstadt für die Türkei*, Innsbruck 2011, S. 184–185.

751 Buhbe, Matthes: Die Emigration deutschsprachiger Wirtschafts- und Sozialwissenschaftler in die Türkei, in: Hagemann, Harald (Hrsg.): in: *Zur deutschsprachigen wirtschaftswissenschaftlichen Emigration nach 1933*, Marburg 1997, S. 414. Kritisch

Neben dem Einreisevisum sicherte vor allem der Arbeitsvertrag die existentielle Grundlage der Emigranten. Das türkische Gesetz zur Regelung der Ausländerbeschäftigung[752] legte nämlich fest, dass Ausländer nur in bestimmten Berufen arbeiten durften. Für die deutschen Professoren wurde daher das Sondergesetz Nummer 2351 vom 11.12.1933 erlassen.[753] Anfänglich stellte die Istanbul Universität drei- bis fünfjährige Arbeitsverträge aus. Diese Verträge verpflichteten nicht nur zu Lehre und Forschung, sondern auch zur Zusammenarbeit mit ausländischen Forschungsinstituten, um die neue Universität auf einen internationalen Standard zu heben.[754] Reisman schreibt, dass die Verträge jedes Jahr aufs Neue unterzeichnet wurden. Die meisten der angestellten Professoren besaßen zudem den Status eines „Außerordentlichen Universitätsprofessors". Wenngleich auch die Veträge grundsätzlich erneuerbar waren, beinhalteten sie fixe Klauseln. Rentenansprüche hatten die angestellten Professoren keine.[755] Hirsch schreibt, dass die Verträge nach fünf Jahren ausliefen, wenn sie mit einer Frist von fünf Monaten vor ihrem Ende gekündigt wurden. Andererseits galten sie als für weitere fünf Jahre verlängert. Das Nettogehalt betrug in der Regel ca. 550–750 Türkische Lira. Dies waren zur damaligen Zeit „gute Gehälter".[756] Jedoch konnte das Gehalt je nach Qualifikation oder Lehrtätigkeit auch weniger betragen. Heinz Anstock, der 1934 nach Istanbul kam, um als Lektor am Sprachinstitut der Universität Istanbul zu arbeiten, hat beispielsweise nur 450 Lira pro Monat verdient.[757]

Zu berücksichtigen ist allerdings, dass im Vergleich zu den deutschen Wissenschaftlern die türkischen Kollegen weniger als die Hälfte, in manchen Fällen sogar nur etwa ein Viertel erhielten. Daneben gab es in den Verträgen noch eine

---

dazu äußerst sich Guttstadt: „Dass die Türkei die Exilwissenschaftler nicht aus humanitären Gründen, sondern aus Nützlichkeitserwägungen aufnahm, zeigte sich auch daran, dass mehrere Vorstöße von jüdischer Seite, die Türkei zur Aufnahme einer größeren Anzahl jüdischer Flüchtlinge zu bewegen, scheiterten." Vgl. Guttstadt 2008, S. 216.

752 Vgl. Türkiye'deki Türk vatandaşlarına tahsis edilen sanat ve hizmetler ile hakkinda kanun, Yasa No: 2007, Tarih: 11.6.1932.

753 Vgl. Tababet ve suabati sanatlarinin tarzi icrasina dair 11 Nisan 1928 tarih ve 1219 numaralı kanuna eklenecek kanun. Yasa No: 2351, Tarih: 11.12.1933.

754 Möckelmann 2005, S. 7.

755 Reisman 2006, S. 22.

756 Hirsch 2008, S. 34. Der Gehalt von 700 TL entsprach zur damaligen Zeit etwa dem Gehalt eines Parlamentsabgeordneten.

757 Vgl. Punkt 2 im Arbeitsvertrag von Heinz Anstock, Abb. 5.

spezielle Klausel, die die Professoren dazu verpflichtete, die türkische Sprache so schnell wie möglich zu erlernen und Lehrbücher auf Türkisch zu verfassen.[758]

Diese „Sprachklausel“,[759] wie Hirsch sie nennt, war für jeden Wissenschaftler unterschiedlich schwer zu bewältigen. In den Rechtswissenschaften ist es nur Hirsch und Neumark gelungen, die türkische Sprache in hervorragender Weise zu erlernen.[760] Besonders schwer getan haben soll sich beispielsweise Röpke. 1936 von Rektor Bilsel zur Rede gestellt, warum er keine Vorlesungen auf Türkisch halte, soll Röpke geantwortet haben: „In meiner Muttersprache kann ich ausdrücken, was ich sagen will, in türkischer Sprache nur das, was ich türkisch zu sagen gelernt habe; und dies ist, selbst wenn ich mir sehr große Mühe gebe, für eine wissenschaftliche Vorlesung nicht ausreichend.“[761]

3.5.1 Zahlen und Fakten

Nach 1933 verfolgte der staatliche und politische Machtapparat die jüdische Bevölkerung in abgrenzbaren Phasen und Wellen, die sowohl von innen- wie außenpolitischen Gründen beeinflusst waren. Die jüdische Flucht blieb mit ca. 20.000–25.000 Personen pro Jahr konstant. Die Pogrome vom November 1938 bewegten jüdische wie nicht-jüdische Wissenschaftler zur Auswanderung. Die Zahl der nicht-jüdischen Vertriebenen wird in dieser Zeit auf etwa 30.000 geschätzt. Das Jahr 1938 und das Folgejahr stellten daher einen zahlenmäßigen Höhepunkt der Exilierung dar. Strauss geht davon aus, dass der Transfer von Wissenschaftlern und damit von wissenschaftlichen Inhalten und Methoden, die Flucht von jüdischen wie nicht-jüdischen Regimegegnern beinhaltet und geht von 500.000 deutschsprachigen[762] Flüchtlingen aus. Es handelt sich bei dieser Gruppe, weder „um Angehörige der höheren Mittelschichten und aus intellektuellen Milieus, noch um profillose Millionen, sondern um ein strukturiertes Segment der deutschen Gesellschaft. Von Universitätslehrern im Rang eines Professors dürften etwa 15 % bis 1940 die Flucht ins Ausland angetreten sein.[763]

---

758 Neumark 1980, S. 19–20.

759 Hirsch 2008, S. 60.

760 Azrak, Ülkü in: Möckelmann, Reiner (Hrsg.): *Exil und Bildungsreform. Deutsche Rechtsprofessoren in der Türkei ab 1933*, Generalkonsulat der Bundesrepublik Deutschland, Istanbul, 29.11.2005, S. 14.

761 Wilhelm Röpke, zit. n.: Hirsch 2008, S. 64.

762 Gemeint sind damit Flüchtlinge aus Deutschland, Österreich und der Tschechoslowakei.

763 Strauss 1991, S. 9–10.

Erichsen geht von einer weitaus höheren Zahl aus und spricht von schätzungsweise 1200–1500 Wissenschaftlern, die aus dem Deutschen Reich geflüchtet sind.[764] Hauptziel der ersten Fluchtwelle im Jahre 1933 waren die europäischen Nachbarländer, in erster Linie Frankreich, die Tschechoslowakei, Belgien und die Niederlande. In geringem Ausmaß auch die Schweiz, Dänemark und Großbritannien.[765] Im Folgejahr waren Palästina und ab 1936 die USA, Südamerika, Südafrika und Australien die wichtigsten Aufnahmeländer.[766]

Was die Rechtswissenschaften angeht, gehen Breunung / Walther davon aus, dass von den insgesamt 496 im Deutschen Reich tätigen Hochschullehrern, insgesamt 131 durch Amtsenthebung oder durch Entziehung ihrer Lehrbefugnis bzw. ihres Lehrauftrages, aus ihren Ämtern enlassen wurden. Dies entspricht einen Anteil von 26,4% des Gesamtlehrkörpers.[767]

Was Zahlen und Angaben über die Emigration in die Türkei betrifft, herrschen unterschiedliche Meinungen. Fest steht, dass es sich um eine überschaubare Gruppe handelt, die Aufschluss über die Emigration und Integration in die türkische Gesellschaft gibt. Dabei sind drei Phasen zu unterscheiden: in der ersten Phase zwischen 1933 und 1938 kamen überwiegend „aus Deutschland geflüchtete und verachtete" Juden. Nach dem Tod Atatürk, „dessen Autorität sich wie ein Schutzschild über die deutschen Flüchtlinge gelegt hatte, bis zum Abbruch der diplomatischen Beziehungen" beginnt die zweite Phase, die geprägt ist von zunehmenden Schwierigkeiten: „dem Ablauf der fünfjährigen Arbeitsverträge, den Problemen mit der Aufenthaltsgenehmigung, der Teuerung – und der Unsicherheit, auf welcher Seite die Türkei schlussendlich in den Krieg eintreten würde." Die dritte Phase bestimmt die Zeit von 1944 bis zum Kriegsende, bzw. bis zum Ende der Internierungen 1946.[768]

Cremer ist der Ansicht, dass zwischen 1933–1944 ca. 700–800 Personen aus Deutschland und Österreich in die Türkei emigrierten. In den meisten Fällen flüchteten ganze Familien. Circa 200–300 von ihnen fanden nur vorübergehend Zuflucht in der Türkei. Die meisten von ihnen wanderten nach der deutschen Invasion weiter.[769]

---

764 Erichsen 1991, S. 73.

765 Guttstadt 2008, S. 211.

766 Ebd., S. 212.

767 Breunung, Leonie / Walther, Manfred: *Die Emigration deutschsprachiger Rechtswissenschaftler ab 1933*, Berlin 2012, S. 6.

768 Fischer- Defoy 2000, S. 15–16.

769 Cremer, Jan / Przytulla, Horst: *Exil Türkei. Deutschsprachige Emigranten in der Türkei 1933–1945*, Ausst. Kat. Yol-Kulturforum, München 1991, S. 19.

Widmann ist wiederum der Meinung, dass bereits 1933 von 65 Ordinarien in Istanbul 38 durch ausländische Professoren – allerdings nicht alle Emigrantenprofessoren – besetzt wurden. Zusammengefasst waren zwischen 1933/1945 56 Professoren, 35 Dozenten und 7 wissenschaftliche Hilfskräfte, also rund 100 Emigranten an der Universität Istanbul beschäftigt. In Ankara waren 18 Emigranten als Professoren tätig und daneben noch ca. 20 zum großen Teil österreichische Emigranten und Künstler als Lehrkräfte am Staatlichen Konservatorium beschäftigt. Als Gesamtzahl kommt Widmann daher auf 140 deutschsprachige Emigranten, ohne Familienangehörige.[770]

Der Verein Aktives Museum in Berlin geht von insgesamt 1000 Personen aus, die in die Türkei emigriert sind. 126 davon kamen auf Grund von politischer oder kunstpolitischer Verfolgung in das Land, 626 aus rassischen Gründen.[771]

Professor Neumark erinnert sich, dass „zusammen rund ein Viertel aller Ordinarien bzw. ein Drittel aller Professoren – und sonstigen Türkeiemigranten aus Persönlichkeiten bestand, die mit Herz und Hirn politisch und damit zugleich vielfach auch wirtschaftspolitisch liberal waren. Unter ihnen fanden sich verständlicherweise nicht wenige Sozialwissenschaftler, wie insbesondere meine Freunde und Kollegen Gerhard Kessler, Wilhelm Röpke und Alexander Rüstow."[772]

Was die Zeit nach dem Krieg betrifft, lässt sich generell feststellen, dass die Möglichkeit der Rückwanderung in die Ursprungsländer theoretisch nach dem Mai 1945 gegeben war, aber nur soweit die Besatzungsmacht die Hindernisse, die sich von allen politischen Exilanten der Westzone in den Weg legten, lockerten.[773]

Von den etwa 1000 Türkeiemigranten haben nur etwa zehn einen Antrag auf die türkische Staatsangehörigkeit gestellt. Nur sechs wurden mit ihren Familien eingebürgert.[774] Von den Rechtswissenschaftlern war Ernst E. Hirsch der Einzige unter den Emigranten, der die türkische Staatsbürgerschaft – mit für ihn mehr Nachteilen als Vorteilen – angenommen hat. In der Türkei verstorben ist von den Juristen laut meinen Recherchen niemand. Hirsch, Neumark, Kessler, Honig, und Schwarz sind in Deutschland, Strupp in Frankreich verstorben. Von

---

770 Widmann, Horst: Der Beitrag E. Reuters und anderer deutscher Professoren zur Entwicklung des wissenschaftlichen Lebens in der Türkei, in: *Ernst Reuter'in Anısına. Zum Gedenken an Ernst Reuter*, Ankara 1986, S. 166.

771 Fischer-Defoy 2000, S. 15.

772 Neumark 1980, S. 25.

773 Strauss 1991, S. 12.

774 Fischer-Defoy 2000, S. 15.

den anderen Wissenschaftlern blieben beispielsweise der Mediziner Erich Frank (1884–1957), der Architekt Bruno Taut (1880–1938) und der Archäologe Clemens Bosch (1899–1955), bis zu deren Tod in der Türkei. Bruno Taut liegt in Edirnekapı begraben und Bosch in Feriköy. Das Grab des Zoologen Curt Kosswig befindet sich zusammen mit Franks Grab in Sarıyer, Istanbul.[775]

3.5.2 Grafische Darstellung

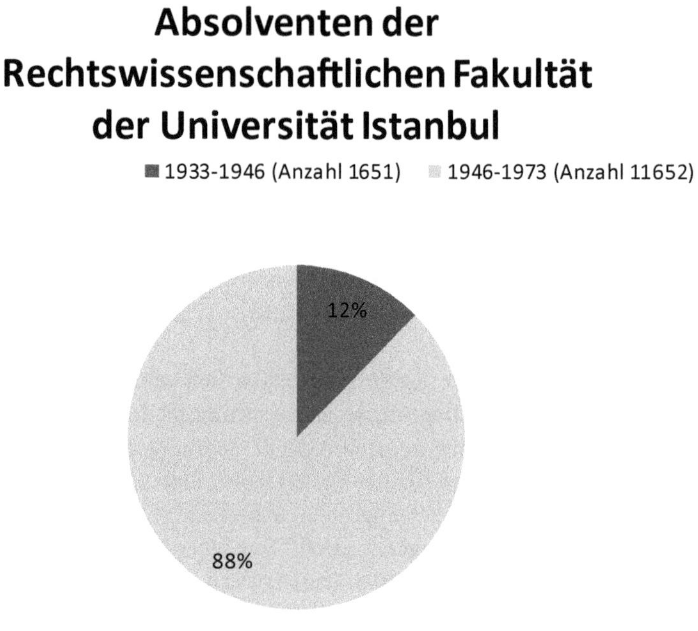

Quelle: *Cumhuriyetin 50. Yılında İstanbul Üniversitesi* [Im fünfzigsten Jahr der republikanischen Universität Istanbul, ü. a. d. T.] Istanbul 1973, S. 417. Grafik: Alexandra Üner

775 Vgl. Abb. 6, 7.

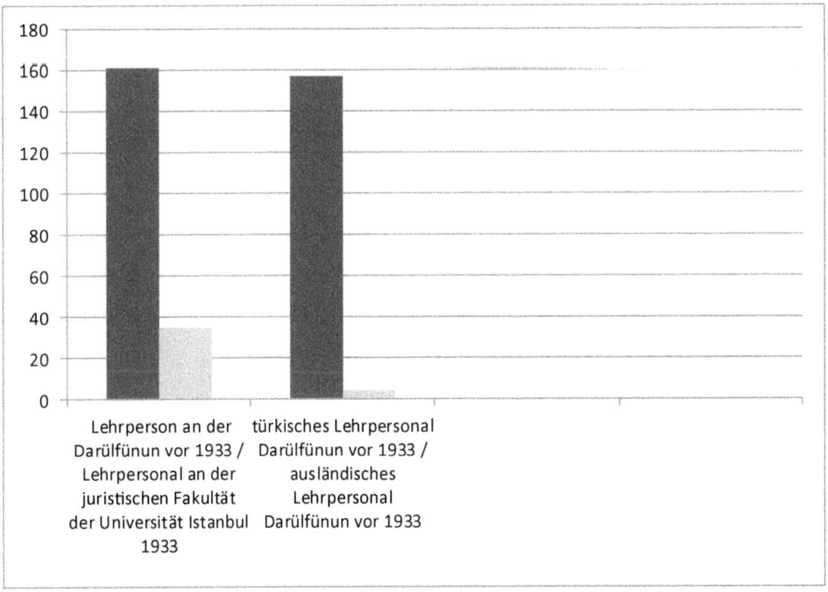

Quelle: *Cumhuriyetin 50. Yılında İstanbul Üniversitesi* [Im fünfzigsten Jahr der republikanischen Universität Istanbul, ü. a. d. T.] Istanbul 1973, S. 417. Grafik: Alexandra Üner

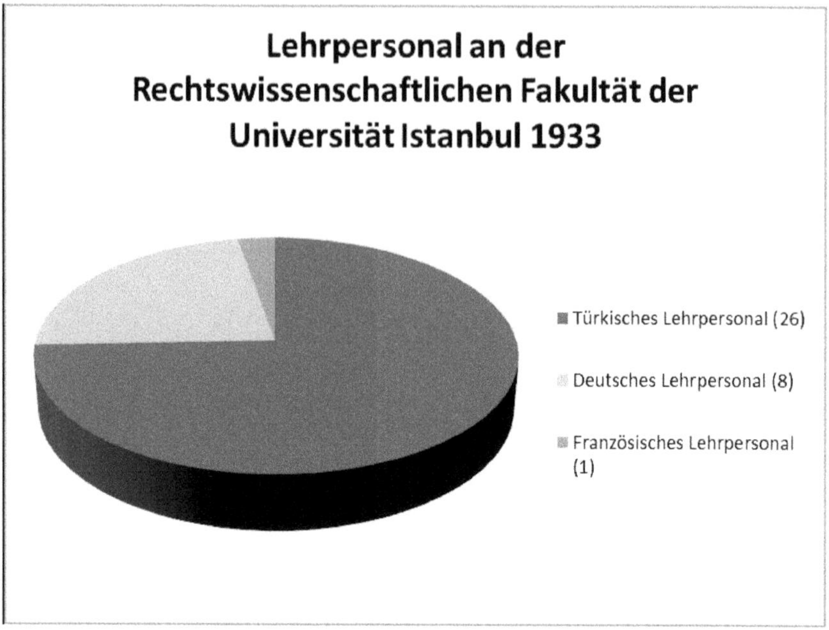

Quelle: *Cumhuriyetin 50. Yılında İstanbul Üniversitesi* [Im fünfzigsten Jahr der republikanischen Universität Istanbul, ü. a. d. T.] Istanbul 1973, S. 430–431. Grafik: Alexandra Üner

Liste des Lehrpersonals an der Rechtswissenschaftlichen Fakultät der Universität Istanbul 1933:[776]

Ali Fuat
Baban Şükrü
Belgesay Mustafa Reşit
Bilsel Cemil
Crozat Charles
Dilemre Saim Ali
Hirsch Ernst
Honig Richard
Kessler Gerhard
Mardin Ebulula

776 *Cumhuriyetin 50. Yılında İstanbul Üniversitesi* [Im fünfzigsten Jahr der republikanischen Universität Istanbul, ü. a. d. T.], Istanbul 1973, S. 430–431.

Menemenci Ethem
Neumark Fritz
Pelin İbrahim Fazil
Röpke Wilhelm
Rüstow Alexander
Sadri Maksudi
Salim Ahmet
Yavuz Mehmet
Sarç Ömer Celal
Schwarz Andreas
Sevig Muammer Raşit
Strupp Karl
Taner Tahir
Birsen Kemaleddin
Ete Muhis
Gültekin Galip Mustafa
Galip Recai
Özeken Ahmet Ali
Orhan Nuri Adil Arslan
Refii Şükrü
Köni Burhaneddin
Rüçhan Naci
Somay Hikmet
Talip Şemseddin
Veldet Hıfzı

4 Die Haymatlozen

„Sie haben mir dreimal Haus und Existenz umgeworfen, mich von jedem Einstigen und Vergangenen gelöst und mit ihrer dramatischen Vehemenz ins Leere geschleudert, in das mir schon wohlbekannte 'Ich weiß nicht wohin'. Aber ich beklage das nicht; gerade der *Heimatlose* wird in einem neuen Sinne frei, und nur der mit nichts mehr Verbundene braucht auf nichts mehr Rücksicht zu nehmen." [777]

4.1 Ernst E. Hirsch

Als einer der bedeutendsten Juristen ist Ernst E. Hirsch (1902–1985) in der Türkei hervorgegangen. Das türkische Recht hat in seiner ganzen Bandbreite – Zivil-, Handels- und Gesellschaftsrecht, Internationales Privatrecht, Recht des gewerblichen Rechtsschutzes und Urheberrecht, Wettbewerbs-, Wertpapier-, Versicherungs-, Universitäts- und Verfassungsrecht; daneben Rechtsphilosophie und Rechtssoziologie – von diesem Mann profitiert.[778]

Am 30. März 1933 wird der 31-jährige Hirsch, der seit 1930 als Privatdozent für Handelsrecht und Internationales Privatrecht sowie seit 1931 am Landgericht in Frankfurt am Main tätig war, aufgefordert, auf Grund des Berufsbeamtengesetzes seine Privatdozentur und sein Amt am Landgericht nieder zu legen.[779] Hirsch vertraut auf seine rechtsvergleichende Publikation im Handelsrecht, speziell im Wechselrecht und erkundigt sich über Arbeitsmöglichkeiten bei seinem Freund Professor Mejers. Nach anfänglichen Schwierigkeiten gelingt es ihm, an der Universität Amsterdam Fuß zu fassen.[780]

Als sich im April 1933 in Zürich unter der Leitung von Phillip Schwartz eine „Beratungsstelle für deutsche Wissenschaftler" zusammenschloss, sollte dies für Hirsch die Wende in seiner Karriere werden. „Ich war in einer schwierigen Lage: Ich hatte die feste Zusage einer sofortigen Umhabilitierung an die Universität Amsterdam und die zwar nicht einklagbare, aber doch wohl sichere Aussicht

777 So beschreibt Stefan Zweig seine Lebensjahre in Österreich zwischen 1914 und 1939. Zit. n.: Langer, Josef: Gesellschaftliche Rahmenbedingungen der wissenschaftlichen Emigration aus Österreich, in: Stadler, Friedrich (Hrsg.): *Vertriebene Vernunft I. Emigration und Exil österreichischer Wissenschaft 1930–1940*, Wien 1987, S. 51.

778 Krüger, Hilmar: Zum Gedenken Ernst E. Hirsch (1902–1985), in: *Die Welt des Islams XXVI*, Leiden 1985, S. 141.

779 Hirsch 2008, S. 13.

780 Ebd., S. 26–27.

auf einen Lehrstuhl im Laufe des folgenden Jahres [...]. Diese aufgeführten Gesichtspunkte besprach ich eingehend mit Professor Scheltema. Er riet mir, mein Einverständnis für eine etwaige Berufung nach Istanbul zu erklären, aber meine Zelte in Amsterdam erst abzubrechen, sobald die Berufung auf den Istanbuler Lehrstuhl faktisch und rechtlich gesichert sei".[781]

Den unterzeichneten offiziellen Ruf auf den Lehrstuhl für Handelsrecht an der Universität Istanbul erhielt er von Prof. Malche Ende September 1933. Den förmlichen Anstellungsvertrag – zunächst auf drei Jahre – unterzeichnete Hirsch am 4. Oktober 1933.[782] Er verpflichtete sich dazu nach drei Jahren seine Vorlesungen in Türkisch vorzutragen, Prüfungen auf Türkisch zu halten und wissenschaftliche Arbeiten auf Türkisch zu veröffentlichen. Tatsächlich war Hirsch ein „Sprachengenie" und hat bereits 1939 das erste Handelsrechtsbuch in türkischer Sprache verfasst (türk. *Ticaret Hukuku Dersler, Cilt 1*).[783] Weitere Veröffentlichungen sollten bald folgen. Alleine seine türkischen Aufzeichnungen liegen im zweistelligen Bereich. Ein Schriftverzeichnis über seine Publikationen hat die Universität Istanbul in seinen Gedenkschriften von 1964 sowie 1986 veröffentlicht. Auf Deutsch wurde sein wissenschaftliches Werk anlässlich seines 75. Geburtstages erneut zusammengetragen.[784] Karayalcın schreibt, dass Hirsch während seiner 53-jährigen Karriere (davon 19 Jahre in der Türkei) 40 türkische Bücher (45%) und 190 türkische Aufsätze (36%) publizierte. In deutscher Sprache soll er 117 Aufsätze und 22 Bücher veröffentlicht haben, davon knapp 40 % über das türkische Recht. Seit 1943 hat er sich überwiegend der Methodenlehre, der Rechtsphilosophie und der Rechtssoziologie gewidmet.[785]

Eine seiner bedeutendsten Aufgaben war aber wohl die Aufbereitung des Handelsrechts auf der Grundlage der positiven türkischen Rechtsordnung. Hinzu kam die besondere Schwierigkeit, dass die einzelnen Rechtsinstitute des

---

781 Ebd., S. 32.

782 Ebd., S. 34.

783 Bilsel 1943, S. 79.

784 Vgl. *Ord. Prof. Dr. Ernst E. Hirsch'e Armağan*,[Festschrift zu Ehren für Herrn Ord. Prof. Dr. Ernst E. Hirsch, ü. a. d. T.], Ankara Üniversitesi Hukuk Fakültesi Yayınları No. 197, Ankara 1964, S. 23–29. Vgl. *Prof. Dr. Ernst E. Hirsch'in Hatırasına Armağan (1902–1985). Gedächtnisschrift für Herrn Prof. Dr. Ernst E. Hirsch*, Ankara 1986, S. 893–914. Vgl. auch: Liber Amicorum. *Ernst E. Hirsch. Eine Bio- und Bibliographie anlässlich seines 75. Geburtstages*, Amriswil 1977, S. 63–81.

785 Karayalcın, Yaşar: Prof. Dr. Ernst E. Hirsch: Kişiligi – Türk Hukuku, in: *Prof. Dr. Ernst E. Hirsch'in Hatırasına Armağan (1902–1985). Gedächtnisschrift für Herrn Prof. Dr. Ernst E. Hirsch*, Ankara 1986, S. 12.

Landhandelsrechts, nicht wie etwa das Seehandelsrecht aus einer einzigen nationalen Rechtsordnung zu entnehmen waren, sondern aus mindestens zwölf verschiedenen nationalen Rechten entstammten.[786]

Eine zweite Forschungsaufgabe lag auf dem Gebiet des Urheberrechts. Im Mai 1939 wandte sich Hirsch an das türkische Unterrichtsministerium mit der Bitte, den Entwurf eines neuen vollständigen Urheberrechtsgesetzes nebst Begründung durch die zuständigen Mitglieder des Lehrkörpers ausarbeiten zu lassen. Der Entwurf sollte für eine leichte Anwendbarkeit des Gesetzes sorgen, die Rechte des Urhebers, die Achtung vor dem Werk und den Schutz der Urheberehre, berücksichtigen.[787] Zeitgleich widmete er sich dem Aufbau der Bibliothek an der Rechtswissenschaftlichen Fakultät in Istanbul mit Hilfe einer Gruppe von Studenten und seines wissenschaftlichen Mitarbeiters Halil Arslanli. Auf die Frage der Studenten, was sie denn nun für die zusätzliche Arbeit während der Ferien verdienen würden, hat Hirsch bloß geantwortet: „Das doppelte von dem was ich erhalte". Hirsch wusste natürlich zu dieser Zeit bereits, dass er für diese Arbeit nichts erhalten würde und sah es als seine Pflicht im Gesamtinteresse der Fakultät zu handeln.[788]

1936 besuchte Hirsch zum ersten Mal Ankara. Knapp siebeneinhalb Jahre nach seinem ersten Besuch folgte Hirsch im November 1943 dem Ruf der Rechtsfakultät in die Hauptstadt. Hier waren ihm zwei Ordinariate übertragen worden: der Lehrstuhl für Land- und Seehandelsrecht und der neugegründete Lehrstuhl für Rechtsphilosophie, dem später das Fach Rechtssoziologie angegliedert wurde. Land und Seehandelsrecht waren zu dieser Zeit in der vierten Klasse Pflichtfächer, während Rechtsphilosophie und Rechtssoziologie in der dritten Klasse als Pflichtfächer für Vorlesungen und Prüfungen gelehrt wurden. Daneben widmete er sich in Ankara der Methodenlehre und dem Urheberrecht.[789] Eine weitere Nebenbeschäftigung, die ihn sehr viel Zeit kostete, war die Aufbereitung eines türkischen Rechtswörterbuches ab 1937. Die endgültige Version wurde in den Sommerferien 1942 unter Mitwirkung von Andreas B. Schwarz, der die englischen und lateinischen Fachausdrücke und Charles Crozat, der die französischen Fachausdrücke hinzufügte, fertiggestellt.[790]

Durch die 11. Verordnung zum deutschen Reichsbürgergesetz vom 25.11. 1941 verlor Hirsch – wie alle im Ausland lebenden Juden und die ihnen gleichgestellten Personen – am 27.11. 1941 die deutsche Staatsangehörigkeit und

786 Hirsch 2008, S. 92–93.
787 Ebd., S. 111.
788 Ebd., S. 88.
789 Ebd., S. 190.
790 Ebd., S. 207.

wurde sozusagen „*haymatloz*". Durch die Hilfe von Philipp Schwartz, gelang es den Ausgebürgerten tschechische Pässe zu besorgen. Was Hirsch zu dieser Zeit jedoch noch nicht wusste, war, dass er fünf Jahre nachdem er den Antrag auf die türkische Staatsbürgerschaft gestellt hatte, diese nun endlich erhalten sollte. Als einziger der emigrierten Juristen wurde Hirsch – mit für ihn mehr Nachteilen[791] als Vorteilen – am 21. September 1943 die türkische Staatsbürgerschaft verliehen.[792]

Seine ursprünglich 1941 veröffentlichte Konzeption zur Handelsrechtsreform hat Hirsch 1943 aufgegeben, um ein Handelsgesetzbuch auszuarbeiten, welches neben dem Obligationengesetzbuch einen wesentlichen Bestandteil des türkischen Zivilrechts bilden sollte. Knapp zehn Jahre später wurde am 29. Juni 1956 das von Hirsch ausgearbeitete Handelsgesetzbuch von der Großen Nationalversammlung angenommen.[793] Einen zweiten Gesetzesentwurf hat Hirsch mit der Ausarbeitung des Hochschulgesetzes getätigt. Der Vorsitzende des damit beauftragten Ausschusses war der Verwaltungsrechtler Professor Sıddık Sami Onar. Das 1946 verabschiedete Gesetz blieb bis 1973 in Geltung.[794] Die Änderung die damit einherging, war die Festsetzung der Autonomie für die Universitäten und Fakultäten in rund 100 Artikeln.[795]

Am 2. März 1945 hat Hirsch die Anwaltslizenz in der Türkei erhalten. Am 5. Juli 1945 hat er sich mit der Nummer 1696 in der Anwaltskammer Istanbul eintragen lassen und am 29. Mai 1946 mit der Nummer 372 in die Anwaltskammer Ankara.[796]

Im Jahr 1952 hat Hirsch schweren Herzens die Türkei verlassen, um bei dem Aufbau der Universität in Berlin mitzuwirken. Kein Geringerer als der regierende Bürgermeister Berlins – und ebenfalls aus dem türkischen Exil stammende – Ernst Reuter hat Hirsch zur Rückkehr gebeten.[797]

Nach einer „vorübergehend gedachten dreijährigen Lehrtätigkeit" in Berlin, kam eine Rückkehr nach Ankara für Hirsch aus persönlichen Gründen nicht

---

791 Die Konsequenz der Einbürgerung war, dass sein privatrechtlicher Anstellungsvertrag in ein Beamtenverhältnis geändert wurde und somit auch sein Verdienst an den seiner türkischen Kollegen angepasst werden musste.

792 Ebd., S. 158–159.

793 Ebd., S. 231–234.

794 Azrak 2005, S. 15.

795 Hirsch 2008, S. 217.

796 Yüksel, Süleyman: *Av. Ord. Ernst E. Hirsch*, in: http://www.ankarabarosu.org.tr/siteler/ankarabarosu/hgdmakale/2014-2/05.pdf, 2014, S. 32.

797 Möckelmann 2013, S. 110.

mehr in Betracht. Er beschloss daher, sich von Deutschland aus für die türkischen Interessen einzusetzen und sammelte eine Anzahl junger türkischer Studenten um sich, die entweder bei ihm promovierten oder sich auf ihre Habilitation vorbereiteten. 1977 wird ein Hörsaal in der Universität Istanbul nach ihm benannt. Ein Jahr später wurde Hirsch die Ehrendoktorwürde der Universität Istanbul verliehen[798] und jüngst eröffnete in Antalya das Ernst Hirsch Zentrum zur Erforschung der Grundlagen des Rechts. Jeder Student der Rechtswissenschaften kann sein Arbeitszimmer in Ankara heute noch finden.[799] Hirsch starb im Alter von 83 Jahren in Königsfeld im Schwarzwald. Die Trauer, die er hinterließ, war groß.

> *„Als dann das Ende, schneller als erwartet, gekommen war - wenige Tage vor dem Erscheinen der türkischen Fassung seiner Lebenserinnerungen - da wussten wir, Freunde und Schüler in aller Welt, was wir an Ernst Hirsch verloren hatten.“*[800]

4.2 Richard Honig

Richard Honig entstammte aus einer jüdischen Familie und war 1933 an der Universität Göttingen Professor für Strafrecht, Rechtsphilosophie und kanonisches Recht. Später lehrte Honig auch Rechtsgeschichte.[801] Während seiner Lehrtätigkeit im türkischen Exil hat er mehrere juristische Lehrbücher und Zeitschriftenartikel herausgegeben und eine interessante Studie zur Geschichte der Rechtswissenschaft betrieben.[802]

Sein Kollege Neumark schreibt über ihn, dass er „ein etwas trockener, aber wissenschaftlich solider und nicht unbedeutender Mann“ gewesen sei, „der freilich nicht jene Ausstrahlungskraft hatte, die andere Kollegen besaßen.“[803] Sein bester Freund Walter Igersheimer war ebenfalls im türkischen Exil. Igersheimer erinnert sich: „I was happy to be reunited with Richard Honig who was my best friend from the time I was six years old. We did do a lot of swimming together around Istanbul.“[804]

798 Hirsch 2008, S. 245–247.

799 Vgl. Abb. 8.

800 Thieme, Hans: Aus einem Briefwechsel mit Ernst Hirsch während seiner letzten Lebensjahre, in: *Prof. Dr. Ernst E. Hirsch`in Hatırasına Armağan (1902–1985). Gedächtnisschrift für Herrn Prof. Dr. Ernst E. Hirsch*, Ankara 1986, S. 27–28.

801 Hoss, 2007, 141.

802 Widmann 1973, S. 119.

803 Neumark 1980, S. 90.

804 Walter Igersheimer, zit. n.: Reisman 2006, S. 433.

Noch vor Kriegsende übersiedelte Honig in die Vereinigten Staaten. 1946 berief ihn die britische Militärregierung an die Universität Göttingen zurück, was Honig jedoch ablehnte. Eine der Bedingungen war nämlich, die deutsche Staatsbürgerschaft zu besitzen, was er nicht erfüllen konnte – und wollte.[805]

4.3 Andreas B. Schwarz

Andreas B. Schwarz ist 1886 während der Österreichisch-Ungarischen Monarchie in Budapest als Sohn einer reichen und intellektuellen jüdischen Familie zur Welt gekommen. Sein Vater, Arthur Schwarz, war Nervenspezialist, sein Onkel Gustav Schwarz, Professor für Römisches Recht und Handelsrecht an der Universität in Budapest. Schwarz war ein herausragender Student der ersten Stunde, der im siebten Semester noch während seiner Studienzeit, bereits einen Preis für seine wissenschaftliche Arbeit gewonnen hatte.[806]

1908 beendete er sein Studium in Ungarn und kehrt nach Deutschland zurück, wo er am berühmten papyrologischen Institut von Ludwig Mitteis in Leipzig zu arbeiten beginnt. Hier stellt er nur drei Jahre später sein Werk „*Hypothek und Hypallagma. Beitrag zum Pfand- und Vollstreckungsrecht der griechischen Papyri*“ fertig, aufgrund dessen man ihm 1912 die *venia legendi* erteilte. In Leipzig schreibt er auch sein Standardwerk „*Die öffentliche und private Urkunde im römischen Ägypten. Studien zum hellenistischen Privatrecht*“, welches erst Jahre nach Kriegsende publiziert wird.[807]

Nach einer Lehrtätigkeit an der Universität Zürich und Freiburg im Breisgau, emigrierte Schwarz 1934 nach Istanbul, um eine Professur für Zivilrecht und Römisches Recht anzunehmen. Sein großer Vorteil lag darin, dass er das übernommene Schweizer Recht hervorragend beherrschte. Bei seinen Kollegen genoss er äußerste Hochachtung. Seinem Andenken ist eine Nummer in der Zeitschrift „*Annales de la Faculté de droit d`Istanbul*“ (1954) gewidmet.[808]

805 Hoss 2007, S. 141.

806 Akpınar, Turgut: *İstanbul Üniversitesinde 50 Yıl Öncesi Bazı Büyük Hocalarımız* [Einige unserer großen Professoren vor 50 Jahren an der Istanbul Universität, ü. a. d. T.] Istanbul 2004, S. 57–59.

807 Hamza, Gábor: András Bertalan Schwarz (1886–1953), in: *Symposium Hundert Jahre BGB. Entwicklung des Privatrechts im deutschen und mittel-osteuropäischen Sprachraum seit dem Inkrafttreten des BGB. 13.-14. Budapest Oktober 2000*, Budapest 2006, S. 35–36.

808 Widmann 1973, S. 116–117.

Sein Schüler Ülkü Azrak erinnert sich zurück, dass Schwarz „einer der größten Romanisten der Welt“ gewesen sei. „Die Originalität seiner Arbeit auf dem Gebiet des Römischen Rechts bestand vor allem darin, dass er das moderne Recht an das Recht des Altertums anknüpfte, sodass die Wurzeln der Prinzipien des zeitgenössischen Rechts deutlich zum Vorschein kamen. Er [Prof. Schwarz] versuchte auch in seinem Arbeitsgemeinschaften die Regeln des Römischen Rechts auf die praktischen Fälle anzuwenden. Diese Lernmethode schien uns interessant, sodass der Hörsaal immer voll besetzt war.“[809]

Schwarz‘ engster Mitarbeiter war Bülent Davran (1912–1998), der ab 1954 den Lehrstuhl für Bürgerliches Recht übernahm und zwischen 1994–1966 als Dekan der Rechtswissenschaftlichen Fakultät in Istanbul tätig war. Als Schüler von Schwarz sind u. a. noch Türkan Rado[810] und Hıfzı Veldet Velidedeoğlu[811] hervorgegangen.[812] Während seines fast zwanzigjährigen Aufenthaltes in der Türkei ist es Schwarz gelungen, seine internationalen Verbindungen aufrechtzuerhalten, an der Vobereitung der Gedächtnisschrift für Paul Koschaker (1879–1951) mitzuwirken und Abhandlungen in deutscher, französischer, türkischer und englischer Sprache zu verfassen. Der Frage der Rezeption widmet er sich mit besonderer Aufmerksamkeit. In seinen letzten Lebensjahren war er in Bonn als Gastprofessor tätig.[813]

4.4 Fritz Neumark

Als der Finanzwissenschaftler Fritz Neumark 1933 nach Istanbul emigrierte, da wusste er noch nicht, was auf ihn zukam: „Wir wussten allenfalls, dass es keinen Sultan und keinen Kalifen mehr dort gab, dass das alte Osmanische Reich nach den zahllosen Kriegen, an denen es sich beteiligt hatte und in denen es, bis auf den letzten Unabhängigkeitskrieg, immer auf der Verliererseite gestanden hatte, durch Kemal Pascha (=Atatürk) zu einer Republik umgestaltet worden war – aber das waren auch so ziemlich alle unsere Kenntnisse.“[814]

---

809 Azrak 2005, S. 25–26.

810 Türkan Rado (1915–2007) war die erste Professorin der Rechtswissenschaften in der Türkei.

811 Hıfzı Veldet Velidedeoğlu (1904–1992) war ordentlicher Professor an der Universität Istanbul, Journalist und Vorstand des „Vereines zur Förderung des Gedankenguts Atatürks“ (türk. *Atatürkçü Düşünce Derneği*).

812 Widmann 1973, S. 117.

813 Hamza 2006, S. 37–38.

814 Neumark 1980, S. 56.

Neumark, aus einer jüdischen Familie stammend, wird 1900 in Hannover geboren. Nach dem Studium in Jena und München promovierte er 1921 bei Professor Julius Pierstorff an der Universität Jena über „Begriff und Wesen der Inflation". Nach einigen Jahren im Reichsfinanzministerium, nimmt Neumark seine Lehrtätigkeit als Assistent an der Universität Frankfurt auf.[815] Nach seiner Entlassung auf Grund des Berufsbeamtengesetzes kam Neumark mit der „Notgemeinschaft deutscher Wissenschaftler" in Zürich in Kontakt und unterstützte die Aktivitäten von Philipp Schwartz.[816]

1933 emigrierte er nach Istanbul und übernahm den Lehrstuhl für Nationalökonomie. Während seiner Lehrjahre trug er hauptsächlich finanzwissenschaftliche Übungen und Vorlesungen vor – ab 1935 auch in türkischer Sprache. Neumark wird zum Mitherausgeber der Fakultätszeitschrift *„Istanbul Üniversitesi İktisat Fakültesi Mecmuası"*, deren Band das erste Mal 1939/1940 erschien.[817] Er selbst war in der Zeitschrift mit einem Beitrag über „Die Einnahmen der türkischen Stadtverwaltung" vertreten. Während seines Aufenthaltes in Istanbul verfasste er Lehrbücher über die Allgemeine Wirtschaftstheorie und Wirtschaftspolitik, über die Dogmengeschichte und die Finanzwissenschaft. Als Mitglied einer dreiköpfigen Steuerreformkommission war sein größtes Werk die Einführung einer modernen Einkommens- und Körperschaftsbesteuerung sowie ein allgemeines Abgabenrecht nach deutschem Vorbild.[818]

Trotz Aufenthalten und Gastprofessuren in Deutschland, blieb Neumark bis Anfang 1952 – insgesamt 19 Jahre – in der Türkei, bevor er den Lehrstuhl für Finanzwissenschaften an der Universität Frankfurt übernahm. In den Jahren 1954–1955 sowie 1961–1962 wurde er Rektor und emeritierte schließlich 1970. Er war zwanzig Jahre Vorsitzender des wissenschaftlichen Beirats beim Bundesfinanzministerium, Mitglied des wissenschaftlichen Beirats beim Bundeswirtschaftsministerium, Mitglied der Finanzreformkommission, des Steuer- und Finanzausschusses der EWG und Vorsitzender des Sozialbeirats.[819] Neumark hat diverse Ehrendoktorwürden u. a. von der Universität Istanbul für seine wissenschaftlichen Leistungen erhalten und ist 1991 im hohen Alter von 91 Jahren in Baden-Baden verstorben.

815 Buhbe 1997, 417.
816 Möckelmann 2013, S. 104.
817 Widmann 1973, S. 121.
818 Möckelmann 2013, S. 105.
819 Ebd., S. 110.

4.5 Gerhard Kessler

Gerhard Kessler wurde 1883 in einem kleinen ostpreußischen Ort namens Wilmsdorf geboren. Bis 1901 hat er seine Ausbildung in Berlin am Gynasium fortgesetzt. Er erinnert sich: „Im ältesten Gymnasium von Berlin hatten wir hervorragende Lehrer. Es war komisch, denn der Lehrer, der die größte Wirkung auf mich verübte, war mein Gymnastiklehrer. Und so kam es, dass ich mit ihm noch in Kontakt war, als ich bereits Professor an der Universität Istanbul war."[820]

Zwischen 1901–1907 hat Kessler in Berlin und Leipzig zunächst Geografie und Geschichte studiert und wechselte dann zur Wirtschaftswissenschaft. 1911 hat er in Braunschweig seine Doktorwürde erlangt und wurde nur kurze Zeit später zum Professor für Sozialkunde und Wirtschaftswissenschaften an der Universität Jena ernannt.[821]

1926/27 folgte Kessler einem Ruf an die Universität Leipzig und gab dort seine „wichtigsten Vorlesungen". Er erinnert sich daran zurück, dass die Universität Leipzig eine hervorragende Bibliothek besaß und es von jedem Buch „tausende Exemplare" gab.[822]

Kessler wurde später zum Mitglied des Schutzverbunds für die Republik „Reichsbanner Schwarz-Rot-Gold". Er war Soziologe und Parteigegner.

Am 28.11.1932 veröffentlichte er einen Artikel in der Leipziger Zeitung, der sein Leben verändern sollte. Im Titel hieß es „Deutschland erwache!" Daraufhin wurde Kessler der erste Professor, der von der Universität Leipzig auf Grund seiner politischen Weltanschauung beurlaubt wurde.[823]

Im Frühjahr 1933 versteckte er sich in Frankfurt, da man ihn in Leipzig „tätlich bedrohte, seine Wohnung teilweise zerstört hatte und er sich seines Lebens nicht mehr sicher fühlte."[824] Die Gründe dafür waren politischer Natur: Im letzten noch freien Reichstagswahlkampf der Weimarer Republik hatte Kessler es gewagt, für die Deutsche Staatspartei gegen Hitler und seine Parteigenossen zu propagieren, woraufhin er seine Professur verlor. Unter seinen Kollegen genoss er jedoch große Hochachtung. Er galt als „treuer, väterlicher und großzügiger Freund".[825]

820 Kessler, Gerhard: Kendi Hayat Yolum [Mein Lebensweg, ü. a. d. T.], in: *Sosyal Siyaset Konfersanslari Dergisi*, Nr. 15, Istanbul 1964, S. 1–2.

821 Ebd., S. 3–4.

822 Ebd., S. 5.

823 Hoss 2007, S. 145.

824 Neumark 1980, S. 78.

825 Ebd., S. 78–79.

Neben der Sozialpolitik galt seine Leidenschaft dem Aufbau des Bibliothekswesens. Für das Institut der Wirtschaftswissenschaften und der Soziologie errichtete er eine umfangreiche Bibliothek und soll angeblich 50.000 Karteikarten eigenhändig während seiner freien Tage ausgefüllt haben. Zwischen 1938–1945 publizierte er vier Bücher auf Türkisch: Das Genossenschaftswesen (türk. *Kooperatifcilik*), Einführung in die Soziologie (türk. *İçtimaiyata Başlangıç*), Sozialpolitik (türk. *İctimai Siyaset*) und Wirtschaftsgeschichte (türk. *İktisat Tarihi*).[826]

1951 hat Kessler die Türkei verlassen, um seine Altersjahre in Deutschland zu verbringen. Bis zum Jahr 1958 hat er an der Universität Göttingen Vorlesungen gehalten. Nach seinem Tod erinnert sich sein Schüler Tuna zurück: „Kessler, dieser mutige, selbstbewußte, großartige Mensch, der in diesem Unabhängigkeits- und Menschlichkeitskampf keine Ängste kannte, beglich seine Schuld an unserem Land mehr als notwendig und verließ unsere Welt, während er sein außerordentliches Gewissen sein ganzes Leben lang befriedigte. Er wird auch von den nächsten Generationen nicht vergessen werden."[827]

4.6 Karl Strupp

Von den Juristen, die die kürzeste Zeit in der Türkei verblieben, ist Karl Strupp (1886–1940) zu nennen. Strupp wurde 1933 nach Istanbul als Professor für Staats- und Völkerrecht berufen, nachdem er vorher an der Universität Frankfurt am Main tätig war. Ein Grund dafür, warum man sich für das neu errichtete Ordinat an der Universität Istanbul für Strupp entschieden hatte, könnte u.a. darin liegen, dass Strupp intensiv die türkisch-griechischen Beziehungen pflegte. In einem mehrteiligen Aufsatz hat er sich zu diesem Thema in der Zeitschrift für Völkerrecht (Bd. 16) geäußert.[828]

Strupp lehrte allerdings nur zwei Jahre in Istanbul und musste seine Lehrtätigkeit aus gesundheitlichen Gründen frühzeitig aufgeben. Widmann schreibt daher, dass er auf Grund der Kürze seines Aufenthaltes keine tiefgreifenden Spuren hinterlassen hat. Sein 1927 publiziertes Werk „*Eléments du droit international public universel européen et américain*" ist jedoch noch vor seiner Berufung ins Türkische übersetzt worden.[829] Unter dem türkischen Titel „*Avrupa ve Amerika*

826 Buhbe 1997, S. 419–420.

827 Tuna, Orhan: Kessler Hocanin Ölümü [Der Tod von Prof. Kessler, ü. a. d. T.], in: *Sosyal Siyaset Konfersanslari Dergisi*, Nr. 15, Istanbul 1964, S. 18.

828 Breunung / Walther 2012, S. 509.

829 Widmann 1973, S. 119.

Hukuku Düveli" ist es 1929/1930 mit einem Vorwort von Mahmud Esad in Istanbul erschienen.[830]

Neumark erinnert sich an seinen Kollegen so zurück: „Ich mag als Nicht-Jurist nicht zu beurteilen, welche wissenschaftliche Bedeutung Strupp zukam, hatte aber immer das vielleicht objektiv nicht berechtigte Gefühl, dass er mehr über kompilatorische Fähigkeiten als über eigene Ideen verfügte."[831] Nach wechselnden Aufenthalten in Dänemark, der Schweiz und den Niederlanden, ist Strupp kurz vor seiner Berufung zu einer Professur in den USA 1940 in Paris gestorben.

4.7 Haymatloz – der juristische Erfolg der deutschen Emigranten

Obwohl die Spuren der deutsch-jüdischen Wissenschaftler in der Türkei nach wie vor sichtbar sind, hat in jüngerer Zeit das Interesse für ihr Wirken nachgelassen.[832] Umso wichtiger erschien es mir, ihre Auswirkungen auf die türkische Rechtsentwicklung erneut in den Fokus zu rücken und zu beleuchten. Bemerkenswert ist, dass es sich – wie bereits erwähnt – um eine überschaubare Zahl von Wissenschaftlern handelt, die im Zuge der nationalsozialistischen Wende in die Türkei kam, um an den reformierten universitären Einrichtungen zu lehren. Nichtsdestotrotz betont Neumark, dass nicht die Anzahl der Lehrkräfte für den Erfolg der türkischen Wissenschaftsemigration verantwortlich war, sondern ihre fachliche Konzentration.[833]

Die Besonderheit ihres Schaffens resultiert nicht minder durch die optimale Ausgangssituation, die von der türkischen Regierung geschaffen wurde. Viele von ihnen fühlten sich nicht als Fremde in der Türkei, sondern von Staat und Gesellschaft akzeptiert und herzlich aufgenommen.[834]

Durch die Vermittlung von türkischen Stellen konnte Gerhard Kessler, der zum damaligen Zeitpunkt von der Gestapo gesucht und untergetaucht war, sogar aus Deutschland ausreisen, um in der Türkei zu lehren.[835] Es verwundert daher

830 Vgl. Strupp, Karl: *Avrupa ve Amerika Hukuku Düveli*, Istanbul 1930.

831 Neumark 1980, S. 90.

832 In einer von mir durchgeführten Umfrage an der *Özyeğin Üniversitesi*, hatten unter 10 Studenten der Rechtswissenschaften, 3. Klasse, neun Studenten den Namen Ernst E. Hirsch noch nie gehört (Istanbul, 11.6.2014).

833 Neumark 1980, S. 8.

834 Einige positive Erinnerungen teilt Hirsch u.a. in dem Aufsatz: „Hatıra Defterimden Bir İki Yaprak", in: *Ümit Y. Doğanay'a Armağan*, Cilt 44, Sayı 1–4, [Ein, Zwei Seiten aus meinem Tagebuch, in: *Gedenkschrift für Ümit Y. Doğanay*, Bd. 44, Nr. 1–4, ü. a. d. T.], Istanbul 1978, S. 1–7.

835 Guttstadt 2008, S. 213.

nicht, wenn Hirsch seine Ankunft in Istanbul als „Sternstunde“[836] bezeichnete und sich auch Jahre nach seiner Rückkehr in Deutschland der Entwicklung des türkischen Rechtswesens mit vollem Einsatz widmete.

Darüber hinaus wurde vor allem dem Lehrkörper der Rechtswissenschaftlichen Fakultät von ihren Studenten eine Dankbarkeit und Ehrfurcht entgegengebracht, die bis heute anhält. Wenn Akpınar daher angibt, dass er von *„gigantischen Professoren“*[837] unterrichtet wurde, so ist diese Ansicht sicherlich kein Einzelfall. Tekinalp geht noch einen Schritt weiter und geht davon aus, dass ohne Prof. Hirsch die türkische Rechtswissenschaft in ihrer jetzigen Form gar nicht existieren würde.[838] Eine eigene Gedenktafel, die „in Dankbarkeit dem türkischen Volk, das von 1933–1945 unter der Führung von Staatspräsident Atatürk an seinen akadamischen Institutionen deutschen Hochschullehrern Zuflucht gewährte“, wurde an der Universität Istanbul 1986 angebracht.[839]

Tatsächlich haben sich nach meinen Recherchen einige der bedeutendsten Rechtswissenschaftler des Landes als Studenten oder Studenten von Studenten der deutschen Exilanten herausgestellt. Eine genaue Zahl ins Auge zu fassen, ist aber auf Grund der rasanten Zunahme der Studenten in den letzten Jahren und der Verbreitung von Privathochschulen, schier unmöglich. Alleine an der Universität Istanbul sind zwischen 1933/1973 13.303[840] Absolventen der juristischen Fakultät hervorgegangen. Mumcu beruft sich auf eine Studie von 1993 und zählt 20.000 Absolventen der juristischen Fakultäten jährlich.[841] Diese Absolventen gehen ins Land hinaus und bilden neue Juristen aus. Atatürk betonte immer, dass er nicht nur Anwälte, Ärzte und Architekten ins Land holen wolle, sondern dass er Anwälte, Ärzte und Architeckten *ausbilden* lassen wolle. Dieses Ziel ist zweifelsohne geglückt.

---

836 Hirsch 2008, S. 52.

837 „[…] Zwischen 1948 und 1952 hatten wir an der juristischen Fakultät der Universität Istanbul wirklich *gigantische* Professoren. Manche von ihnen waren nicht nur in der Türkei, sondern auch in Europa – ja auf der ganzen Welt – als Wissenschaftler bekannt. […] Daher kann ich nicht einfach nur von ‚ausländischen Wissenschaftlern‘ sprechen, sondern von ‚*Idealen*‘, ü. a. d. T.“ Vgl. Akpınar, Turgut: *İstanbul Üniversitesinde 50 Yıl Öncesi Bazı Büyük Hocalarımız* [Einige unserer großen Professoren vor 50 Jahren an der Istanbul Universität, ü. a. d. T.] Istanbul 2004 S. 7–8.

838 Gespräch mit Prof. Ünal Tekinalp (Istanbul, 22.8.2014).

839 Vgl. Abb. 9.

840 Eigene Berechnung auf Grund der Daten der Universität Istanbul. Vgl. dazu: *Cumhuriyetin 50. Yılında İstanbul Üniversitesi* [Im fünfzigsten Jahr der republikanischen Universität Istanbul, ü. a. d. T.] Istanbul 1973, S. 417.

841 Mumcu 1996, S. 24.

Viele der Studenten der deutschen Professoren betonen durch eine „harte Schule" gegangen zu sein, die sich im Nachhinein aber als lohnenswerter und unverzichtbarer Wegweiser entpuppt hat. Azrak erinnert sich in diesem Zusammenhang an eine Prüfung, die er bei Prof. Schwarz im Römischen Recht abgelegt hatte: „Wir waren im ersten und zweiten Semester fast 800 Studenten und Studentinnen im Hörsaal. Davon haben sich etwa 500 der Prüfung unterzogen. Er [Prof. Schwarz] hat fast 10 Tage am Tisch gesessen und seine Schüler mündlich geprüft. Ich war auch bei der mündlichen Prüfung dabei. Er hat mir fast 20 Fragen gestellt, kurze, aber viele Fragen. Ich hatte nur einen einzigen Fehler gemacht. Er hat mich nämlich gefragt, mit wieviel Jahren man im alten Rom seine Pubertät erreichte [...]. Statt 14 habe ich – ohne richtig zu überlegen – 17 gesagt. Er hat mich zweifelnd betrachtet und gesagt ‚Meinen Sie?' [...] Ich habe gezögert. Darufhin hat er gesagt ‚also diese Antwort hat Sie ruiniert'."[842]

Die deutschen Professoren wurden also nicht zuletzt für ihre konsequente Haltung gegenüber Studenten und Kollegen respektiert und geachtet. Für Hirsch machte es beispielsweise keinen Unterschied, *wen* er prüfte, sondern *wie* die Leistung des einzelnen Kandidaten war. Es konnte daher durchaus vorgekommen, dass der Sohn des Ministerpräsidenten in *seiner* Handelsrechtsprüfung ein „Völlig unzureichend" in der Benotung erhalten hat.[843]

Als Student von Prof. Hirsch ist Halil Arslanli in die Fußstapfen seines Mentors getreten und hat dessen Lehrstuhl für Handelsrecht an der Universität Istanbul übernommen. Arslanli hat in der zweiten Klasse Rechtswissenschaften studiert, als er Prof. Hirsch kennenlernte. Er hatte zuvor einige Jahre in Deutschland die Schule besucht.[844] Ab 1933 war er als Übersetzer und Assistent für Hirsch tätig. 1938 hat er seine Doktorwürde mit einer Dissertation über die Position der Aktiengesellschaft in den türkischen Rechtswissenschaften erlangt. Neben zahlreichen Publikationen war er u.a. für das 1944 herausgegebene Buch über Seehandelsrecht in der Türkei mit verantwortlich.[845]

---

842 Azrak 2005, S. 25.

843 Hirsch 2008, S. 185–186.

844 Ebd., S. 65.

845 Vgl. http://arslanlibilimarsivi.com/sites/default/files/makale/Ord-Prof-Halil-Arslanli-Ozgecmis.pdf. Arslanli ist 1964 im frühen Alter von 60 Jahren an einem Zuckerleiden gestorben.

Als weitere Assistenten von Hirsch haben Hamide Topçuoğlu[846] und Yaşar Karayalcın *a posteriori* das Erbe ihres *„heiligen Professor Hirschs"*[847] in Ankara fortgeführt. Welche Wirkung Hirsch auf seine Schüler ausübte, schildert Karayalcın so: „Als ich im Jahre 1943 in der vierten Klasse war, ist Professor Hirsch von Istanbul an die Rechtswissenschaftliche Fakultät nach Ankara gekommen. Eines Tages hat mein Vater in der Schule zu mir gemeint ‚Wir haben dich für keinen Professor begeistern können'; Ich mochte einige Professoren, aber den Typ Professor, den ich wirklich wollte, hatte ich noch nicht kennengelernt. Dann habe ich einige Vorlesungen von Prof. Hirsch besucht und danach zu meinem mittlerweile verstorbenen Vater gemeint ‚Vater ich habe mich bis zum heutige Tage über einige Professoren beschwert, aber jetzt habe ich den Lehrer gefunden, den ich immer haben wollte und ab jetzt werde ich mich bemühen stets mit ihm zusammen zu sein'."[848] Karayalcın hat sein Versprechen gehalten und bis zu Hirschs Rückkehr 1952 für ihn in Ankara assistiert. Die Erinnerungen an *„seinen"* Hoca, hält er u. a. in Hirschs Gedächtnisschrift fest.[849]

Auch Çernis erinnert sich, dass er „das Glück und Vergnügen" hatte, Hirschs Student gewesen zu sein: „Er wusste den Stoff so lebendig zu gestalten, dass wir, seine Schüler von seinen Vorlesungen, seinen unvergesslichen Beispielen und seinen aus dem täglichen Leben herausgegriffenen und ausgesuchten Fällen so hingerissen waren, dass wir nicht einmal merkten, wie die Zeit verging."[850]

Ähnliche Erfolge haben die deutschen Professoren auch in der Wirtschaftswissenschaftlichen Fakultät gefeiert. Es ist daher völlig unbestritten, dass durch Lehre und Forschung der Exilanten nicht nur eine herausragende Generation

846 Topçuoğlu Hamide war in den Jahren zwischen 1944–1982 an der juristischen Fakultät in Ankara tätig. Ihr Forschungsgebiet umfasste Rechtsphilosophie und Rechtssoziologie, in denen sie unzählige Aufsätze und Übersetzungen publizierte. Hamide Topçuoğlu ist im April 2009 im Alter von 91 Jahren verstorben.

847 Vgl. Topçuoğlu, Hamide: Aziz Hocamiz Hisch [Unser heiliger Professor Hirsch, in: *Ord. Prof. Dr. Ernst E. Hirsch'e Armağan*,[Unser heiliger Professor Hirsch, in: Festschrift zu Ehren für Herrn Ord. Prof. Dr. Ernst E. Hirsch, ü. a. d. T.], Ankara Üniversitesi Hukuk Fakültesi Yayınları, Nr.197, Ankara 1964, Vorwort S. XXXI-XLIV.

848 Karayalcın [ü. a. d. T.], zit.n.: Yüksel 2014, S. 34.

849 Vgl. Karayalcın 1986, S. 5–15.

850 Çernis, Volf: Ein Begriff und eine Legende in der Türkei, in: Liber Amicorum: *Ernst E. Hirsch. Eine Bio-und Bibliographie anlässlich seines 75. Geburtstages*, Amriswil 1977, S. 41.

von Juristen, sondern auch von Ökonomen hervorgegangen ist. Die reformierten Unterrichtsmethoden, der Ausbau des Bibliotheksbestandes, die Einführung der Habilitation und die starke Stellung der Ordinarien, sind zudem als bemerkenswerte Erneuerungen hervorgegangen und haben es ermöglicht, „dass die Türkei den Anschluss an das internationale Wissenschaftsniveau gefunden hat.“[851]

851 Buhbe 1997, S. 431.

5 Türkei, wohin gehst du?

5.1 Schlussbetrachtung

Die Alleinherrschaft Mustafa Kemals ist nicht zu vergleichen mit anderen Diktaturen der klassischen Antike. Vielmehr ging es bei seinen Reformen darum, eine politische Basis schaffen, um das Gleichgewicht der Nation zu wahren.[852] Seine Vorbilder waren die französischen Philosophen des revolutionären Zeitalters. Die Idee der Französischen Revolution faszinierte und bestärkte ihn beim Aufbau einer modernen, freiheitlichen und zivilisierten Gesellschaft. Aus heutiger Sicht scheinen seine Maßnahmen diktatorisch, gegen den Willen der Bevölkerung aufoktroyiert worden sein. Vielmehr ist es aber so, dass mit Hilfe der kemalistischen Prinzipien der Richtungswechsel nach Europa seinen Anfang nahm.[853]

Während im Osmanischen Reich das islamische Recht noch die vorherrschende Rechtsgrundlage darstellte, nahm nach der Republikgründung mit der Einführung des weltlichen Rechts durch die integrierenden Rechtsrezeptionen und Kodifikationen, die Genese des modernen Rechtsstaates ihren Anfang.

Nicht minder verantwortlich für diesen Prozess waren die Sultane des 19. Jahrhunderts. Der Ausbau des sultanischen Rechts, die Stärkung des Verwaltungsapparates und die Einführung von Grundrechten während der Tanzimat Ära zielten auf eine Effektivierung des osmanischen Rechtssystems und schufen eine Synthese aus islamisch und europäischem Recht. Der Rechtsdualismus, der durch die Übernahme einzelner Elemente aus anderen Rechtsordnungen, entstand, führte zu einer Konfusion in der Rechtspraxis, ebnete aber auch den Weg für die Totalrezeption nach der Gründung der Türkischen Republik.

> „[…] Es ist klar, dass eine freie Auslegung der Regeln von Koran und Sunna eine positive Zukunft im Islam hätte herbeiführen können, wenn nicht ein gravierender Nachteil bestanden hätte. Das ist die berühmte Regel, die bestimmt, dass ein konkret zustande gekommener Içtihat nicht durch einen anderen aufgehoben werden kann […].“[854] Die Übernahme des Schweizer ZGB 1926 hatte daher „*Revolutionscharakter*“.[855]

Die Neugestaltung des osmanischen Verfassungsrechts erfolgte ebenfalls in mehreren Phasen. Seit der Osmanischen Verfassung von 1876 wurde die Staatsgewalt

852 Yazicioglu 2005, S. 56.
853 Ebd., S. 55.
854 Mumcu 1996, S. 29.
855 Vgl. Şıpka 2008, S. 75 ff.

des Sultans durch ein demokratives Leitelement relativiert.[856] Die unterschiedliche Stellung von muslimischen und nicht-muslimischen Bürgern im Sinne des *Millet-Systems* erzeugte einen Druck der europäischen Großmächte, der im Ergebnis auch zu mehr Rechtsstaatlichkeit im Inneren führte. Mit dem Ende des Osmanischen Reiches, wurde auf Basis einer Gewalteneinheit die Rolle des Parlaments in der Verfassung von 1924 dauerhaft verankert. Dabei blieben auch bei der Gestaltung der Verfassungsordnung und des Rechtssystems zwei Prinzipien maßgebend: Der Legalismus, der darauf Wert legt, dass außerordentliche Maßnahmen durch die Interpretation der bestehenden Rechtsordnung legalisiert und legitimiert werden können und die Betonung der Legislative als Organ, welches die nationale Souveränität verwirklicht.[857]

Neben der Umgestaltung des Rechtswesens beschloss die kemalistische Regierung auch Reformen im gesellschaftlichen und politischen Bereich durchzuführen. Zieht man Bilanz aus dem bisher Geschilderten, so kommt man zu dem Ergebnis, dass die Übernahme der neuen Gesetze mit der wissenschaftlichen Emigration in der Türkei eng verknüpft ist, da sie faktisch von den deutschen Wissenschaftlern durchgeführt wurde. An dieser Stelle zeigen sich aber auch die Schwächen der kemalistischen „Erziehungsdikatur". Der neu gegründete Staat orientierte sich eindimensional an Europa durch radikale Reformen[858], erreichte jedoch nicht die Mehrheit der türkischen Bevölkerung. In urbanen Gebieten kam es zu sozio-kulturellen Veränderungen, während am Land noch heute Ehen vor dem Imam abgeschlossen werden, die Polygamie – wenn auch nur in geringen Umfang – weiter fortbesteht und die gesellschaftliche Gleichstellung der Geschlechter noch nicht gegeben ist. Trotz Einführung der neuen Gesetze blieben daher viele Regelungen *totes Recht*.[859]

Seit 1999 ist die Türkei offizieller Beitrittskandidat der Europäischen Union. Den ersten Antrag auf eine assoziierte Mitgliedschaft bei der EWG stellte die Türkei 1959. Am 12. September 1963 wurde das Ankara-Abkommen unterzeichnet und zum ersten Mal eine Vollmitgliedschaft in Aussicht gestellt. Bis heute stellt dieses Assoziierungsabkommen „das rechtliche Gerüst" für die Beziehungen zwischen der EU und der Türkei dar.[860]

---

856 Rumpf 1996 I, S. 41.

857 Plagemann S. 376.

858 Bozkurt, Mahmut: *Die Beziehungen der Türkei zur Europäischen Union*, Frankfurt am Main 1995, S. 5.

859 Krüger 1976, S. 287–288.

860 Günay 2012, S. 351.

Gestützt auf Art. 49 EUV steht es jedem europäischen Staat frei, eine Mitgliedschaft zu stellen, sofern dieser die in Art. 2 EUV genannten Werte achtet. Auf Grund der ansteigenden Beitrittswünsche in den 1990er Jahren legte die Europäische Union bei der Tagung des Europäischen Rates in Kopenhagen im Juni 1993 Kriterien fest, die jeder Staat für einen Beitritt erfüllen muss. Diese Kriterien beziehen sich auf die institutionelle Stabilität als Garantie für demokratische und rechtsstaatliche Ordnung, die Wahrung der Menschenrechte, Rechtsstaatlichkeit, eine funktionierende Marktwirtschaft und die Fähigkeit die Prinzipien, die aus einer Mitgliedschaft erwachsen, zu halten.[861] Wirtschaftlich hat die Türkei den Grundstein für einen Beitritt geschaffen. Politisch gesehen, liegt es aber an dem Beitrittskandidaten, die Kopenhagener Kriterien zu erfüllen.

Der Europäische Rat kam auf seiner Tagung im Dezember 1999 in Helsinki zu dem Ergebnis:

> *„Die Türkei ist ein beitrittswilliges Land, das auf der Grundlage derselben Kriterien, die auch für die übrigen beitrittswilligen Länder gelten, Mitglied der Union werden soll. Auf der Grundlage der derzeitigen europäischen Strategie soll der Türkei wie den anderen beitrittswilligen Ländern eine Heranführungsstrategie zugute kommen, die zu Reformen anregen und diese unterstützen soll.“* [862]

Im historischen Rückblick betrachtet, entwickelte sich die Türkei in zyklischen Abschnitten. „Am Ende jedes Zyklus rückte die Türkei zwar näher an Europa heran und wurde mehr in dieses integriert, aber mit jeder Wende von einem Hoch war das Land auch mit größeren Hindernissen für einen Beitritt konfrontiert.“[863] Ein wesentliches Problem sieht Wehling in der rigorosen Modernisierungspolitik der Türkei, die in den letzten Jahren ins Stocken geraten ist. Obwohl das Land „ein hohes Maß an Modernität und Demokratie“ aufweist, konnte eine flächendeckende Menschenrechtspolitik noch nicht umgesetzt werden.[864]

Ob Atatürk wirklich einen Einheitsstaat schaffen wollte, der sich vollständig in Europa integrieren kann, sei ebenso dahingestellt. Steinbach ist der Meinung, dass Mustafa Kemal wohl lediglich die Assimilierung der wissenschaftlich-technischen Zivilisation vor Augen schwebte. Diese Ansicht stützt er auf die Tatsache,

---

861 http://www.europarl.europa.eu/brussels/website/media/Lexikon/Pdf/Beitrittskriterien.pdf.

862 Kommission der Europäischen Gemeinschaften. Regelmäßiger Bericht über die Fortschritte der Türkei zum Beitritt (2004), in: http://ec.europa.eu/enlargement/archives/pdf/key_documents/2004/rr_tr_2004_de.pdf, S. 4.

863 Günay 2012, S. 352.

864 Wehling, Hans-Georg (Hrsg): *Türkei. Politik-Gesellschaft-Wirtschaft*, Opladen 2002, S. 7–8.

dass die türkische Regierung – als kemalistisches Erbe, sich bei ihren Bestrebungen, vor allem die wirtschaftlichen Vorteile zu Nutzen machte, während bis in die jüngste Gegenwart keine tiefgreifenden Bemühungen für eine kulturelle Integration in Europa stattgefunden haben.[865]

Neueste Entwicklungen führten immer wieder zu Diskussionen, ob die Türkei nun EU-kompatibel geworden ist oder nicht. Am 7. Juni 2015 hat der Hohe Rat der Richter und Staatsanwälte kurz vor der Parlamentswahl das Kopftuchverbot für Richterinnen aufgehoben und eine neue Debatte entfacht.[866] Man kann daher – zugespitzt – feststellen, dass die Türkei wieder von ihrer Vergangenheit eingeholt wird. Das heißt natürlich nicht, dass die Türkei in naher Zukunft in eine Islamische Republik mutieren wird, aber die Gefahr wächst, dass „die westliche Berufung“ – „ seit Atatürk der rote Faden türkischer Politik – verlorengeht oder zunehmend verblasst. Demokratie und Menschenrechte – stets zwei Defizite in der Entwicklung der Türkei, aber eingefordert als Eintrittskarte in den Club der Europäischen Union“[867] lassen den Wandlungsprozess im Inneren des Landes weiter voranschreiten, sodass die Kluft, die zwischen der Vergangenheit und der Gegenwart besteht, immer weiter aufreißt.

865 Steinbach 1996, S. 435.

866 Vgl. http://www.n-tv.de/ticker/Erstmals-Richterin-mit-Kopftuch-article16280976.html.

867 Steinbach 1996, S. 441.

Anhang

Abbildungen

Abb. 1–5: Privatarchiv, Istanbul (Mesut Ilgim)

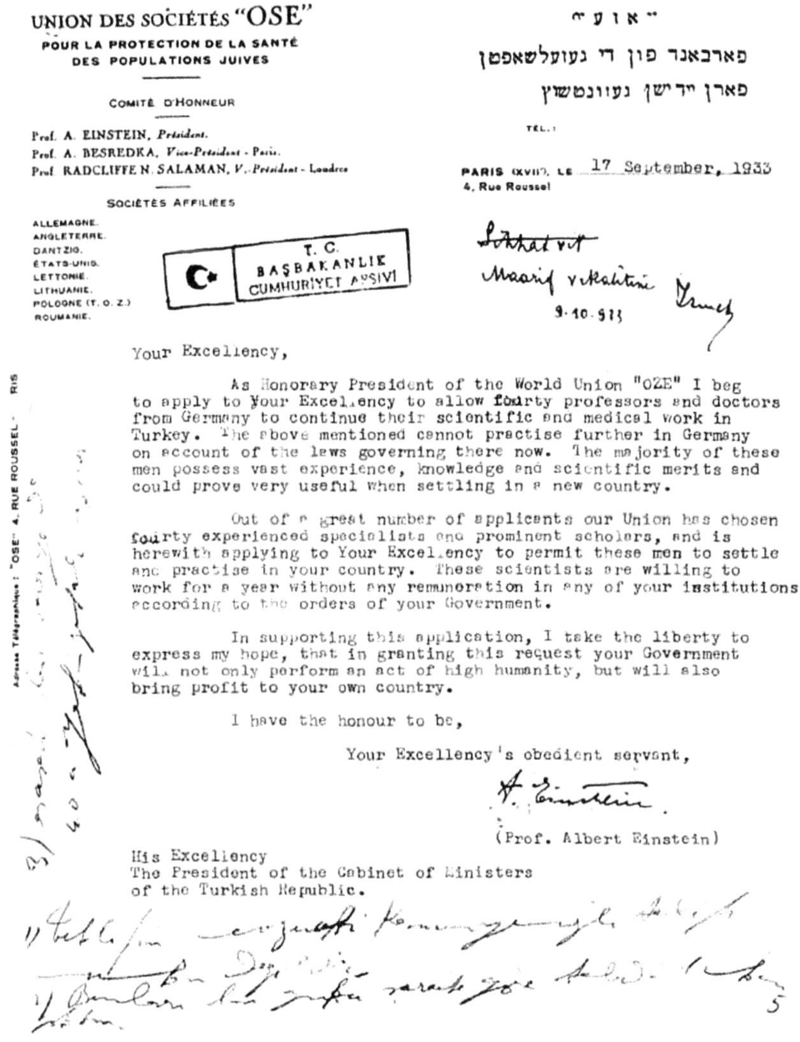

UNION DES SOCIÉTÉS "OSE"
POUR LA PROTECTION DE LA SANTÉ
DES POPULATIONS JUIVES

COMITÉ D'HONNEUR

Prof. A. EINSTEIN, Président.
Prof. A. BESREDKA, Vice-Président - Paris.
Prof. RADCLIFFE N. SALAMAN, V.-Président - Londres

SOCIÉTÉS AFFILIÉES

ALLEMAGNE.
ANGLETERRE.
DANTZIG.
ÉTATS-UNIS.
LETTONIE.
LITHUANIE.
POLOGNE (T. O. Z.)
ROUMANIE.

"אוזע"
פארבאנד פון די געזעלשאפטן
פארן יידישן געזונטשוץ

TÉL.:

PARIS (XVIIe), LE 17 September, 1933
4, Rue Roussel

T. C.
BAŞBAKANLIK
CUMHURİYET ARŞİVİ

Maarif vekaletine
9.10.933

Your Excellency,

As Honorary President of the World Union "OZE" I beg to apply to Your Excellency to allow fourty professors and doctors from Germany to continue their scientific and medical work in Turkey. The above mentioned cannot practise further in Germany on account of the laws governing there now. The majority of these men possess vast experience, knowledge and scientific merits and could prove very useful when settling in a new country.

Out of a great number of applicants our Union has chosen fourty experienced specialists and prominent scholars, and is herewith applying to Your Excellency to permit these men to settle and practise in your country. These scientists are willing to work for a year without any remuneration in any of your institutions, according to the orders of your Government.

In supporting this application, I take the liberty to express my hope, that in granting this request your Government will not only perform an act of high humanity, but will also bring profit to your own country.

I have the honour to be,

Your Excellency's obedient servant,

A. Einstein.

(Prof. Albert Einstein)

His Excellency
The President of the Cabinet of Ministers
of the Turkish Republic.

Adresse Télégraphique : "OSE" 4, RUE ROUSSEL - PARIS

Abb. 2

T. C.
BAŞBAKANLIK
CUMHURIYET ARŞIVI

9-933

Professeurs.

1. Maladies internes.

Prof. Max Rosenberg, Berlin
Prof. Erich Frank, Breslau
Prof. Hans Hirschfeld, Berlin
Prof. Wilhelm Meyerstein, Kassel

2. Neurologie et Psychiatrie

Prof. Kastan, Hamburg
Prof. Siegfried Pi[illegible], Breslau > Fischer

3. Dermatologie

Prof. Erich Kuznitzky Breslau
Prof. Hans Biberstein, Breslau

4. Pathologie

Prof. Ernst Mathias, Breslau

5. Physiologie

Prof. Hans Aron, Breslau

6. Hygiène

Prof. Erich Seligmann, Berlin

7. Chirurgie

Prof. Hugo Picard, Berlin

8. Urologie

Prof. Hans Schirokauer, Berlin

9. Gynecologie

Prof. Walter Hannes, Breslau

10. Pediatrie.

Prof. A. Orgler, Berlin.

030	10			116	810	3

9

Abb. 3

Médecins.

1. Maladies internes.

Dr. Alfred Wagner, Breslau
Dr. Ignatz Zadek, Berlin
Dr. Arthur Elkeles, Berlin

2. Pediatrie

Dr. Walter Fabish, Hamburg
Dr. Helene Eliasberg, Berlin

3. Neurologie

Dr. Ludwig Guttmann, Hamburg
Dr. Erna Ball, Berlin
Dr. Kurt Löwenstein, Berlin

4. Dermatologie

Dr. Walter Freudenthal, Breslau
Dr. Jacques Lewinski, Berlin
Dr. Kurt Löwenthal, Berlin

5. Bacteriologie

Dr. Willy Hirsch, Königsberg

6. Chirurgie

Dr. Herbert Wendriner, Berlin
Dr. Ernst Eylenburg, Berlin

7. Urologie

Dr. Fränkel, Berlin
Dr. W. Kornheim, Berlin

8. Gynecologie

Dr. Arthur Langstadt, Berlin

9. Ophtalmologie

Dr. A. Behrend, Berlin
Dr. Georg Levy, Berlin
Dr. Heinrich Oppenheim, Berlin

10. Orthopedie

Dr. Hermann Engel, Berlin

11. Oto-Laryngologie

Dr. Korosi
Dr. Hans Schlesinger, - Nürnberg

12. Radiologie

Dr. Max Michel Pirmosens
Dr. Fritz Abeles z.Z. London
Dr. Hans Henschel, Berlin

13. Hygiène

Dr. Eliassow, Neuhaldersleben
Dr. Georg Wolff, Berlin

14. Pathologie

Dr. Silberberg, Breslau

15. Chirurgien-dentistes

Dr. Walter Cohn, Leipzig
Dr. Lindenheim, Berlin

030	10			116	810	3

15

Abb. 4

SAMY M. GUNZBERG
MÉDECIN DENTISTE
Grand'Rue de Péra 356 (İstiklâl Caddesi)
Tél. Péra 895

T. C.
BAŞBAKANLIK
CUMHURİYET ARŞİVİ

30.9.933

Türkiye Cumhuriyeti Başvekâleti Celilesine arzolunur :

Efendim hazretleri

Bir ay evvel Pariste bulunduğum sıralarda dünyanın her noktasında şubeleri olan meşhur OSE namındaki sihhî musevi cemiyetinin meşhur professör Aynşitayinin riyasetinde bulunan Paris ve Londra şubeleri müracaatla Almanyanın en yüksek fakültelerinde bulunmuş ve tababetin her şubesine mensup professörler ile bir çok mütahassıs büyük doktorların maiyetlerinde çalışan genç muavinler bundan böyle Türkiyede çalışmak için Türkiye cumhuriyeti hukûmeti nezdinde vasıta olmaklığımı bendenize teklif etmişlerdi. Bunun üzerine bendeniz böyle mühim bir mesele hakkında Türkiye cumhuriyeti seferethanesine ve resmi şekilde müracaat etmek lazımgeldiğini kendilerine ifade etmiştim.Fakat tarihlerde görüldüğü gibi Türk hukûmetinin bu gibi yüksek inşanî müracaatları din farkını nazarı dikkate almıyarak daima terviç edegeldiğini düşünerek arzettiğim bu heyete tanınmış mütahassıs bir çok professör ve doktorların Türk hukumetine iki ve ya üç sene fahriyen hizmet etmek ve muallimlik suretiyle talebe yetiştirmek ve bu müddet zarfında hukûmetin tensip edeceği yerlerde yalnız talim ile meşgul olarak sanat icra etmemek şartiyle çalışmaları ve bu müddet zarfında türkçe ögrenmeğe gayret etmeleri ve üç sene sonra Türkiye kanunlarına tabi olarak Kollokyom denilen mezuniyet imtihanı geçirdikten sonra sanat icra edebilmeleri şartlarına muvafakat eyledikleri taktirde Almanyadaki siyasî buhrandan dolayi insaniyet namına Türk hukûmeti nezdinde vasıta olabileceğimi de ilâve etmiştim.

Bu kerre <u>Professör Alber Aynşitayin</u> riyasetinde bulunan bu cemaat bizzat Aynşitaynin imzasiyle başvekâleti celileye yazdığı resmi ingilizce istidayi benim vasıtamla taktim için namı acizaneme göndermiştir.

Diş Tabibi
SAMY M. GUNZBERG
MÉDECIN DENTISTE
Grand'Rue de Péra 356 (İstiklâl Caddesi)
Tél. Péra 635

T. C.
BAŞBAKANLIK
CUMHURİYET ARŞİVİ

istidanın tercemesi merbuttur.Lutfen bu istidanın tetkikiyle müracaatı vakıa hukûmetimizin menafii aliyesine taalluk ediyorsa ya doğrudan doğruya professör Aynşitayna yahut gene bendenizin vasıtamla bir cevap verilmesini ve yahut hukûmetin başka arzu ve şeraiti varsa bunların da ilâveten bildirilmesini hukûmetime bir hizmet edeceğimi zannederek arz ve istirham ediyorum.Muktezasının emrü irade buyurulması maruzdur efendim hazretleri.

Diş Tabibi
Samy Gunzberg
Beyoğlu,İstiklâl caddesi No.356

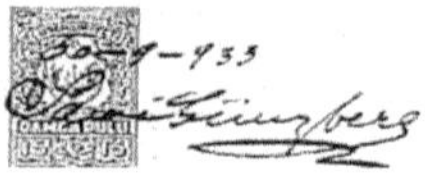

Abb. 5

SÖZLEŞME

Adı	: Heinz	Görevi	:	Teknik Okulu Almanca lektö[illegible]
Soyadı	: Anstock			
Baba adı	: Ernst Anstock	Süre	:	1/I/948-3I/I2/
Doğum yeri	: Watpertal-Elberfeld	Aylık Ücreti	:	450
Doğum tarihi	: I3/Mart/1909			
Uyruğu	: Alman			

Bir taraftan Millî Eğitim Bakanlığı adına Teknik Okulu Müdü[illegible]
Atıf Tansuğ ile diger taraftan Alman uyruğundan Heinz Anstock arası
aşağıdaki sözleşme aktolunmuştur.

1-Heinz Anstock I/I/948 tarihinden 3I/I2/948 tarihine kadar
Istanbul teknik okulunda haftada 16 saat almanca dersi okutacaktır.

2-Heinz Anstock'a ayda 450 türk lirası verilecektir. Bu Ücre
den haleb mevcut ve ilerde konulabilecek bütün devlet vergileri kes
lecektir.Aylık her ay başı peşin verilir.Ölüm halinde geri alınmaz.

3-Hastalık halinde hastalık bir ayı tecavuz etmemek şartiyle
aylık ücrêt tamamen ödenir.Bir aydan fazla mütemadi surette hasta
olması halinde Bakanlık bu sözleşmeyi bozabilir.

4-Heinz Anstock görevini gereği gibi yapmadığı taktirde
Bakanlık bu sözleşmeyi her zaman için bozabilir.

5-Heinz Anstock'a Haziran devresi sınıf geçme imtihanlarında
sonraki büyük ara vermede arzu ettiği taktirde iki ay müddetle izin
verilir. Mezun olduğu müddetce aylık ücreti kendisine tamamen ödeni
Bu müddet içinde masrafı kendisine ait olmak üzere memleketine veya
diger bir yere gidebilir.

6-Heinz Anstock aylık ücretinden,kesilmesi gereken bütün ver
giler çektıktan sonra,kalan mıktarın kanunun müsaade ettiği kısmını
döviz olarak memleketine çıkarabilir.

7-Heinz Anstock yabancı kurullarda her hangi yabancı memleke
propogandasını yapmak üzere bilimsel ve sosyal hiç bir ödev alamaz

8-Heinz Anstock Türkiyede bulunduğu müddetce Türkiye Cumhuri
yeti kanunlarına riayete mecburdur.İşbu sözleşmenin uygulanmasında
çıkacak anlaşmazlıklar Türkiye Cumhuriyeti mahkemelerinde çözülür.

9-İki taraf da uygun bulunduğu taktirde işbu sözleşme yenile
nir.Taraflardan biri yenilemeyi istemezse 15/XI/948 tarihinden önce
diger tarafa yazı ile haber verecektir.

10-Bu sözleşme Istanbulda bir tane olarak düzenlenmiş ve iki
tarafca imza edilmiştir.

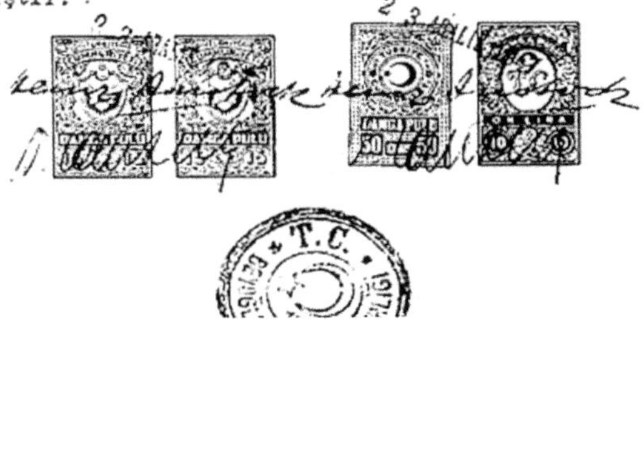

Abb. 6: Grab von Curt Kosswig, Istanbul (Fotograf: Alexandra Üner)

Abb. 7: Grab von Erich Frank, Istanbul (Fotograf: Alexandra Üner)
Ruhe im Licht. In Dankbarkeit und Dankesschuld die türkische Medizin [ü. a. d. T.]

Abb. 8: Gedenktafel von Ernst E. Hirsch, Universität Ankara (Fotograf: Mesut Ilgim) Hier hat in den Jahren 1943–1952 Prof. Dr. Ernst Hirsch gearbeitet [ü. a. d. T.]

Abb. 9: Gedenktafel an der Universität Istanbul (Fotograf: Mesut Ilgim)
Gedenktafel vor der Universität Istanbul, enthüllt am 30. Mai 1986

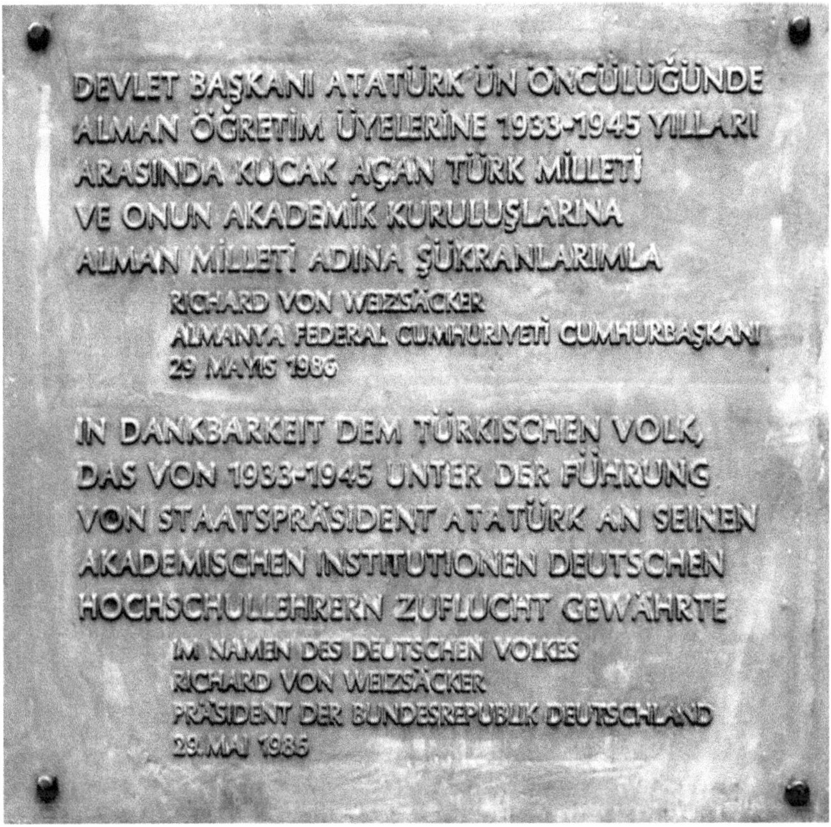

Abkürzungen

Abb.	Abbildungen
AKP	Adalet ve Kalkınma Partisi (dt. Gerechtigkeits- und Entwicklungspartei)
aktual.	aktualisiert
Art.	Artikel
Aufl.	Auflage
Ausst. Kat.	Ausstellungskatalog
Bd.	Band
bearb.	bearbeitet
Bearb.	Bearbeiter
CHP	Cumhuriyet Halk Partisi (dt. Republikanische Volkspartei)
ders.	derselben
Diss.	Dissertation
dt.	deutsch
Ebd.	Ebenda
EU	Europäische Union
EWG	Europäische Wirtschaftsgemeinschaft
gem.	gemäß
H.	Heft
Habil.	Habilitation
HGB	Handelsgesetzbuch
Hrsg.	Herausgeber
i. S. d.	im Sinne des, der
i. S. e.	im Sinne eines, einer
Jg.	Jahrgang
Jhdt.	Jahrhundert
N. F.	Neue Folge
Nr.	Nummer
OR	Obligationenrecht
Rsp.	Rechtsprechung
StGB	Strafgesetzbuch
tr.	türkisch
TZGB	Türkisches Zivilgesetzbuch
u.	und
u.a.	unter anderem

ü. a. d. T.	übersetzt aus dem Türkischen
Univ.	Universität
Urt.	Urteil
Vgl.	Vergleich
ZGB	Zivilgesetzbuch
zit. n.	zitiert nach
ZPO	Zivilprozessordnung
zugl.	zugleich

Bibliografie

Abadan, Yavuz: Die Entwicklungsprobleme der Türkei, in: *Ord. Prof. Dr. Ernst E. Hirsch'e Armağan* [Festschrift zu Ehren für Herrn Ord. Prof. Dr. Ernst E. Hirsch, ü. a. d. T.], Ankara Üniversitesi Hukuk Fakültesi Yayınları, Nr. 197, Ankara 1964.

Abadan, Yavuz: Die Entstehung der Türkei und ihre verfassungsrechtliche Entwicklung bis 1960, in: *Jahrbuch des Öffentlichen Rechts*, Nr. 9, Tübingen 1960.

Abelein, Manfred: *Die Kulturpolitik des Deutschen Reiches und der Bundesrepublik Deutschland*, Wiesbaden 1968.

Adanir, Fikret: *Geschichte der Republik Türkei*, Mannheim [u.a.] 1995.

Acar, İsmail: *Osmanlı Kanunları ve Ceza Hukuku* [Die osmanischen Gesetzessammlungen und das islamische Strafrecht, ü. a. d. T.], İlahiyat Fakültesi Dergisi, Nr. XIII–XIV, İzmir 2001.

Ansay, Sabir Şakir: Das Türkische Recht, in: Spuler, Bertold (Hrsg.): *Handbuch der Orientalistik* (Ergänzungsband III. Orientalisches Recht), Leiden [u.a.] 1964.

Antes, Peter: *Der Islam als politischer Faktor*, Hannover 1997.

Akpınar, Turgut: *İstanbul Üniversitesinde 50 Yıl Öncesi Bazı Büyük Hocalarımız* [Einige unserer großen Professoren vor 50 Jahren an der Istanbul Universität, ü. a. d. T.], Istanbul 2004.

Akyilmaz, Gül: The Kadi in the Ottoman Empire, in: Scholler, Heinrich (Hrsg.) / Tellenbach, Silvia (Hrsg.): *Position und Aufgaben des Richters nach westlichen und islamischen Recht*, Tübingen 2007.

Aslan, Reza: *Kein Gott ausser Gott. Der Glaube der Muslime von Muhammad bis zur Gegenwart*, München 2006.

Azrak, Ülkü: Möckelmann, Reiner (Hrsg.): *Exil und Bildungsreform. Deutsche Rechtsprofessoren in der Türkei ab 1933*, Generalkonsulat der Bundesrepublik Deutschland, Istanbul, 29.11.2005.

Banken, Roland: *Die Verträge von Sèvres 1920 und Lausanne 1923. Geschichte der internationalen Beziehungen im 20. Jahrhundert*, Bd. 5, Berlin 2014.

Baysal Erman, Başak: Die Rezeption des westlichen Rechts im Allgemeinen und des ZGB im Besonderen im Modernisierungsprozess der Türkei nach 1926, in: Kieser, Hans-Lukas (Hrsg.) / Meier, Astrid (Hrsg.) / Stoffel, Walter (Hrsg.): *Revolution islamischen Rechts. Das Schweizerische ZGB in der Türkei*, Zürich 2008 (Schriftenreihe der Stiftung Forschungsstelle Schweiz-Türkei, 2).

Biernath, Annett: *Die Meinungs- und Pressefreiheit in der Türkei im Spiegel der EMRK*, in: Depenheuer, Otto (Hrsg.): Deutsch- Türkisches Forum für Staatsrechtslehre, Berlin 2013.

Bilge, Necip: Gerichtsorganisation und Rechtszüge im türkischen Recht unter besonderer Berücksichtigung des deutschen und französischen Rechts, in: *Ord. Prof. Dr. Ernst E. Hirsch'e Armağan*, [Festschrift zu Ehren für Herrn Ord. Prof. Dr. Ernst E. Hirsch, ü. a. d. T.], Ankara Üniversitesi Hukuk Fakültesi Yayınları, Nr. 197, Ankara 1964.

Bilsel, Cemil: *Istanbul Üniversitesi Tarihi* [Die Geschichte der Universität Istanbul, ü. a. d. T.], Istanbul 1943.

Bobzin, Hartmut: Sunna und Hadit, in: Haarmann, Maria (Hrsg.): *Der Islam. Ein Lesebuch*, München 2002.

Borchers, Çiğdem: *Frauenstudium und Hochschulkarrieren in der Türkei. Historische Entwicklungen vom 19. Jahrhundert bis heute mit vergleichendem Blick auf Deutschland*, Münster 2013.

Bozay, Kemal: *Exil Türkei. Ein Forschungsbeitrag zur deutschsprachigen Emigration in die Türkei (1933–1945)*, Münster [u.a.] 2001.

Bozkurt, Mahmut: *Die Beziehungen der Türkei zur Europäischen Union*, Frankfurt am Main 1995.

Brandenburg, Dietrich: *Die Madrasa. Ursprung, Entwicklung, Ausarbeitung und künstlerische Gestaltung der islamischen Moschee-Hochschule*, Graz 1978.

Breunung, Leonie / Walther, Manfred: *Die Emigration deutschsprachiger Rechtswissenschaftler ab 1933*, Berlin 2012.

Brunner, Josè (Hrsg.): *Demographie- Demokratie- Geschichte. Deutschland und Israel*, Göttingen 2007.

Buhbe, Matthes: *Türkei. Politik und Zeitgeschichte*, Opladen 1996.

Buhbe, Matthes: Die Emigration deutschsprachiger Wirtschafts- und Sozialwissenschaftler in die Türkei, in: Hagemann, Harald (Hrsg.): *Zur deutschsprachigen wirtschaftswissenschaftlichen Emigration nach 1933*, Marburg 1997.

Busse, Heribert: Grundzüge der islamischen Theologie und der Geschichte des islamischen Raumes, in: Ende, Werner (Hrsg.) / Steinbach, Udo (Hrsg.): *Der Islam in der Gegenwart. Entwicklung und Ausbreitung – Staat, Politik und Recht, Kultur und Religion*, München 2005.

Conermann, Stephan: Die Lage jüdischer Hochschullehrer und die Einschätzung wissenschaftlichen Arbeitens während der NS-Zeit, in: Kubaseck, Christopher (Hrsg.) / Seufert, Günter (Hrsg.): *Deutsche Wissenschaftler im türkischen Exil. Die Wissenschaftsemigration in die Türkei 1933–1945*, Würzburg 2008.

Cremer, Jan / Przytulla, Horst: *Exil Türkei. Deutschsprachige Emigranten in der Türkei 1933–1945*, Ausst. Kat. Yol-Kulturforum, München 1991.

Çernis, Volf: Ein Begriff und eine Legende in der Türkei, in: Liber Amicorum: *Ernst E. Hirsch. Eine Bio-und Bibliographie anlässlich seines 75. Geburtstages*, Amriswil 1977.

Dahms Hans-Joachim: Die Türkei als Zielland der wissenschaftlichen Emigration aus Österreich, in: Stadler, Friedrich (Hrsg.): *Vertriebene Vernunft II. Emigration und Exil österreichischer Wissenschaft*, Wien 1988.

Dalaman, Cem: *Die Türkei in ihrer Modernisierungsphase als Fluchtland für deutsche Exilanten*, Diss. Univ. Berlin 1998.

Dawletschin-Linder, Camilla / Dietert, Amke: *Begegnungen – İlişkiler. Hamburg und die Türkei in Geschichte und Gegenwart*, Hamburg 2010.

David, René / Grasmann, Günther: *Einführung in die großen Rechtssysteme der Gegenwart. Rechtsvergleich*, München 1966.

Davran, Bülent: Bericht über die Änderungen im türkischen ZGB, gegenüber dem schweizerischen, verbunden mit einigen Bemerkungen über den Sinn der Rezeption, in: *Annales de la Faculté de Droit d'Istanbul*, Bd. 5, Nr. 6, Istanbul 1956.

Davran, Bülend: *Vom islamitischen zum türkischen Recht. Grundsätzliche vergleichende Betrachtungen zur Rechtserneuerung in der Türkei auf dem Gebiet des Zivilrechts* (zugl. Diss. Univ. Göttingen 1940), Göttingen 1940.

Demir, Hüseyin: *Die osmanischen Medresen*, Frankfurt am Main 2005 (Leipziger Beiträge zur Orientstiftung, 17).

Dietrich, Anne: *Deutschsein in Istanbul*, Opladen 1998.

Ebert, Hans- Georg: Tendenzen der Rechtsentwicklung, in: Ende, Werner (Hrsg.) / Steinbach, Udo (Hrsg.): *Der Islam in der Gegenwart. Entwicklung und Ausbreitung - Staat, Politik und Recht, Kultur und Religion*, München 2005.

Eichmann, Friedrich von: *Die Reformen des Osmanischen Reiches. Mit besonderer Berücksichtigung des Verhältnisses der Christen des Orients zur türkischen Herrschaft*, Berlin 1858.

Elger, Ralf: *Kleines Islam-Lexikon*, München 2001.

Elwan, Omaia: Gesetzgebung und Rechtsprechung, in: Steibach, Udo (Hrsg.) / Robert, Rüdiger (Hrsg.): *Der Nahe und Mittlere Osten*, Wiesbaden 1988.

Ende, Werner (Hrsg.) / Steinbach, Udo (Hrsg.): *Der Islam in der Gegenwart. Entwicklung und Ausbreitung – Staat, Politik und Recht, Kultur und Religion*, München 2005.

Erichsen, Regine: Die Emigration deutschsprachiger Naturwissenschaftler von 1933 bis 1945 in die Türkei in ihrem sozial- und wissenschaftshistorischen

Wirkungszusammenhang, in: Strauss, Herbert A. (Hrsg.): *Die Emigration der Wissenschaften nach 1933*, München [u.a.] 1991.

Ergün, Mustafa: *İkinci Meşrutiyet Devrinde Eğitim Hareketleri (1908–1914)*, Ankara 1996.

Faath, Sigfried: *Rivalitäten und Konflikt zwischen Sunniten und Schiiten in Nahost*, Berlin 2010.

Faroqhi, Suraiya: *Geschichte des Osmanischen Reiches*, München 2010.

Faroqhi, Suraiya: *Kultur und Alltag im Osmanischen Reich*, München 1995.

Fischer-Defoy, Christine: Prolog Exil Türkei, in: *Haymatloz-Exil in der Türkei 1933–1945*, Ausst. Kat. Akademie der Künste, Berlin 8.1.-20.2.2000; Haus der Wissenschaft, Bremen 26.7.-30.8.2011, Berlin 2000 (Schriftenreihe des Vereins Aktives Museum, 8).

Gencer, Mustafa: *Bildungspolitik, Modernisierung und kulturelle Interaktion. Deutsch-türkische Beziehungen (1908–1918)*, Münster [u.a.] 2003 (Konfrontation und Kooperation im Vorderen Orient, 8).

Gerabek, Werner (Hrsg.) / Haage, Bernhard (Hrsg.) / Keil, Gundolf (Hrsg.) / Wegner, Wolfgang (Hrsg.): *Enzyklopädie Medizingeschichten*, Bd. 1, Berlin 2007.

Giritli, Ismet: Kemalism as an Ideology of Modernization, in: *Annales de la Faculté de Droit d'Istanbul*, Bd.28, Nr. 44, Istanbul 1981.

Gören-Ataysoy, Zafer: Die Fortbildung rezipierten Rechts, in: *Zeitschrift für schweizerisches Recht*, N. F. 95, Halbband 1, Basel 1976.

Gözler, Kemal: *Anayasa Hukukuna Giriş* [Einführung in das Verfassungsrecht, ü.a. d. T.], Bursa 2001.

Grüttner, Michael: *Studenten im Dritten Reich*, Paderborn 1995.

Guttstadt, Corry: *Die Türkei, die Juden und der Holocaust,* Berlin [u.a.] 2008.

Günay, Cengiz: *Die Geschichte der Türkei. Von den Anfängen der Moderne bis heute*, Wien [u.a.] 2012 (Geschichte, Politikwissenschaft, 3301).

Gündüz, Eran: *Multikulturalismus auf Türkisch? Debatten um Staatsbürgerschaft, Nation und Minderheiten im Europäisierungsprozess*, Bielefeld 2012.

Günzel, Angelika: *Religionsgemeinschaften in Israel*, Tübingen 2006.

Gürzümar, Osman Berat: Die Übernahme des westlichen Rechts in der Türkei vor 1926. Ein hinkender Versuch der Modernisierung durch das Recht, in: Kieser, Hans-Lukas (Hrsg.) / Meier, Astrid (Hrsg.) / Stoffel, Walter (Hrsg.): *Revolution islamischen Rechts. Das Schweizerische ZGB in der Türkei*, Zürich 2008 (Schriftenreihe der Stiftung Forschungsstelle Schweiz-Türkei, 2).

Hagemann, Harald: Zerstörung eines innovativen Forschungszentrums und Emigrationsgewinn. Zur Rolle der „Kieler Schule" 1926–1933 und ihrer

Wirkung im Exil, in: *Zur deutschsprachigen wirtschaftswissenschaftlichen Emigration nach 1933*, Marburg 1997.

Hambrusch, Horst: *Clemens Holzmeister. Ankara. Eine Hauptstadt für die Türkei*, Innsbruck 2011.

Hamza, Gábor: András Bertalan Schwarz (1886–1953), in: *Symposium Hundert Jahre BGB. Entwicklung des Privatrechts im deutschen und mittel-osteuropäischen Sprachraum seit dem Inkrafttreten des BGB. 13.-14. Budapest Oktober 2000*, Budapest 2006.

Hanıoğlu, Şükrü: *Atatürk. An Intellectual Biography*, Princton 2011.

Hartmann, Angelika: Pluralismus und Toleranz aus der Sicht des Islam, in: Augustin, Christian (Hrsg.) / Wienand, Johannes (Hrsg.) /.

Winkler, Christiane (Hrsg.): *Religiöser Pluralismus und Toleranz in Europa*, Wiesbaden 2006.

Heper, Altan: Menschenwürde, Islam und bioethische Fragen, in: Joerden Jan C. / Hilgendorf, Eric / Thiele, Felix: *Menschenwürde und Medizin*, Berlin 2013.

Hildebrand, Klaus: Universitäten im „Dritten Reich“- eine historische Betrachtung, in: Scholtyseck, Joachim (Hrsg.) / Studt, Christoph (Hrsg.): *Universitäten und Studenten im Dritten Reich*, Berlin 2008.

Hirsch, Ernst E.: *Als Rechtsgelehrter im Lande Atatürks*, Berlin 2008.

Hirsch, Ernst E.: Das Schweizerische Zivilgesetzbuch in der Türkei, in: *Schweizerische Juristenzeitung 1954*, Jg. 50, Zürich 1954.

Hirsch, Ernst E.: Devletçilik ve Ticaret Hukuku, in: *Doğumunun 100. Yılında Atatürk'e Armağan*, Cilt 54, Sayı 1 [Der Etatismus und das.

Handelsrecht, in: Gedenkschrift zum 100. Geburtstag Atatürks, Bd. 54, Nr. 1, ü.a. d. T.], Istanbul 1954.

Hirsch, Ernst E.: Die kemalistische Türkei, in: *Mustafa Kemal Atatürk 1881–1981. Vorträge und Aufsätze zu seinem 100. Geburtstag*, Heidelberg 1982.

Hirsch, Ernst E.: Die Rezeption fremden Rechts als sozialer Prozess, in: Stammer, Otto (Hrsg.) / Thalheim, Karl (Hrsg.): *Festgabe für Friedrich Bülow zum 70. Geburtstag*, Berlin 1960.

Hirsch, Ernst E.: *Dünya Üniversiteleri ve Türkiye'de Üniversitenin Gelişmesi*, Cilt 1 [Die Universitäten der Welt und die Entwicklung der Universitäten in der Türkei, Bd. 1, ü. a. d. T.], Ankara 1998.

Hirsch, Ernst E.: Hatıra Defterimden Bir İki Yaprak, in: *Ümit Y. Doğanay'a Armağan*, Cilt 44, Sayı 1–4, [Ein, Zwei Seiten aus meinem Tagebuch, Bd. 44, Nr. 1–4, ü. a. d. T.], Istanbul 1978.

Hirsch, Ernst E.: *Rechtssoziologie für Juristen. Eine Aufsatzsammlung*, Berlin 1984 (Schriftenreihe zur Rechtssoziologie und Rechtstaatsachenforschung, 57).

Hirsch, Ernst E.: Vier Phasen im Ablauf eines zeitgenössischen Rezeptionsprozesses, in: *ZvglRewiss*, Bd. 69, Stuttgart 1968.

Hirsch, Ernst E.: Vom schweizerischen Gesetz zum türkischen Recht, in: *Zeitschrift für schweizerisches Recht*, N. F. 95, Halbband 1, Basel 1976.

Hoss, Christiane: Verfolgung und Emigrationswege der von Scurla benannten Flüchtlinge und ihrer Familie, in: Şen, Faruk (Hrsg.) / Halm, Dirk (Hrsg.): *Exil unter Halbmond und Stern. Herbert Scurlas Bericht über die Tätigkeit deutscher Hochschullehrer in der Türkei während der Zeit des Nationalsozialismus*, Essen 2007.

Höpel, Stefan: Die Säuberung der deutschen Rechtswissenschaft – Ausmaß und Dimensionen der Vertreibung nach 1933, in: *Kritische Justiz*, Vol. 36, No. 4, Berlin 1993.

Ilhan, Cengiz: *Mecelle hukukun doksandokuz ilkesi*, [Die 99 Bestimmungen der Mecelle, ü. a. d. T.], Istanbul 2003.

İnalcık, Halil: *Osmanlı Hukukuna Giriş. Örfi- sultani hukuk ve Fatihin kanunları*, [Die Einführung in das Osmanische Rechtssystem. Das Sultans-Recht und die Reformen Fatihs, ü. a. d. T.], Ankara 1958.

İnce, Başak: *Citizenship and Identity in Turkey. From Atatürk's Republic to the present Day*, London [u.a.] 2012.

Irmak, Sadi: *Cumhuriyetin 50. Yılında İstanbul Üniversitesi* [Im 50. Jahr der republikanischen Universität Istanbul, ü. a. d. T.], Istanbul 1973.

Jaroš, Karl: *Der Islam*, Wien 2012.

Jung, Dietrich: Staatsbildung und Staatszerfall. Die osmanische Moderne und der europäische Staatenbildungsprozess, in: Clemens, Gabriele (Hrsg.): *Die Türkei und Europa*, Hamburg [u.a.] 2007 (Studien zur neueren europäischen Geschichte, 1).

Kadıoğlu, Ayşe: Die Leugnung des Geschlechts. Die türkische Frau als Objekt in großen Gesellschaftsentwürfen, in: Pusch Barbara (Hrsg.): *Die neue muslimische Frau*, Beiruter Texte und Studien, Bd. 85, Würzburg 2001.

Kahl, Wolfgang: Die Geschichte der bayerischen Hochschulen, in: Geis, Max-Emanuel (Hrsg.): *Hochschulrecht im Freistaat Bayern. Handbuch für Wissenschaft und Praxis*, Heidelberg 2009.

Kapucu, Hakan / Aydın, Murat / Şiriner, Ismail / Morady, Farhang / Çetin, Ümit: *Politik Iktisat ve Adam Smith* [Politik, Wirtschaft und Adam Smith, ü. a. d. T.], Istanbul 2011.

Karayalcın, Yaşar: Prof. Dr. Ernst E. Hirsch. Kişiligi – Türk Hukuku, in: *Prof. Dr. Ernst E. Hirsch`in Hatırasına Armağan (1902–1985). Gedächtnisschrift für Herrn Prof. Dr. Ernst E. Hirsch*, Ankara 1986.

Keskin, Hakkı: *Vom Osmanischen Reich zum Nationalstaat*, Berlin 1981.

Kessler, Gerhard: Kendi Hayat Yolum [Mein Lebensweg, ü. a. d. T.], in: *Sosyal Siyaset Konfersanslari Dergisi*, Nr. 15, Istanbul 1964.

Kieser, Hans-Lukas (Hrsg.) / Meier, Astrid (Hrsg.) / Stoffel, Walter (Hrsg.): *Revolution islamischen Rechts. Das Schweizerische ZGB in der Türkei*, Zürich 2008 (Schriftenreihe der Stiftung Forschungsstelle Schweiz-Türkei, 2).

Koptagel-Ilal, Günsel: Möckelmann, Reiner (Hrsg.): *Exil und Gesundheitswesen. Deutsche Mediziner in der Türkei ab 1933*, Generalkonsulat der Bundesrepublik Deutschland, Istanbul, 8.6.2006.

Köbler, Gerhard: *Zielwörterbuch europäischer Rechtsgeschichte,* Gießen-Lahn 2009.

Kramer, Heinz (Hrsg.) / Reinkowski, Maurus (Hrsg.): *Die Türkei und Europa. Eine wechselhafte Beziehungsgeschichte*, Stuttgart 2008.

Krawietz, Birgit: *Hierarchie der Rechtsquellen im tradierten sunnitischen Islam*, H. 208, Berlin 2002 (Schriften zur Rechtstheorie).

Krämer, Gudrun: *Geschichte des Islam*, München 2005.

Kraelitz-Greifenhorst, Friedrich: *Die Verfassungsgesetze des Osmanischen Reiches*, Wien 1919.

Kral, August Ritter von: *Das Land Kamal Atatürks*, Wien 1937.

Kreiser, Klaus: *Atatürk - Eine Bibliographie,* München 2008.

Kreiser, Klaus: *Der Osmanische Staat 1300–1922*, München 2001 (Oldenbourg Grundriss der Geschichte, 30).

Kreiser, Klaus: Im Dienste ist der Fes zu tragen – Türkische Vorlesungen deutscher Professoren am Istanbuler Darülfünun (1915–1918), in: Kubaseck, Christopher (Hrsg.) / Seufert, Günter (Hrsg.): *Deutsche Wissenschaftler im türkischen Exil. Die Wissenschaftsemigration in die Türkei 1933–1945*, Würzburg 2008.

Kreiser, Klaus: *Geschichte der Türkei. Von Atatürk bis zur Gegenwart*, München 2012.

Krüger, Hilmar: Fragen des Familienrechts. Osmanisch-islamische Tradition versus Zivilgesetzbuch, in: *Zeitschrift für schweizerisches Recht*, N. F. 95, Halbband 1, Basel 1976.

Krüger, Hilmar: 70 Jahre westliches Schuld- und Handelsrecht in der Türkei, in: Scholler, Heinrich (Hrsg.) / Tellenbach, Silvia (Hrsg.): *Westliches Recht in der Türkei 70 Jahre nach der Gründung*, Baden-Baden 1996 (Arbeiten zur Rechtsvergleichung, 181).

Krüger, Hilmar: Privatrecht, in: Grothusen, Klaus-Detlev (Hrsg.): *Türkei. Südosteuropahandbuch*, Bd. IV, Göttingen 1985.

Krüger, Hilmar: Zum Gedenken Ernst E. Hirsch (1902–1985), in: *Die Welt des Islams XXVI*, Leiden 1986.

Krüger, Hilmar: Zum Zeitlich-Räumlichen Geltungsbereich der Osmanischen Mecelle, in: *Annales XL*, Nr. 57, Istanbul 2008.

Kuntze, Johannes: *Bürgerliche Mitgliedschaft in Religionsgemeinschaften. Studie über die Rechtsbeziehungen der Mitglieder zu den römisch-katholischen, evangelischen, jüdischen und islamischen Religionsgemeinschaften in Deutschland*, Göttingen 2013 (Göttinger Schriften zum Öffentlichen Recht, 3).

Kurt, Cahit: *Die Türkei auf dem Weg in die Moderne*, Frankfurt am Main 1989.

Kurtaran, Uğur: Osmanlı İmperatorluğunda Millet Sistem [Das Millet-System im Osmanischen Reich, ü. a. d. T.], in: *Sosyal Bilimler Enstitüsü*, Nr. 8, Kars 2001.

Küçük, Bülent: *Die Türkei und das andere Europa. Phantasmen der Identität im Beitrittsdiskurs*, Bielefeld 2008.

Kürşat, Elçin: *Der Verwestlichungsprozeß des Osmanischen Reiches im 18. und 19. Jahrhundert*, Bd. I-II, Frankfurt am Main 2003.

Langer, Josef: Gesellschaftliche Rahmenbedingungen der wissenschaftlichen Emigration aus Österreich, in: Stadler, Friedrich (Hrsg.): *Vertriebene Vernunft I. Emigration und Exil österreichischer Wissenschaft 1930–1940*, Wien 1987.

Lewis, Geoffrey: *The Turkish Language Reform. A Catastrophic Success*, Oxford 2002.

Liber Amicorum: *Ernst E. Hirsch. Eine Bio- und Bibliographie anlässlich seines 75. Geburtstages*, Amriswil 1977.

Lipstein, Kurt: The Reception of Western Law in Turkey, in: *Annales de la Faculté de Droit d'Istanbul*, Bd. 5, Nr. 6, Istanbul 1956.

Lohlker, Rüdiger: *Islamisches Recht*, Wien 2012 (Islamwissenschaften, 3562).

Mango, Andrew: *Atatürk*, London 2001.

Mango, Andrew: Founding Father, Realist and Visionar, in: Heper, Metin (Hrsg.) / Sayarı, Sabrı (Hrsg.): *Political Leaders and Democracy in Turkey*, Lanham [u.a.] 2002.

Matuz, Josef: *Das Osmanische Reich. Grundlinien seiner Geschichte*, Darmstadt 1985.

Meier, Astrid: Wie islamisch muss islamisches Recht sein? Der Reformprozess in der Türkei – aus Indien und Ägypten gesehen, in: Kieser, Hans-Lukas (Hrsg.) / Meier, Astrid (Hrsg.) / Stoffel, Walter (Hrsg.): *Revolution islamischen Rechts. Das Schweizerische ZGB in der Türkei*, Zürich 2008 (Schriftenreihe der Stiftung Forschungsstelle Schweiz-Türkei, 2).

Moser, Brigitte / Weithmann, Michael W.: *Die Türkei. Nation zwischen Europa und dem Nahen Osten*, Regensburg [u.a.] 2002.

Moltke, Helmuth von: *Unter dem Halbmond. Erlebnisse in der alten Türkei 1835 bis 1839*, Stuttgart [u.a.] 1997.

Möckelmann, Reiner: *Exil und Bildungsreform. Deutsche Rechtsprofessoren in der Türkei ab 1933*, Generalkonsulat der Bundesrepublik Deutschland, Istanbul 29.11.2005.

Möckelmann, Reiner: *Exil und Gesundheitswesen. Deutsche Mediziner in der Türkei ab 1933*, Generalkonsulat der Bundesrepublik Deutschland, Istanbul, 8.6.2006.

Möckelmann, Reiner: *Wartesaal Ankara. Ernst Reuter – Exil und Rückkehr nach Berlin*, Berlin 2013.

Mumcu, Ahmet: Religionsfreiheit in der Türkei-Geschichte und Gegenwart, in: Schwartländer, Johannes (Hrsg.): *Freiheit der Religion. Christentum und Islam unter dem Anspruch der Menschenrechte*, Mainz 1993.

Mumcu, Ahmet: Siebzig Jahre westliches Recht in der türkischen Republik, in: Scholler, Heinrich (Hrsg.) / Tellenbach, Silvia (Hrsg.): *Westliches Recht in der Türkei 70 Jahre nach der Gründung*, Baden-Baden 1996 (Arbeiten zur Rechtsvergleichung, 181).

Münch, Ingo von: *Gesetze des NS-Staates*, Paderborn 1994.

Nagel, Anne C.: *Hitlers Bildungsreformer. Das Reichsministerium für Wissenschaft, Erziehung und Volksbildung 1934–1945*, Frankfurt am Main 2012.

Nagel, Tilman: *Staat und Glaubensgemeinschaft im Islam*, Zürich 1981.

Namal, Yücel: Türkiye'de 1933–1950 Yılları Arasında Yükseköğretime Yabancı Bilim Adamlarının Katkıları [Die Auswirkungen der ausländischen Wissenschaftler im höheren Bildungswesen zwischen 1933–1950 in der Türkei, ü.a. d. T.], in: *Yükseköğretim ve Bilim Dergisi*, Cilt 2, No. 1 [Zeitung für höhere Bildung und Wissenschaft, Bd. 2, Nr. 1, ü. a. d. T.], Zonguldak 2012.

Neumark, Fritz: *Zuflucht am Bosporus. Deutsche Gelehrte, Politiker u. Künstler in der Emigration 1933–1953*, Frankfurt am Main 1980.

Neumayer, Karl H. / Dopffel, Peter: Ein Jahrhundert Türkischer Rezeptionsgeschichte. Versuch einer Würdigung, in: *Annales*, Bd. 5, Nr. 6, Istanbul 1956.

Nissen, Rudolf: *Helle Blätter – Dunkle Blätter. Erinnerungen eines Chirurgen*, Stuttgart 1969.

Olechowski, Thomas: *Rechts- und Verfassungsgeschichte*, Wien [u.a.] 2012.

Ortaylı, İlber: *İmperatorluğun en uzun yüzyılı* [Das längste Jahrhundert des Imperiums, ü. a. d. T.], Istanbul 2012.

Öncü, Tahir Mehmet: *Die Rechtsübersetzung im Spannungsfeld von Rechtsvergleich und Rechtssprachvergleich. Zur deutschen und türkischen Strafgesetzgebung*, (zugl. Diss. Univ. Izmir 2011) Berlin 2012 (TransÜD, 44).

Osmanağaoğlu Karahasanoğlu, Cihan: Das Inkrafttreten der Mecelle-i Ahkam-ı Adliyye, in: *Annales XLIV, No. 61, Istanbul 2012.*

Osmanağaoğlu, Cihan: *Osmanlı Tabiiyyetinin. Vatandaşlığının gelişimi* [Die Osmanische Nationalität. Die Entwicklung der Staatsbürgerschaft, ü. a. d. T.], Istanbul 2004.

Peukert, Helge (Hrsg.): *Philipp Schwartz. Notgemeinschaft. Zur Emigration deutscher Wissenschaftler nach 1933 in die Türkei*, Marburg 1995.

Plagemann, Gottfried: Möckelmann, Reiner (Hrsg.): *Exil und Bildungsreform. Deutsche Rechtsprofessoren in der Türkei ab 1933*, Generalkonsulat der Bundesrepublik Deutschland, Istanbul, 29.11.2005.

Plagemann, Gottfried: *Von Allahs Gesetz zur Modernisierung per Gesetz. Gesetz und Gesetzgebung im Osmanischen Reich und der Republik Türkei*, (zugl. Diss. Univ. Leipzig 2006) Münster [u.a.] 2009 (Deutsch-Türkisches Forum für Staatsrechtslehre, 5).

Prenner, Karl: *Die Stimme Allahs. Religion und Kultur des Islams*, Wien [u.a.] 2001.

Pritsch, Erich: Die Rezeption des Schweizerischen Zivilrechts in der Türkei, in: *Schweizeische Juristenzeitung*, 1926/1927, Jg. 23, Zürich 1927.

Pritsch, Erich / Spies, Otto: Klassisches islamisches Recht, in: Spuler, Bertold (Hrsg.): *Handbuch der Orientalistik*, Leiden [u.a.] 1964.

Radtke, Bernd: Der sunnitische Islam, in: Ende, Werner (Hrsg.) / Steinbach, Udo (Hrsg.): *Der Islam in der Gegenwart. Entwicklung und Ausbreitung – Staat, Politik und Recht, Kultur und Religion*, München 2005.

Renesse, Ernst-Albrecht: *Unvollendete Demokratien*, Köln 1965.

Reisman, Arnold: *Turkey's Modernization. Refugees from Nazism and Atatürk's Vision*, Washington 2006.

Rheinstein, Max: Types of Receptions, in: *Annales de la Faculté de Droit d'Istanbul*, Bd. 5, Nr. 6, Istanbul 1956.

Rohe, Mathias: *Das islamische Recht. Geschichte und Gegenwart*, München 2011.

Rumpf, Christian I: *Das türkische Verfassungssystem. Einführung mit vollständigem Verfassungstext*, Wiesbaden 1996 (Turkologie und Türkeikunde, 4).

Rumpf, Christian II: *Die »Europäisierung« der türkischen Verfassung*, in: Scholler, Heinrich (Hrsg.) / Tellenbach, Silvia (Hrsg.): *Westliches Recht in der Türkei 70 Jahre nach der Gründung*, Baden-Baden 1996 (Arbeiten zur Rechtsvergleichung, 181).

Rumpf, Christian: *Einführung in das türkische Recht*, München 2016.

Rust, Bernhard / Krieck, Ernst: *Das Nationalsozialistische Deutschland und die Wissenschaft*, Hamburg 1936.

Rustow, Dankwart A.: Kemalism, in: Grothusen, Klaus-Detlev (Hrsg.): *Türkei. Südosteuropahandbuch*, Bd. IV, Göttingen 1985.

Savaş, Mevhibe: *İkinci Meşrutiyet Döneminde ittihat ve terakki ve basın* [Die zweite konstitutionelle Monarchie und der Druck des Komitees für Einheit und Fortschritt, ü. a. d. T.], Ankara 1998.

Schumann, Olaf: Die Rolle des Islam, in: Clemens, Gabriele (Hrsg.): *Die Türkei und Europa*, Hamburg [u.a.] 2007 (Studien zur neueren europäischen Geschichte, 1).

Schacht, Joseph: *G. Bergsträsser's Grundzüge des islamischen Rechts*, Berlin [u.a.] 1935.

Scharlipp, Wolfgang Ekkehard: *Die frühen Türken in Zentralasien, eine Einführung in ihre Geschichte und Kultur*, Darmstadt 1992.

Schennach, Martin: *Rechts- und Verfassungsgeschichte*, Wien [u.a.] 2012.

Schlegel, Dietrich: Atatürks revolutionärer Schritt aus der islamischen Welt, in: *Mustafa Kemal Atatürk 1881–1981. Vorträge und Aufsätze zu seinem 100. Geburtstag*, Heidelberg 1982.

Schneider, Irene: Qadi und Qadi-Justiz im vormodernen und modernen islamischen Recht, in: Scholler, Heinrich (Hrsg.) / Tellenbach, Silvia (Hrsg.): *Position und Aufgaben des Richters nach westlichen und islamischen Recht*, Tübingen 2007.

Scholz, Peter: *Recht im Nahen und Mittleren Osten. Ausdruck moderner Staatlichkeit, Träger islamischen Erbes und Instrument autoritärer Regime*, Berlin 2011.

Schütte-Lihotzky, Margarete: *Erinnerungen aus dem Widerstand*, Wien 1994.

Schwartländer, Johannes: *Freiheit der Religion*, Mainz 1993.

Schwarz, Andreas: Rezeption und Assimilation ausländischer Rechte, in: Thieme, Hans (Hrsg.) / Wieacker, Franz (Hrsg.): *Rechtsgeschichte und Gegenwart*, Bd. 13, Karlsruhe 1960.

Schweizer, Gerhard: *Die Türkei-Zerreißprobe zwischen Islam und Nationalismus*, Stuttgart 2008.

Seier, Hellmut: Die nationalsozialistische Hochschulpolitik und die Rolle von Technik und Technischen Hochschulen im Führerstaat, in: König, Helmut (Hrsg.) / Kuhlmann, Wolfgang (Hrsg.) / Schwabe, Klaus (Hrsg.): *Vertuschte Vergangenheit. Der Fall Schwerte und die NS-Vergangenheit der deutschen Hochschulen*, München 1997.

Seufert, Günter / Kubaseck, Christopher: *Die Türkei – Politik, Geschichte, Kultur*, München 2006.

Seufert, Günter: Kritische Einschätzung der Wissenschaftsemigration durch die türkische Zeitgeschichtsschreibung: Bahnbrechende Aufsätze Mete Tunçays und Haldun Özens, in: Kubaseck, Christopher (Hrsg.) / Seufert, Günter (Hrsg.): *Deutsche Wissenschaftler im türkischen Exil. Die Wissenschaftsemigration in die Türkei 1933–1945*, Würzburg 2008.

Silverstein, Adam: *Islamische Geschichte*, Stuttgart 2012.

Sonnenhol, Gustaf Adolf: Atatürk heute. Kulturrevolution und Entwicklung, in: *Mustafa Kemal Atatürk 1881–1981. Vorträge und Aufsätze zu seinem 100. Geburtstag*, Heidelberg 1982.

Spuler, Bertold: *Handbuch der Orientalisitik,* Leiden [u.a.] 1964.

Spuler-Stegemann, Ursula: Der Islam, in: Grothusen, Klaus-Detlev (Hrsg): *Türkei. Südosteuropahandbuch*, Bd. IV, Göttingen 1985.

Stadler, Friedrich: Emigration der Wissenschaft – Wissenschaft von der Emigration. Ein ungeschriebenes Kapitel österreichischer Zeitgeschichte, in: Stadler, Friedrich (Hrsg.): *Vertriebene Vernunft I. Emigration und Exil österreichischer Wissenschaft 1930–1940*, Wien 1987.

Stahl, Friedrich Julius: *Was ist die Revolution?* Berlin 1852.

Steinbach, Udo: *Die Türkei im 20. Jahrhundert. Schwieriger Partner Europas*, Bergisch Gladbach 1996.

Steichbach, Udo: *Geschichte der Türkei*, München 2000.

Steinbach, Udo: Politische Kultur, in: Grothusen, Klaus-Detlev (Hrsg.): *Türkei. Südosteuropahandbuch*, Bd. IV, Göttingen 1985.

Strauss, Herbert A.: Wissenschaftsemigration als Forschungsproblem, in: *Die Emigration der Wissenschaften nach 1933*, München [u.a.] 1991.

Strohmeier, Martin: Der zeitgeschichtliche und politische Rahmen der türkischen Universitätsreform und die Rolle der deutschen Wissenschaftsemigranten, in: Kubaseck, Christopher (Hrsg.) / Seufert, Günter (Hrsg.): *Deutsche Wissenschaftler im türkischen Exil. Die Wissenschaftsemigration in die Türkei 1933–1945*, Würzburg 2008.

Strupp, Karl: *Avrupa ve Amerika Hukuku Düveli*, Istanbul 1930.

Sürek, Tunay: *Die Verfassungsbestrebungen der Tanzimat-Periode. Der Kanun-i-Esasi – Die Osmanische Verfassung von 1876*, Rechtshistorische Reihe 462, Frankfurt a. Main 2016.

Szabó, Anikó: *Vertreibung, Rückkehr, Wiedergutmachung. Göttinger Hochschullehrer im Schatten des Nationalsozialismus*, Göttingen 2000.

Şen, Murat: *Osmanlı Hukukunun Yapısı. Yeni Türkiye*, Sayı 6, Nr. 31 [Die Struktur des Osmanischen Rechts. Neue Türkei, Jg. 6, Nr. 31, ü. a. d. T.], Ankara 1999.

Şen, Faruk / Halm, Dirk: *Exil unter Halbmond und Stern. Herbert Scurlas Bericht über die Tätigkeit deutscher Hochschullehrer in der Türkei während der Zeit des Nationalsozialismus*, Essen 2007.

Şıpka, Şükran: Der Revolutionscharakter des Zivilgesetzes von 1926 aus frauenrechtlicher Perspektive, in: Kieser, Hans-Lukas.

(Hrsg.) / Meier, Astrid (Hrsg.) / Stoffel, Walter (Hrsg.): *Revolution islamischen Rechts. Das Schweizerische ZGB in der Türkei*, Zürich 2008 (Schriftenreihe der Stiftung Forschungsstelle Schweiz-Türkei, 2).

Tekindağ, Şehabettin: *Cumhuriyetin 50. Yılında İstanbul Üniversitesi* [Im fünfzigsten Jahr der republikanischen Universität Istanbul, ü. a. d. T.], Istanbul 1973.

Thieme, Hans: Aus einem Briefwechsel mit Ernst Hirsch während seiner letzten Lebensjahre, in: *Prof. Dr. Ernst E. Hirsch'in Hatırasına Armağan (1902–1985). Gedächtnisschrift für Herrn Prof. Dr. Ernst E. Hirsch*, Ankara 1986.

Topçuoğlu, Hamide: Aziz Hocamiz Hisch [Unser heiliger Professor Hirsch, ü. a. d. T.], in: *Ord. Prof. Dr. Ernst E. Hirsch'e Armağan*, [Festschrift zu Ehren für Herrn Ord. Prof. Dr. Ernst E. Hirsch, ü. a. d. T.], Ankara 1964.

Tuna, Orhan: Kessler Hocanin Ölümü [Der Tod von Prof. Kessler, ü. a. d. T.], in: *Sosyal Siyaset Konfersanslari Dergisi*, Nr. 15, Istanbul 1964.

Türkische Nationale Kommission für Unesco: *Atatürk*, Istanbul 1963.

Ucar, Bülent: Die kemalistischen Reformen in der Türkei und ihre Hintergründe, in: Kieser, Hans L.(Hrsg.) / Meier, Astrid (Hrsg.) / Stoffel, Walter (Hrsg.): *Revolution islamischen Rechts. 80 Jahre schweizerisches ZGB in der Türkei*, Zürich 2008.

Verein Aktives Museum: *Haymatloz-Exil in der Türkei 1933–1945*, Ausst. Kat. Akademie der Künste, Berlin 8.1.-20.2.2000; Haus der Wissenschaft, Bremen 26.7.-30.8.2011 (Schriftenreihe des Vereins Aktives Museum, 8) .

Wehling, Hans-Georg: *Türkei. Politik-Gesellschaft-Wirtschaft*, Opladen 2002.

Werner, Ernst / Markov, Walter: *Geschichte der Türken von den Anfängen bis zur Gegenwart*, Berlin 1978.

Wiebke, Walther: Die Situation von Frauen in islamischen Ländern, in: Ende, Werner (Hrsg.) / Steinbach, Udo (Hrsg.): *Der Islam in der Gegenwart. Entwicklung und Ausbreitung – Staat, Politik und Recht, Kultur und Religion*, München 1996.

Wiebke, Walther: *Kleine Geschichte der arabischen Literatur. Von der vorislamischen Zeit bis zur Gegenwart*, München 2004.

Widmann, Horst: Der Beitrag E. Reuters und anderer deutscher Professoren zur Entwicklung des wissenschaftlichen Lebens in der Türkei, in: *Ernst Reuter'in Anısına. Zum Gedenken an Ernst Reuter*, Ankara 1986.

Widmann, Horst: *Exil und Bildungshilfe. Die deutschsprachige akademische Emigration in die Türkei nach 1933*, Bern [u.a.] 1973.

Yalçın, Kemal: *Haymatlos. Dünya Bizim Vatanimiz* [Heimatlos. Die Welt ist unsere Heimat, ü. a. d. T.], Istanbul 2011.

Yazicioglu, Ümit: *Erwartungen und Probleme hinsichtlich der Integrationsfrage der Türkei in die Europäische Union* (zugl. Habil. Univ. Berlin 2005), Berlin 2005.

Zehetgruber, Christoph: *Islamisches Strafrecht versus kontinentaleuropäische Werteordnung. Ein Strafrechtsvergleich unter Berücksichtigung ausgewählter zivilrechtlicher Aspekte* (zugl. Diss. Univ. Graz 2010), Graz 2010.

Internet

http://www2.tbmm.gov.tr/d24/2/2-1427.pdf [Stand 28.06.2016].

http://blog.milliyet.com.tr/ataturk-ve-inonu-doneminde-camiler/Blog/?BlogNo=360502 [Stand 28.06.2016].

http://dhgm.meb.gov.tr/yayimlar/dergiler/Milli_Egitim_Dergisi/157/tas.htm. [Stand 28.06.2016].

http://www.turkishjews.com [Stand 28.06.2016].

http://arslanlibilimarsivi.com/sites/default/files/makale/Ord-Prof-Halil-Arslanli-Ozgecmis.pdf [Stand 28.06.2016].

http://ec.europa.eu/enlargement/archives/pdf/key_documents/2004/rr_tr_2004_de.pdf [Stand 28.06.2016].

http://www.europarl.europa.eu/brussels/website/media/Lexikon/Pdf/Beitrittskriterien.pdf [Stand 28.06.2016].

http://www.n-tv.de/ticker/Erstmals-Richterin-mit-Kopftuch-article16280976.html [Stand 28.06.2016].

http://www.verfassungen.eu/tr/tuerkei24-index.htm [Stand 28.06.2016].

http://www.verfassungen.eu/tr/tuerkei82.htm [Stand 28.06.2016].

http://www.verfassungen.eu/tr/tuerkei21.htm [Stand 28.06.2016].

http://www.hupefilm.de/dokumentarfilm/haymatloz.php [Stand 15.5.2016].

Arslan, Mehmet: Beiträge deutscher Wissenschaftler zur Medizinausbildung in der Türkei, in: *Uluslararası Sosyal Araştırmalar Dergisi* http://www.sosyalar astirmalar.com/cilt1/sayi3/sayi3_pdf/arslan_mehmet.pdf [Stand 28.06.2016].

Atilgan, Dursun: *Die kemalistischen Leitvorstellungen*, in: http://www.ataturk.de/de_KEMALISTISCHE_LEITVORSTELLUNGEN.pdf [Stand 28.06.2016].

Bozkurt, Gülnihal: Der Status der Frau in der türkischen Rechtsgeschichte, in: *Deutsch- türkische Wissenschaftskooperation im europäischen Forschungsraum*, Bonn 2007, in: https://www.humboldt-foundation.de/pls/web/docs/F1685/tuerkei.pdf [Stand 28.06.2016].

Dölen, Emre: *Deutsche Hochschullehrer an der Darülfünun während des Ersten Weltkrieges (1915–1918)*, in: http://www.dfg.de/download/pdf/dfg_magazin/internationales/141023_istanbul/broschuere_tagung.pdf [Stand 30.06.2016].

Elliesie, Hatem: *Binnenpluralität des Islamischen Rechts*, in: http://www.sfb-governance.de/publikationen/working_papers/wp54/SFB-Governance-Working-Paper-54.pdf [Stand 30.06.2016].

Elwan, Omaia: *Einführung in das islamische Recht*, in: http://www.ipr.uni-hei delberg.de/md/jura/ipr/personen/elwan/materialien_zur_vorlesung_-_ein fuhrung_in_das_islamische_recht_sommersemester_2010.pdf [Stand 30.06.2016].

Elwan, Omaia: *Einführung in das islamische Recht, in:http://www.ipr.uni-hei delberg.de/md/jura/ipr/personen/elwan/materialien_zur_vorlesung_-_ein fuhrung_in_das_islamische_recht_2014_stand_16_juni.pdf* Stand 30.06.2016].

Esirgen, Seda: *Osmanli Devleti'nde Medeni Kanunun tartismalari: Mecelle mi, Fransiz Medeni Kanunu mu?* [Die Diskussionen im Osmanischen Reich über das Bürgerliche Gesetzbuch: Mecelle oder Fanzösischer Code civil? ü.a. d. T.], in: http://dergiler.ankara.edu.tr/dergiler/19/1682/17936.pdf [Stand 30.06.2016].

Goodwin, Kevin: *The Tanzimat and the Problem of Political Authority in the Ottoman Empire: 1839–1876*, in: http://digitalcommons.ric.edu/cgi/viewcontent.cgi?article=1005&context=honors_projects [Stand 30.06.2016].

Grüttner, Michael / Kinas, Sven: *Die Vertreibung von Wissenschaftlern aus den deutschen Universitäten 1933–1945*, in: http://www.ifz-muenchen.de/heftar chiv/2007_1_5_gruettner.pdf [Stand 28.06.2016].

Inan, Kenan: *The making of the Kanun Law in the Ottoman Empire, 1300–1600*, in: http://www.cliohworld.net/onlread/5/07.pdf [Stand 30.06.2016].

Krüger, Hilmar: *Ringvorlesung „Türkei"* der UzK, Entwicklung und gegenwärtiger Stand des türkischen Privatrechts, Wintersemester 2014/2015, in: http://international.uni-koeln.de/sites/international/aaa/94/94pdf/94pdf_Vortrag_Krueger_Endversion.pdf [Stand 30.06.2016].

Marx, Ansgar: *Familie und Recht im Islam- zwischen Tradition und Moderne*, in: http://www.ostfalia.de/export/sites/default/de/afb/download/berichtmarx-islam-2005.pdf [Stand 30.06.2016].

Mumcu, Ahmet / Rumpf, Christian: *Das türkische Hochschulgesetz und die Forschungsfreiheit als Voraussetzung akademischer Freiheit*, in: http://www.bzh.bayern.de/uploads/media/1-2-1990-mumcu-eskisehir-rumpf.pdf [Stand 30.06.2016].

Öztan, Bilge: *Das zukünftige türkische Familienrecht*, Vortrag vor dem Europa-Institut der Universität des Saarlandes, Saarbrücken 1986 in: http://europa institut.de/fileadmin/schriften/nr80.pdf [Stand 30.06.2016].

Pamir, Aybars: *Osmanlı Egemenlik Anlayşında Sened-i ittifak'in yeri* [Das Verständnis der osmanischen Souveränität und der Platz des Bündnisvertrages, ü. a. d. T.], in: http://dergiler.ankara.edu.tr/dergiler/38/278/2513.pdf [Stand 30.06.2016].

Potz, Richard: Islamisches Recht und europäischer Rechtstransfer, in: *Europäische Geschichte Online* (EOG), hg. vom Institut für Europäische Geschichte, in: http://ieg-ego.eu/de/threads/europa-und-die-welt/herrschaft/richard-potz-islamisches-recht-und-europaeischer-rechtstransfer [Stand 30.06.2016].

Rumpf, Christian: *Rezeption und Verfassungsordnung: Beispiel Türkei*, in: http://www.tuerkei-recht.de/downloads/rezeption.pdf [Stand 30.06.2016].

Seufert, Günter: *Staat und Islam in der Türkei*, in: http://www.swp-berlin.org/fileadmin/contents/products/studien/2004_S29_seufert_ks.pdf [Stand 30.06.2016].

Scholz, Peter: *Islamisches Recht im Wandel am Beispiel des Eherechts islamischer Staaten*, in: http://www.jura.fu-berlin.de/fachbereich/einrichtungen/zivilrecht/lehrende/scholzp/dokumente/waneher.pdf?1337600208 [Stand 30.06.2016].

Wolff, Arno: *Tanzimat. Der erste Versuch einer Modernisierung in der Türkei*, in: http://www.kas.de/wf/doc/kas_6889-544-1-30.pdf?050705163551 [Stand 30.06.2016].

Yalçın, Gülşan: *Entwicklungstendenzen im türkischen Hochschulwesen am Beispiel der Stiftungsuniversitäten*, in: https://kobra.bibliothek.uni-kassel.de/bit stream/urn:nbn:de:hebis:34-2006070313877/1/wb59.pdf [Stand 30.06.2016].

Yüksel, Süleyman: *Av. Ord. Ernst E. Hirsch*, in: http://www.ankarabarosu.org.tr/siteler/ankarabarosu/hgdmakale/2014-2/05.pdf [Stand 30.06.2016].

Abbildungsnachweis

Abb. 1–5: Privatarchiv, Istanbul (Mesut Ilgim)
Abb. 6: Grab von Curt Kosswig, Istanbul (Fotograf: Alexandra Üner)
Abb. 7: Grab von Erich Frank, Istanbul (Fotograf: Alexandra Üner)
Abb. 8: Gedenktafel von Ernst E. Hirsch, Universität Ankara (Fotograf: Mesut Ilgim)
Abb. 9: Gedenktafel an der Universität Istanbul (Fotograf: Mesut Ilgim)
Foto Vorderseite: Eingang der Universität Istanbul (Fotograf: Mesut Ilgim)

Dank

Das Thema dieser Arbeit hat mich dazu veranlasst die Geschichte meines Vaterlandes besser kennenzulernen und zu verstehen.

Ich möchte all jenen danken, die dies ermöglicht haben. In erster Linie meinen Eltern, Murat und Alexandra, die immer an mich geglaubt haben, aber auch all meinen lieben Freunden und Familienangehörigen, die mir Mut gemacht haben, diese Arbeit fertig zu stellen.

Unterstützung fand ich in Istanbul, bei Professoren der Leopold-Franzens-Universität Innsbruck und der Paris-Lodron-Universität Salzburg. Ein gesonderter Dank gebührt an dieser Stelle meinem Hauptbetreuer O. Univ.-Prof. DDr. DDr. H.C. Johannes Michael Rainer, meinem Zweitbetreuer Assoz.-Prof. Dr. Thomas Müller, LL.M. sowie ao. Univ.-Prof. Dr. Monika Niedermayr.

Besonders hervorheben möchte ich auch die Zusammenarbeit mit DDr. Altan Heper, Prof. Dr. Tevfik Özcan und Mesut Ilgım. Unvergessen bleiben aber auch nicht jene, die mich unermüdlich mit Material, Informationen und Anregungen für diese Arbeit versorgt haben. Für den tollen Beistand bedanke ich mich ganz besonders bei meinem lieben Freund Bahadir Uysal.

Bei meiner Vorgehensweise habe ich mich stets an die Worte von Prof. Hirsch gehalten: „Beginne wie ein Türke, fahre fort wie ein Deutscher und halte durch wie ein Engländer.“[868]

868 Türkische Volksweisheit, zit. n: Hirsch, Ernst E.: *Als Rechtsgelehrter im Lande Atatürks*, Berlin 2008, S. 57.

www.ingramcontent.com/pod-product-compliance
Ingram Content Group UK Ltd.
Pitfield, Milton Keynes, MK11 3LW, UK
UKHW021904290926
8980IPUK00015B/1057

9 783631 681176